语言与文化的融合：中学英语教学的创新路径

赵广业◎著

文化发展出版社
Cultural Development Press
·北京·

图书在版编目 (CIP) 数据

语言与文化的融合 ：中学英语教学的创新路径 / 赵广业著 . -- 北京 ：文化发展出版社，2025.8. -- ISBN 978-7-5142-4612-4

Ⅰ . G633.412

中国国家版本馆 CIP 数据核字第 20248G9G20 号

语言与文化的融合：中学英语教学的创新路径

著　　者：赵广业

责任编辑：尚　蕾　　　　责任校对：侯　娜

责任印制：邓辉明　　　　封面设计：吉　祥

出版发行：文化发展出版社（北京市翠微路 2 号 邮编：100036）

发行电话：010-88275993　010-88275711

网　　址：www.wenhuafazhan.com

经　　销：全国新华书店

印　　刷：文畅阁印刷有限公司

开　　本：710 mm × 1000 mm　1/16

字　　数：218 千字

印　　张：14

版　　次：2025 年 8 月第 1 版

印　　次：2025 年 8 月第 1 次印刷

定　　价：98.00 元

I S B N：978-7-5142-4612-4

内容导读

本书致力于研究中学英语教学的创新方法,依托于语言与文化的基础理论架构,深入探讨并剖析了文化元素在英语教学中的融合策略。继而,针对中学英语教学的构建与设计,提供了专业的阐释与详尽的分析。在此基础上,进一步深入探讨了中学英语教学的特色艺术,并归纳了教学优化与实践的宝贵经验。这一系列研究旨在提升中学英语教学的品质与成效,推动学生在语言与文化素养方面的全面进步。全书以创新方法研究为背景,展现了中学英语教学过程中的相关创新路径,分析了基于中学英语技能、基于核心素养背景、基于网络环境背景下的教学创新,增强了本书的实用性和应用性。对于中学英语教学课程设计与规划、改革与创新等方面的研究人员、教育工作者和学习者均具有一定的参考价值,是该领域人才不可或缺的参考资料。

《语言与文化的融合:中学英语教学的创新路径》一书,基于扎实的语言学与文化学理论基础,深入研究了如何巧妙地将文化元素融入英语教学之中,为中学英语教学的创新发展提供了坚实的理论支撑和实践指导。

本书之显著特点在于,不仅深入分析并详尽阐释了中学英语教学的结构与策略,更对中学英语教学的独特之处进行了精细的剖析。本书通过汇集教学优化与实践的丰富经验,致力于提升教师的教学成果,促进学生在语言技能与文化理解上的均衡发展。

全书以教学方法和教学策略为核心,全面审视了中学英语教学的创新实践。从语言技能的培养、学生核心素养的培育,以及信息技术在教学中的应用等多个维度,探讨了创新教学的多元化途径,极大地拓展了书籍的实用价值。

目　录

第一章　语言与文化的关系……………………………………………… 1
第一节　语言的文化属性…………………………………………………… 1
第二节　文化背景对语言学习的影响……………………………………… 6
第三节　语言教学中融合文化元素的必要性……………………………… 15
第四节　语言与文化的互动发展…………………………………………… 19
第五节　语言与文化关系的未来展望……………………………………… 26
第二章　中学英语教学的文化维度………………………………………… 33
第一节　中学英语学习的独特性…………………………………………… 33
第二节　英语教学与文化的紧密联系……………………………………… 41
第三节　英语教学中文化意识的培养……………………………………… 45
第三章　中学英语教学的策略与设计……………………………………… 55
第一节　设定中学英语教学目标…………………………………………… 55
第二节　规划中学英语教学流程…………………………………………… 63
第三节　构建中学英语教学评价体系……………………………………… 66
第四章　中学英语教学的创新与艺术……………………………………… 72
第一节　情境教学的实践与探索…………………………………………… 72
第二节　游戏化教学的创新应用…………………………………………… 73
第三节　多元互动教学策略………………………………………………… 74
第四节　文化融入教学的方法……………………………………………… 75
第五节　听说读写技能的综合训练………………………………………… 76
第六节　英语思维培养模式………………………………………………… 77
第七节　教学资源的深度整合与高效利用………………………………… 78

第八节 教学评价体系的革新…………………………………… 79
第五章 中学英语教学的实践与优化…………………………………… 81
第一节 词汇教学的优化策略…………………………………… 81
第二节 阅读教学的优化策略…………………………………… 87
第三节 写作教学的优化策略…………………………………… 92
第四节 听力教学的优化策略…………………………………… 99
第六章 多元化教学与英语技能培养…………………………………… 106
第一节 课外教学与技能培养…………………………………… 106
第二节 情感教学在技能培养中的作用…………………………………… 107
第三节 文化教学与技能发展…………………………………… 108
第四节 多媒体在技能教学中的应用…………………………………… 109
第七章 基于核心素养背景下的中学英语教学…………………………………… 111
第一节 核心素养教学的重要性…………………………………… 111
第二节 核心素养的教学实施策略…………………………………… 117
第三节 利用多媒体拓宽学生视野…………………………………… 129
第四节 培养问题解决中的核心素养…………………………………… 137
第五节 情景教学与语言能力提升…………………………………… 142
第八章 信息技术在中学英语教学中的角色…………………………………… 153
第一节 信息技术与教学的相关概念…………………………………… 153
第二节 信息技术与英语教学的结合…………………………………… 158
第三节 英语教学中有效运用信息技术的策略…………………………………… 164
第九章 语言文化与中学英语教学的融合…………………………………… 168
第一节 英语教学中的文化现象分析…………………………………… 168
第二节 文化差异及其对教学的挑战…………………………………… 173
第三节 跨文化交际能力的培养…………………………………… 176
第四节 教材与文化的整合…………………………………… 179
第五节 教学方法与文化的适应性…………………………………… 184
第六节 文化活动在教学中的应用…………………………………… 188

第七节　师生互动与文化交流…… 192
第八节　评价体系与文化素养的结合…… 205
后　　记……210
参考文献……211

第一章　语言与文化的关系

第一节　语言的文化属性

一、语言作为文化的载体

（一）语言如何传递文化信息

语言，作为人类社会沟通交流的重要工具，不仅具备表达思想、交流情感的功能，而且是文化的载体，深刻记录了一个民族的历史、价值观念和生活方式。它在无形之中传递着文化信息，塑造着人们的思维模式和行为习惯，从而使得文化得以传承和兴盛。

语言的形成和演进与文化紧密相连。例如，汉语中的“孝道”一词，蕴含了中国传统文化对尊老敬贤的重视，体现了儒家伦理道德的核心价值。而英语中的“liberty”一词，则反映了西方社会对个人自由和权利的追求，彰显了启蒙运动的影响。这些词汇的运用，时时刻刻都在传递和强化各自文化的核心价值观念。

语言的多样性亦是文化多样性的体现。不同的语言拥有其独特的语法结构、表达方式和修辞手法。例如，日语中的敬语体系，通过词汇和语法的变化来表达对对方的尊重，这在很大程度上体现了日本社会的等级观念和礼仪文化。而西班牙语的热烈和直接，则往往映射出拉丁文化的热情和开放性。

语言的传播与交流促进了文化的融合与创新。在全球化进程中，语言的接触，如英语的普及，使得世界各地的人们能够共享信息，交流思想，同时也使得各种文化元素相互渗透，催生新的文化形态。例如，英语中的“yoga”（瑜伽）和“sushi”（寿司）等词汇，已经成为全球文化的一部分，展现了印度文化和日本文化对全球文化的贡献。

然而，语言的消亡亦可能导致文化的流失。据联合国教科文组织统计，全球约有7000种语言，但超过半数的语言正面临消亡的威胁。每一种语言的消逝都意味着一种独特视角和知识体系的丧失，这对全球文化的多样性以及人类的集体智慧造成了巨大的损失。

因此，保护和传承语言，即是保护和传承文化。我们应当尊重并珍视每一种语言，通过教育、科技和政策等多种途径，促进语言的多样性和可持续发展，使语言成为连接过去、现在与未来，连接不同文化之间的桥梁，共同构建一个和谐多元的世界文化景观。

（二）语言中的文化符号和隐喻

语言不仅是沟通的媒介，它还蕴含着深厚的文化意蕴和历史渊源。在诸多语言体系中，文化符号与隐喻无处不在，它们通过特定的词汇和表达形式，传递了特定文化中的价值观、信仰和习俗。文化符号指的是在特定文化背景下具有特定含义的象征性元素，如颜色、动物、植物等。例如，在中国文化中，红色象征着喜庆与好运，而在西方文化中，白色则通常与纯洁和幸福联系在一起。

隐喻则是通过将某一事物或概念与和它有相似关系的另一事物或概念进行比较，来表达某种特定的意义或情感。隐喻在语言中的运用极为广泛，它们不仅增强了语言的表现力，还能帮助人们更有效地理解和记忆抽象概念。例如，“时间就是金钱”这一隐喻，通过将时间比作金钱，强调了时间的宝贵性和不可再生性。

在跨文化交流的过程中，理解和掌握这些文化符号与隐喻显得尤为重要。不同的文化背景可能导致人们对同一事物的理解存在差异，甚至可能产生误解。因此，了解和尊重不同文化中的符号与隐喻，有助于促进沟通与理解，减少文化冲突。例如，在商务谈判中，如果一方使用了特定的文化隐喻，而另一方未能理解其含义，就可能导致谈判的失败。

二、语言的文化功能

（一）语言：社会交流的桥梁与文化多元的载体

语言不仅是社会交流的桥梁，更是文化多元的载体。它在人类社会中扮演着至关重要的角色，使得人们能够跨越地域、种族和文化的界限进行沟通。语言不仅仅是文字和声音的简单组合，它还蕴含着丰富的历史、传统和价值观。通过语言，我们可以传递思想、情感和信息，从而促进不同文化之间的交流与融合。语言的多样性和复杂性使得世界变得更加丰富多彩,每一种语言都代表着一种独特的文化和思维方式。因此,保护和传承各种语言不仅是对文化多样性的尊重,也是对人类智慧的珍视。

语言作为一种交流工具,不仅仅是简单的符号系统,它还承载着一个民族的记忆和身份认同。每一种语言都有其独特的语法结构、词汇体系和表达方式,这些特点使得每种语言都具有独特的魅力和价值。语言的多样性不仅体现在口头交流中,还体现在文学、艺术、宗教和科学等多个领域。通过语言,我们可以了解一个民族的历史背景、风俗习惯和思维方式,从而更好地理解不同文化之间的差异和共性。

在全球化的背景下,语言的交流和融合变得更加频繁。然而,这也带来了语言消亡的风险。许多小众语言面临着被主流语言取代的困境,这不仅意味着一种语言的消失,更是一种文化的丧失。通过教育、文化交流和科技手段,我们可以努力保存这些珍贵的语言资源,让它们继续在未来的社会中发挥其独特的作用。

(二)语言在文化传承和发展中的角色

语言不仅是人类沟通和交流的基本工具,更是文化传承和发展的重要载体。它承载着一个民族的历史、传统、价值观和思维方式,是文化得以延续和传播的关键因素。通过语言,我们可以了解一个民族的风俗习惯、宗教信仰、文学艺术和社会制度等各个方面。语言的丰富性和多样性使得不同文化得以保存和展示,促进了人类文明的多样性和发展。

首先,语言是文化传承的重要工具。每一种语言都蕴含着丰富的文化内涵,通过语言的传承,我们可以将历史故事、民间传说、神话传说等文化遗产代代相传。语言中的词汇、成语、谚语等都蕴含着深厚的文化意义,反映了民族的智慧和生活经验。例如,汉语中的"龙"不仅仅是一种神话中的生物,更是中华民族的象征,承载着丰富的文化内涵和民族精神。它象征着权力、威严和吉祥,是中华民族几千年文化积淀的结晶。

其次,语言在文化发展中起着至关重要的作用。随着社会的进步和科技的发展,语言也在不断地演变和创新。新的词汇、表达方式和语言形式不断涌现,反映了文化的动态性和创新性。语言的创新不仅丰富了文化的内涵,还促进了文化的传播和交流。通过语言的交流,不同文化之间可以相互借鉴和融合,推动了文化的多样性和发展。例如,随着互联网的普及,网络语言成为了一种新兴的语言形式,它不仅改变了人们的交流方式,还影响了文化的传播途径和速度。

此外,语言还是文化交流的重要桥梁。在全球化的背景下,语言成为了不同文化之间沟通的纽带。通过语言的学习和使用,我们可以更好地理解和欣赏其他文化,促进不同文化之间的交流与合作。语言的普及和推广有助于打破文化隔阂,增进国际的友谊和理解,推动世界和平与发展。例如,英语作为国际通用语言,使得来自不同国家和地区的人们能够跨越语言障碍,进行有效的沟通和合作,从而促进了全球经济一体化和文化交流的繁荣。

三、语言与文化多样性的关联

(一)全球范围内的语言与文化多样性

在浩瀚的全球化浪潮中,我们有幸栖息于一个由无数璀璨语言和深厚文化交织而成的多元世界。这个世界如同万花筒般绚丽多彩,从亚马逊丛林深处的原住民部落,到东亚繁华都市的天际线,再到欧洲历史沉淀的城市广场,每一寸土地都镌刻着独特的语言、传统和生活方式。这种无尽的多样性不仅是人类文明的宝贵财富,更是推动全球创新、增进理解和促进和谐的不竭动力。

语言,宛若繁星闪烁,是人类智慧的璀璨光芒,是文化传承的桥梁。据联合国教科文组织的统计,全球目前存在超过7000种语言,每一种语言都如同一扇窗户,让我们得以从不同的视角洞察世界的奥秘。然而,令人忧虑的是,大约40%的世界语言正濒临消亡的边缘,这不仅是语言的消失,更是独特视角、智慧遗产和历史记忆的丧失。

文化多样性同样至关重要。不同的文化孕育了丰富多样的艺术形式、饮食习惯、社会结构和价值观。印度的色彩斑斓的节日,非洲部落精致的文身艺术,澳大利亚原住民悠扬的古老歌谣,都是各自文化独特性的生动体现。这些文化元素不仅丰富了人类的生活色彩,也为解决全球性挑战提供了多元的视角和创新的解决方案。

然而,全球化进程中的标准化和同质化趋势日益明显。西方文化,尤其是美国的流行文化，通过全球媒体和消费主义的推动，对本土文化产生了深远的影响。这可能导致本土语言和文化的消亡，也可能引发文化冲突和身份认同的危机，使得世界的文化多样性面临前所未有的挑战。

因此，保护和尊重语言与文化的多样性成为全球社会亟须解决的紧迫任务。我们需要提高公众对这一问题的认识，通过制定和实施教育政策，保护和传承那些濒临消失的语言，如新西兰的"双语教育"政策，它成功地保护了毛利语的同时，促进了毛利文化和主流文化的和谐共存。同时，我们也要鼓励跨文化交流和理解，以增强全球文化韧性，让每一种语言、每一种文化都能在世界的舞台上熠熠生辉。

在这个多元的世界中，每一种语言的回响，每一种文化的独特性，都是我们共同的财富。让我们珍视这份多样性，共同守护这个五彩斑斓的文化花园，让人类的智慧之光在世界的每一个角落继续闪耀。

（二）语言差异与文化差异的相互影响

在全球一体化的广阔舞台上，语言与文化宛若两股相互缠绕的旋律，共同编织出人类社会的多元交响曲。它们彼此渗透，相互影响，共同构筑出一幅斑斓的世界图景。语言，犹如一面精致的镜子，映照出文化的独特风貌，而文化差异则以微妙的方式影响着语言的表达和演变。

对于文化而言，语言是其深层的印记，承载着一个社会的核心价值观、信仰和历史记忆。例如，中文中的"孝道"一词，宛如一幅栩栩如生的画卷，展现了中华文化对家庭和尊重长者的崇高理念。同样，英语中的"fair play"一词，如同一盏指路明灯，照亮了西方社会对公正和公平的不懈追求。这些词汇的存在，不仅是语言的丰富性体现，更是深入理解文化的钥匙，帮助我们洞察不同文化的内在逻辑。

同时，文化差异宛若无形之手，潜移默化地塑造着语言的使用习惯。不同的文化背景会影响人们在交流中的语调、表达方式，甚至沉默的含义。在某些文化中，直接的否定可能被视为不礼貌，人们更倾向于使用委婉的措辞来表达否定意见。而在其他文化中，直接和坦率的沟通则被视为真诚和尊重的体现。这种文化差异在跨文化交流中尤为显著，若不加以理解和尊重，可能会导致误解，甚至引发冲突。

此外，语言的演变也在文化交流的熔炉中不断孕育新生。当不同文化的人群相遇，语言会吸收外来词汇和表达方式，形成独特的语言现象。例如，英语中的

“sushi” 和 “karaoke” 就是从日语中借用的，反映出日本文化在全球范围内的广泛影响。反之，英语的 “yoga” 和 “guru” 则揭示了印度文化对全球的深远影响。这种语言的 “混搭” 现象，如同一座座语言的桥梁，连接着不同的文化世界，展示了文化交融的生动画面。

然而，语言差异与文化差异的相互影响并非总是和谐的。在某些情况下，语言的使用可能被用来强化社会的刻板印象，甚至维护不平等的权力结构。例如，某些语言中的性别表述可能忽视或忽视了非二元性别群体的存在。因此，深入理解语言和文化差异，尊重每一种语言和文化的独特性，对于打破偏见，促进全球的理解和包容性，构建和谐共处的世界至关重要。

第二节　文化背景对语言学习的影响

一、文化认知对语言理解的作用

（一）文化知识在语言学习中的重要性

在全球化趋势的推动下，语言学习已超越了传统词汇、语法和发音等基础领域，文化理解的重要性日益凸显。语言宛如一片沃土，孕育了丰富的文化知识，为学习者开拓了更宽广的视野，并显著提升了他们的学习体验。在这个多元文化交织的时代，深入理解文化背景已成为语言学习的根基，是开启异国思维、跨越文化障碍的关键。

每种语言都是其所属文化历史、社会习俗和思维方式的独到体现。以英语中的 “long time no see” 为例，这一表达方式直接借鉴了中文，揭示了中西方在人际交往中的文化差异。若忽略这种文化背景，语言的运用可能会显得生硬，甚至可能引发误解。例如，不了解这一文化含义的英语学习者可能会错误地将其视为正式的商务用语，而实际上，它更常用于朋友间的非正式交流。

此外，文化知识对于提升语言的实际应用能力至关重要。在跨文化交流中，了解并尊重对方的文化习俗和价值观，可以使沟通更加顺畅，增强语言的交际效果。例如，在商务场合与日本合作伙伴交流时，理解并遵循他们的礼仪规则，如适当的鞠躬角度和敬语的使用,将有助于建立和维护良好的商业关系,展现出我们的专业素养和对客户的尊重。

进一步而言,学习文化知识可以激发和维持学习者的兴趣和动力。语言学习不再仅仅是枯燥的词汇记忆和语法规则,而是变成了探索和体验各种文化的旅程。学习法国的美食文化,了解西班牙的弗拉明戈舞蹈,这些丰富的文化元素可以使学习过程变得生动有趣,从而激发学习者的积极性,提高他们对语言学习的持久热情。通过了解不同国家的节日习俗、历史故事和艺术形式,学习者能够更加深入地融入语言环境,从而在实际交流中更加得心应手。

(二)文化差异导致的语言理解障碍

在全球化的大潮中,跨文化交流已经成为日常生活的一部分。然而,文化差异这一无形的障碍经常妨碍人们进行有效的沟通。这种现象不仅存在于国际交流中,即便在同一语言环境下,由于地域、历史、社会背景等多种因素的影响,文化差异依然广泛存在,这些差异往往在语言理解上造成重重困难。

语言作为文化的载体,承载着深厚的社会习俗、价值观和思维方式。以英语中的"break a leg"为例,这个短语在中文中直译为"打断腿",但其实际含义是祝愿他人演出成功,体现了西方社会的一种独特祝福方式。再如中文中的"打酱油",字面上理解为"购买酱油",但在网络语境中,它被用来表达一种"与我无关,我只是个旁观者"的态度,这充分展示了语言与文化背景之间的紧密联系。

联合国教科文组织的一项研究表明,大约75%的国际交流障碍源于文化差异,而非语言本身的复杂性。例如,西方社会普遍倾向于直接、坦率地表达观点,而东方社会则更倾向于使用含蓄、委婉的表达方式,这种差异可能导致误解,甚至引发冲突,认为对方不诚实或无礼,这就是文化差异在语言理解中产生的实际影响。

为了跨越这道文化障碍,我们需要培养跨文化交际能力。这包括深入学习语言背后的文化知识,提高对文化差异的敏感度,以及培养灵活适应不同交际风格的能力。此外,现代技术的发展也为我们的跨文化交流提供了有力支持,如翻译软件能帮助我们快速理解不同语言,而在线文化教育资源则能让我们更深入地了解各种文化背景。

二、文化习惯对语言使用的影响

（一）不同文化中的语言使用习惯

在探讨不同文化中的语言使用习惯时，我们可以从多个维度进行分析，包括问候语、交谈话题、称呼方式、时间观念、礼貌用语等多个方面。以下是对几种典型文化中的语言使用习惯进行的概述：

1. 东西方文化中的语言使用习惯

（1）问候语

在东方文化中，尤其是以中国为代表，人们在日常交流中常常使用一些特定的问候语来表达关心和友好。例如，中国人经常会问“吃了吗？”或“最近怎么样？”这样的问候语。这些问候语并不真正寻求一个具体的答案，而更多的是一种情感上的交流和关心。这种问候方式深刻地体现了中国人注重人际关系的和谐以及社会情感交流的文化特点。而在西方文化中，以美国和英国为例，人们在问候时通常会使用“Good morning/afternoon/evening”或“Hello”“How are you?”等表达方式。这些问候语更侧重于形式上的礼貌和日常交流的需要，而不会涉及过多的私人话题。西方人对于个人隐私的尊重也体现在他们的问候语中，他们通常不会询问关于健康、收入等敏感话题，以避免侵犯他人的隐私。

（2）交谈话题

在东方文化中，尤其是在中国，人们在交谈时往往会选择一些共同关心的话题，如家庭、工作、兴趣爱好等。由于重视人际关系的和谐，中国人在交谈中也会尽量避免直接批评或指责他人，而是采用委婉、含蓄的表达方式。这种方式不仅能够保持谈话的和谐氛围，还能体现出对对方的尊重。而在西方文化中，人们在交谈时更注重个人观点和感受的表达。他们可能会直接谈论政治、宗教、性取向等敏感话题，这些话题在东方文化中往往被视为私人领域，不宜公开讨论。同时，西方人对于个人隐私的尊重也体现在交谈中，他们通常不会主动询问或谈论他人的私人生活，以避免侵犯他人的隐私。

（3）称呼方式

在东方文化中，称呼方式往往反映了人际关系中的辈分、职位和地位等因素。例如，在中国，人们会使用“先生”“女士”等尊称来称呼长辈或上级；在家族中，会根据辈分使用“爷爷”“奶奶”“叔叔”“阿姨”等称呼。这些称呼不仅体现了对对方的尊重,还反映了家庭和社会中的等级关系。而在西方文化中,称呼方式相对简单直接。人们通常会使用名字或名字加姓氏的方式来称呼他人。在正式的社交场合中,使用“Mr.”“Mrs.”“Miss”等尊称也是常见的做法,但相对于东方文化来说,使用频率较低。这种称呼方式体现了西方文化中对个人平等和独立性的重视。

2. 其他文化中的语言使用习惯

在探讨全球不同文化背景下的语言使用习惯时,除了东西方文化之外,我们还可以发现其他国家和地区同样拥有其独特的交流方式。例如,在拉丁美洲的文化中,西班牙语国家的人们通常会以“Hola”(你好)作为日常的问候语。这种问候方式不仅表达了基本的礼貌,还蕴含了对对方的热情和友好之情。在交谈过程中,他们非常注重表达对他人的尊重和亲近感,常常会使用尊称和亲切的称呼,以示敬意和友好。这种习惯不仅体现在口头交流中,还体现在日常生活的方方面面。

再来看阿拉伯文化,在阿拉伯国家中,人们在交流时非常注重使用敬语和客套话,以此来表达对他人的尊重和礼貌。在他们的语言习惯中,频繁地使用诸如“Inshallah”(如果安拉愿意)这样的表达方式,不仅是一种礼貌的回应,更是一种对未来充满期许和祝愿的体现。这种表达方式不仅反映了他们对未来的乐观态度,还体现了他们对命运的顺从和对神的信仰。通过这些细微的语言习惯,我们可以窥见阿拉伯文化中对尊重、礼貌和信仰的高度重视。

(二)文化习惯对语言学习的影响机制

在探讨文化习俗对语言学习的影响时,我们不仅要领会文化习俗本身所具有的特性,还需深入剖析这些习俗如何在语言学习过程中发挥作用。接下来,本文将详细阐释文化习俗对语言学习的影响机制。

1. 文化习惯的定义与特点

文化习惯乃指一个社会或群体在悠久的历史演进过程中所形成的,被其成员广泛认同并遵循的行为规范与思维范式。这些习惯往往体现了该社会的价值观念、信仰体系、传统习俗以及生活方式,构成文化的关键要素。文化习惯以其稳定性、传承性及多样性为特征,对个体成长和社会进步均产生深刻影响。

2. 文化习惯对语言学习的影响

在诸多东方文化中,语言学习被赋予了深远的意义,被视为提升个人素养、拓展知识视野以及实现社会地位提升的关键途径。因此,在这些文化背景下,学习者往往展现出极高的积极性和强烈的内在动力。

相对地,某些文化可能对语言学习持有更为保守或实用的态度。在一些传统社区中,母语被视为身份和社区认同的象征,外语学习可能被视为对传统价值的挑战,因此不被鼓励或重视。在这种环境下,学习者的动机可能受到限制,他们可能认为语言学习并非必需,或者认为其收益不足以抵消投入的时间和精力。

学习动机的强度是决定学习成效的关键因素。心理学研究已证实,具有强烈学习动机的人更愿意投入时间,面对挑战,持续学习,从而获得更佳的学习成果。他们会对学习内容保持高度的兴趣,积极寻求反馈,以提升自己的技能和知识。相反,动机不足的学习者可能在遇到困难时轻易放弃,他们的学习过程可能更为被动,学习成效也因此受到影响。

因此,理解和尊重文化差异,激发和维持学习者的动力,对于教育者和语言学习者来说都至关重要。这需要我们创造一个鼓励探索、尊重多元、提供充足支持的学习环境,让每个学习者都能找到学习的动力,无论他们来自何种文化背景。

在跨文化交流的过程中,交际习惯扮演着至关重要的角色。交际习惯,包括语言表达方式、非语言交际行为,如肢体语言、面部表情,以及社会交往的礼仪和规范,都是文化的重要组成部分。这些习惯在不同的文化背景下有着显著的差异,对语言学习者来说,理解和适应这些差异是一项挑战。

例如,直接表达个人观点和感受在一些文化中被高度赞赏,如美国和德国,人们鼓励开放、直接地沟通,这被视为诚实和自信的体现。然而,在其他一些文化,如日本和中国,人们可能更倾向于使用含蓄、委婉的表达方式,以避免直接冲突或冒犯他人。在这些文化中,过于直接的表达可能会被视为粗鲁或不尊重。

这些差异可能导致学习者在实际交际中遇到困难。他们可能发现自己无法准确理解他人的意图,或者他们的表达方式引起了误解或冲突。例如,一个在美国学习的中国学生可能因为直接表达对教授的批评而被误解,而实际上,他只是在提供反馈和建议。这种交际障碍不仅会影响学习者的社交能力,还可能降低他们的语言学习动力和效果。

因此，语言学习者需要投入更多的时间和精力去理解和适应目标语言的交际习惯。这可能包括阅读相关文化背景的书籍，观察和模仿本地人的交际行为，甚至参与跨文化交流活动。通过这种方式，他们可以更有效地克服交际障碍，提高语言交际能力，从而推动语言学习的深入进行。

文化习惯还会影响学习者的学习策略。在全球化的今天，学习者们来自不同的文化背景，他们的学习方式也因此呈现出多元化的特征。这种文化差异在学习策略上的体现，无疑为教育者提出了新的挑战，同时也为理解个体学习差异提供了新的视角。

我们要理解，学习策略并非孤立存在的，它与我们的文化背景有着密切的联系。在不同的文化环境中，人们倾向于采用与之相符的学习策略。例如，一些文化强调尊重权威和传统，学习者可能更倾向于接受教师的直接指导，通过记忆和背诵来掌握知识。这种策略在传统的教育模式中可能颇为有效，但在强调批判性思维和创新的现代教育中，可能就显得过于被动。

相反，另一些文化鼓励探索和实践，学习者可能更注重理解和应用知识，他们可能会主动寻找问题，通过实践来深化理解。这种策略在项目式学习或问题导向的学习环境中可能更具优势。然而，当这种学习者进入一个更重视理论知识和记忆能力的教育环境时，他们可能会感到困惑，甚至产生挫败感，因为他们习惯的策略可能不再适用。

这种文化差异在学习策略上的体现，不仅影响了学习者的学习效果，也可能影响他们的学习动力和自我效能感。例如，一项对不同文化背景下的学习者进行的对比研究发现，那些习惯于依赖记忆和背诵的学习者在遇到需要深度理解和创新思考的任务时，他们的学习效果和满意度显著下降。反之，习惯于理解和应用的学习者在面对新的、需要灵活应用知识的挑战时，他们可能会感到压力和困惑。

因此，教育者需要意识到这种文化差异，并尝试创建一个包容和多元的学习环境，尊重和利用每个学习者的独特策略。同时，也需要引导学习者发展更全面的学习策略，如培养批判性思维、提高问题解决能力等，以适应不断变化的学习环境。

（三）文化因素在语言学习中的挑战与应对

1. 学习者在文化适应中的语言学习难题

在全球化的大潮中，学习者们跨越国界，寻求新的知识和生活体验，这已成为普遍现象。然而，跨文化交流并非易事，其中最大的挑战之一便是文化适应，尤其是语言学习的难题。语言，犹如一把开启新世界的钥匙，其复杂性和深层的文化含义，使得学习者在探索中面临重重困难。

具体而言，语言的结构和用法的多样性构成了学习的复杂性。以英语为例，其动词时态多达 12 种，而中文则主要依赖时间词和语境来表达时间关系，这种差异性使得非母语者需要投入大量的时间和精力去理解和掌握。此外，语言的复杂性还体现在词汇的丰富性和表达的灵活性上，如英语中的成语和俚语，往往需要对英语文化有深入的理解才能正确运用。

而且，语言背后的文化含义往往深藏不露，需要学习者去挖掘和领悟。比如，中文中的习语"心有余悸"，其含义远超过字面意思，它反映了中国文化中"心"作为情感和思想的载体这一独特观念。这种文化内涵的差异，使得单纯的语言学习往往无法完全理解其深层含义，增加了学习的难度。

更进一步，语言学习者在实际交流中可能会遭遇文化冲突和自我认同的挑战。他们可能会因为语言能力的限制而感到孤立，或者在尝试融入新文化的过程中，对自己的身份和价值观产生疑问。据美国国际教育协会的研究显示，大约 70% 的国际学生在适应新文化的过程中经历过不同程度的孤独感和自我认同危机，这充分说明了文化适应的复杂性和挑战性。

面对这些挑战，学习者需要采取积极的策略来应对。他们可以积极参与语言交流活动，如语言伙伴项目，与本地人建立友谊，以实践和提高语言能力。同时，通过阅读目标文化的历史文献，研究其艺术和社会现象，可以更深入地理解文化内涵。此外，建立自我接纳和尊重差异的心态，保持开放和包容的态度，是跨文化交流成功的关键，也是个人在全球化世界中成长和自我实现的重要步骤。

2. 提高学习者文化敏感性的策略

在语言学习过程中，提高学习者的文化敏感性是至关重要的一环。文化敏感性能够帮助学习者更深入地理解和欣赏不同文化背景下的语言、习俗和价值观，进而促进更有效的跨文化交流和沟通。以下是一些建议的策略，旨在帮助教育者提高学习者的文化敏感性。

（1）融入文化教育内容

文化课程整合作为一种创新的教学方法，致力于将文化教育内容与语言课程有机结合，使学习者在掌握语言技能的同时，能够深入了解各种文化的背景、传统和价值观念。

实现这一教育目标的方法多种多样。首先，教材的选择至关重要。教育工作者应挑选那些富含文化元素的教材，如文学作品、历史文献或社会议题探讨，这些教材能够为学习者提供观察和理解文化的视角。其次，课堂活动的设计应注重文化探索，例如通过角色扮演、文化展览或模拟跨文化交流等方式，让学生在实践中体验和理解文化。此外，定期举办的文化讲座或研讨会也是有效的手段之一，邀请专家或社区成员分享他们的文化经验和见解，为学习者提供更宽广的视野。

案例研究在文化课程整合中扮演着重要角色。通过分析具体案例，学习者能够更直观地观察到不同文化在现实世界中的表现和互动。例如，他们可以研究国际企业如何处理跨文化团队的沟通挑战，或者探讨一个地区如何在保持自身文化特色的同时，接纳和融合外来文化。这些案例不仅揭示了文化差异，也强调了文化敏感性和适应能力的重要性。

以一个具体的实例来阐释，例如在英语学习过程中，学生可以研究"黑色星期五"这一美国的购物传统，探究其历史渊源、社会效应以及与消费文化的关系。这样的学习过程不仅丰富了学生的语言知识，也加深了他们对美国文化的理解。

（2）采用多样化的教学方法

角色扮演作为一种富有创意且互动性强的教学工具，通过模拟不同文化背景下的交流情境，使学习者得以"置身"于多元文化之中。例如，学习者可能被要求扮演一位日本商务人士或墨西哥节日庆典的组织者。此类角色扮演活动不仅能够激发学习者的想象力，还能让他们在实践中感知文化差异，并学会如何调整自己的沟通方式和行为习惯，以更好地适应不同的文化环境。

文化体验活动则为学习者提供了直接体验不同文化的机会。这可能涉及参观展示全球艺术与历史的博物馆，参与庆祝不同民族节日的活动，或是探访具有独特文化特色的地区。例如，学习者在参观中国春节期间的庙会时，能够目睹并深刻感受丰富的传统习俗和节日氛围，这将极大地增进他们对异国文化的理解与尊重。同时，这些活动亦有助于消除固有偏见，促进跨文化的理解和接纳。

此外，运用多媒体资源亦是一种有效的教学策略。电影、音乐、纪录片等媒介能够生动地展现不同文化的特色与魅力，使学习者在享受娱乐的同时，深入学习并理解文化的深层含义。例如，通过观看法国电影，学习者能够洞察法国人的生活方式、价值观念和社交礼仪。这种直观的学习方式往往比传统课堂讲授更能吸引学习者的兴趣，并帮助他们记忆相关知识。

（3）鼓励批判性思维

文化比较作为一种有效的策略，激励学习者对不同文化进行深入的探究与分析。这不仅涉及对习俗和传统的表面比较，更包括对价值观、信仰和社会结构等深层次因素的考量。例如，通过比较西方的个人主义与东方的集体主义，学习者能够更深入地理解这两种文化中人们的行为模式和决策过程。通过这种方式，学习者能够超越简单的“异同”认知，形成更为全面和深入的文化理解。

批判性阅读是培养独立思考和文化批判能力的关键途径。教师可以引导学习者阅读涉及文化差异的各类书籍、文章和研究报告，并鼓励他们对阅读材料提出疑问，分析作者的观点和论据，甚至质疑既有的观念。这种批判性的阅读方法有助于学习者形成独立的见解，避免盲目接受或排斥不同的文化观念。

小组讨论为学习者提供了一个交流观点、分享经验的平台。在小组讨论中，每个人都有机会表达自己对某种文化的理解和感受，同时也能聆听他人的看法。这种互动能够激发新的思考，增进理解和尊重。例如，学习者可能在讨论中首次意识到自己的文化如何影响其沟通方式，直至他们听到来自不同文化背景的同学的观察和体验。这样的讨论有助于提高学习者的文化敏感性，使他们更能够理解和适应不同的文化环境。

（4）培养跨文化交流能力

为了培育此能力，我们必须从多个维度出发，为学习者打造丰富的跨文化交流经历，深化他们对语言与文化相互关系的理解，并协助他们构建起高效的文化适应策略。

其中，提供跨文化交流的机遇是至关重要的环节。这涵盖了组织国际交流项目，例如海外学习、实习或志愿服务，以及参与语言交换活动，如在线语言伙伴计划。例如，学习者可透过参与国际夏令营，与来自全球各地的同龄人共同生活和学习，直接体验和理解不同的文化习俗和思维模式。这些实践性的交流活动不仅能够拓宽学习者的视野，还能提升他们的跨文化沟通技能。

此外，在教育过程中，应着重强调语言与文化的紧密联系。教师可以设计课程，让学生在学习语言的同时，了解相关文化的历史、艺术、文学和社会现象。例如，学习汉语的学生可以通过阅读古典诗词，领悟中国传统文化的精髓；学习法语的学生则可以通过观赏法国电影，体验法国人的生活哲学。这种“文化沉浸式”学习方法有助于学习者认识到，语言不仅是沟通的工具，更是承载和传递文化价值的载体。

进一步地，培养文化适应能力是跨文化交流能力培养的另一关键方面。这要求教育学习者尊重和理解文化差异，包括接受并适应不同的行为规范、信仰和价值观。例如，在阿拉伯国家，学习者需要了解并遵守当地的着装规定和公共行为准则；在西方国家，尊重个人隐私和自由表达观点是基本的社交礼仪。通过学习和实践，学习者可以提高他们的文化敏感性，避免因文化误解而产生的冲突，更有效地在多元文化环境中生存和发展。

第三节　语言教学中融合文化元素的必要性

在语言教学过程中，融合文化元素是至关重要的一环。这不仅有助于提升学习者的语言能力，还能增强他们的文化敏感性和跨文化交际能力。以下将详细探讨语言教学中，融合文化元素的必要性，并分别从文化意识的培养和文化元素的融入两个方面进行阐述。

一、语言教学中的文化意识培养

（一）文化意识在语言教学中的地位

在当今全球化的背景下，语言学习已不再局限于基本的语言技能训练，而是逐渐演变为一种促进跨文化交流的重要途径。文化意识在语言教学中的重要性愈发显著，它不仅包括对目标语言文化的深刻理解，还涵盖了对不同文化的尊重以及对多元文化价值的赞赏。培养这种意识对于语言学习者而言，具有不可估量的深远意义。

语言作为文化的承载者，每一种语言都深刻地刻印着其文化的独特标志。词汇、语法、表达方式等语言现象背后，通常蕴含着丰富的文化内涵。以汉语中的“敬酒不吃吃罚酒”为例，这不仅是一个成语，更深层次地反映了中国人的礼仪文化和价值观念。缺乏对这些文化背景的理解，学习者在实际交流中可能会遇到困惑，甚至产生误解。

进一步而言，尊重和欣赏不同文化是提升跨文化交际能力的核心。在全球化的大潮中，跨文化交际已成为日常生活中不可或缺的一部分。具备文化意识的学习者能够以开放的心态接纳和理解其他文化，从而避免因文化差异而产生的误解和冲突。例如，了解西方的个人主义文化，便能理解为何西方人在交流中更倾向于表达个人的观点和感受，而不会被误解为“自我中心”。

更为重要的是，培养文化意识能够促进学习者的批判性思维。通过比较和反思不同的文化，学习者能够更深入地审视自己的文化观念，培养出对多元文化的包容和理解。这对于在全球化背景下成为具有全球视野的公民至关重要。

为了在语言教学中有效地培养文化意识，教师需设计并实施跨文化教学策略。这可能包括引入包含文化背景知识的教学材料，组织跨文化模拟对话，引导学生进行文化对比分析，甚至邀请来自不同文化背景的嘉宾进行交流分享。同时，教师自身也需不断提升跨文化素养，以身作则地展示对多元文化的尊重和欣赏。

（二）如何培养学习者的文化意识

在当前全球化的背景下，培育学习者的文化意识已成为教育领域不可或缺的一环。这一做法不仅有助于拓展他们的国际视野，还能提升他们的跨文化交流能力，使他们能在多元文化的社会中更加适应和生存。以下所述方法，旨在指导教育工作者在教学活动中有效地培养学习者对目标语言文化的认知与尊重。

首先，将文化教育内容融入课程设计是至关重要的一步。在规划语言课程时，教育者应将文化元素自然地融入其中，使学习者在掌握语言的同时，能够深入了解其背后的文化背景、传统和价值观。例如,选用富含文化信息的教材,或在课堂活动中安排讨论不同国家节日习俗的环节,让学习者在实践中体验文化的多样性。

其次,提供文化体验的机会是增强学习者文化感知的有效手段。教育者可以组织学生参观博物馆,欣赏艺术展览,或参与各种文化节庆活动。这些实地体验能让学习者亲身体验目标语言文化的氛围,从而更深刻地理解其内涵和特色。例如,学习汉语的学生在参观中国历史博物馆后,可能会对中国的古代文明有更直观的认识。

第三,引导学习者进行文化对比分析有助于培养他们的跨文化比较能力。教育者可以鼓励学生对比分析不同文化之间的差异和相似性,例如,比较西方的个人主义与东方的集体主义观念,或探讨东西方节日庆祝方式的异同。通过这样的对比,学习者可以更深入地认识到每种文化的独特性和其在世界文化版图中的位置。

最后,利用多媒体教学资源可以生动地展示目标语言文化的魅力。电影、音乐、纪录片等多媒体形式,能够以直观、生动的方式呈现文化元素,激发学习者的学习兴趣。例如,通过观看法国电影,学习者可以更好地理解法国人的生活方式和价值观,而不仅仅是语言的语法和词汇。

二、文化元素在语言教学中的融入

文化元素在语言教学中的融入是语言学习的重要部分,特别是在多元文化背景下,其融入方式和教学实践尤为重要。以下是关于文化元素在语言教学中融入的两个方面的详细讨论:

(一)文化内容与语言技能的融合

在语言习得的过程中,将文化内容与语言技能相结合显得尤为重要。这种融合不仅能够扩展学生的语言知识储备,还能促进他们对目标语言所蕴含文化背景的深刻理解,进而提升其跨文化交流的能力。

1. 深入挖掘文学遗产

文学作品作为文化传承的珍宝,蕴含着丰富的历史资料、社会风俗及价值观念。教师应引导学生阅读各类文学作品,包括诗歌、小说、戏剧等,使学生在文字的海洋中领略目标语言文化的独特魅力。例如,通过研读雨果的《悲惨世界》,学生能够洞察到19世纪法国社会的风貌及其人文精神。通过对作品中的人物、情节及主题的分析，学生不仅能够提高语言运用能力，还能对法国的历史与文化有更深层次的认识。

2. 视觉艺术的影响力

影视作品作为文化展示的直观窗口，生动地展现了目标语言国家的生活方式、思维模式及价值观念。教师应挑选适合语言学习者的电影、电视剧片段，让学生在观看的同时学习语言，体验文化。例如，通过观赏《老友记》，学生能够掌握美国人的日常交流方式及社交习惯。此外，教师可以组织学生进行角色扮演或剧本编写，通过实践活动提升他们的语言应用技巧。

3. 从日常生活中汲取知识

日常生活中所蕴含的文化元素是语言学习的生动教材。教师应引导学生关注日常生活中的文化现象，如节日庆典方式、饮食习惯、礼仪规范等。例如，探讨中国的春节传统，学生可以理解中国人的家庭观念及对和谐生活的追求。这种与生活紧密相连的学习方式，不仅使学生在轻松愉快的环境中学习语言，还能增强他们对目标语言文化的认同感和理解深度。

（二）多元文化背景下的语言教学实践

在当前全球化的背景下，我们所处的环境日益呈现出多元文化的交织特征，这对语言教学提出了新的挑战与机遇。本文将从跨文化交流、应用多元文化教材以及提升教师专业素养三个维度，对在多元文化背景下进行语言教学的实践进行探讨。

具体而言，跨文化交流在语言教学中占据着核心地位。在这样的背景下，教师应设计并实施多种跨文化交流活动，例如建立“语言伙伴”制度，促使学生与不同文化背景的伙伴配对，通过日常对话和合作学习，增进他们的跨文化理解与适应能力。同时，通过举办国际文化节、主题研讨会等活动，学生能够在亲身参与中体验和理解各种文化，进而提高他们的跨文化交际技能。

此外，多元文化教材的运用亦可促进语言学习。这些教材不仅应涵盖丰富的词汇和语法练习，还应融入世界各地的案例、故事和观点，以体现文化的多样性和复杂性。例如，教材可包含不同国家的节日习俗、历史事件、文学作品等内容，使学生在学习语言的同时,能够接触并理解各种文化元素,从而增强他们的文化敏感性和全球视野。

最终,教师在多元文化语言教学中的角色极为关键。他们必须不断增进自身的专业素养,包括对各种文化的深入理解、跨文化交际的技巧以及教学方法的创新。教师应定期参与专业培训,学习最新的教育理念和方法,以便更有效地引导学生理解和欣赏不同的文化,同时帮助他们树立尊重和包容的态度,培养全球公民的素养。

综上所述,文化元素在语言教学中的融合是语言学习不可或缺的一部分。在多元文化背景下,教师需采取有效的教学实践策略,将文化内容与语言技能相结合,以提升学生的跨文化交际能力。同时,教师亦需不断提升自身的专业素养,以更好地适应多元文化背景下的语言教学需求。

第四节　语言与文化的互动发展

一、语言变迁与文化发展的相互影响

(一)语言变迁体现了文化发展

语言的演变和变迁在很大程度上能够映射出文化的发展和演进。随着社会的不断进步和科技的持续创新,人们的生活方式和思维模式也在经历着日新月异的变化。这些变化在语言中得到了深刻的体现。新的词汇不断涌现,旧的词汇逐渐被淘汰或被赋予新的含义和用途。例如,随着互联网的普及和网络技术的飞速发展,出现了许多与网络相关的新兴词汇,如“网红”“弹幕”“直播”等。这些词汇不仅丰富了语言的表达方式,也反映了现代科技文化对人们生活的影响和渗透。

此外,语言的变迁还能够揭示社会结构和价值观的变化。不同的社会群体,如年轻人、老年人、不同职业和地域的人们,他们的语言使用习惯和词汇选择往往有所不同。这些差异反映了社会的多样性和复杂性。同时,随着社会对某些问题的关注度增加,相关的词汇也会随之增多,如环保、性别平等、心理健康等领域的词汇在近年来变得越来越常见,这反映了社会对这些问题的重视程度在不断提高,也体

现了人们对于这些问题认知的深化和关注的加强。

语言的变迁还与文化交流密切相关。随着全球化的发展,不同文化之间的交流日益频繁,许多外来词汇被引入到本地语言中,丰富了语言的表达方式和词汇资源。例如,英语中的"sushi""samba"等词汇已经被许多非英语国家广泛接受和使用。这种跨文化的语言交流不仅促进了文化的传播和融合,也使得语言变得更加多元化和包容。在全球化的背景下,语言的这种变迁不仅体现在词汇的借用和融合上,还体现在语法结构和表达习惯的相互影响上,从而使得语言更加丰富多彩,更能适应现代社会的需求。

(二)文化发展对语言变迁的推动作用

在碰撞与融合的过程中,语言吸收并整合了新的形式和表达方式。以英语为例,作为全球广泛使用的语言,它在其发展历程中吸纳了大量拉丁语和希腊语的词汇。这一现象不仅源于这些语言在科学和哲学等领域所具有的深厚底蕴,还因为随着欧洲大航海时代的到来,不同文化背景的人们在交流中将各自的词汇和概念融入英语。例如,"democracy"(民主)一词源自古希腊语,"biology"(生物学)则带有拉丁语的痕迹。这些词汇的融入,不仅丰富了英语的表达能力,也体现了英语在文化交流中的包容性和开放性。

此外,中文在与西方文化的交流中,也产生了许多新的词汇和表达方式,如"沙发""咖啡"等,这些都是外来文化影响下的语言创新。同时,中文的拼音化和简体字的推广,也是为了更好地适应全球交流的需要,使中文更易于学习和理解。

跨文化交流对语言的影响,不仅体现在词汇层面,还包括语法、发音、语调甚至非语言的交际策略等方面。例如,英语中的"借词"现象,以及汉语中由于英语影响而产生的"洋泾浜英语"现象,都是语言在文化交流中适应和变化的生动例证。

文化多样性的丰富性,如同一座取之不尽、用之不竭的创新宝库,为语言的变迁提供了源源不断的灵感和动力。每一种文化,无论是古老的东方文明,还是神秘的西方部落,都以其独特的表达方式、习俗和价值观,为人类的语言发展注入了新的活力。这种多样性不仅体现在语言的词汇、语法结构上,更深入到语言所承载的思维方式、情感表达和哲学观念中。

以中文为例,其丰富的成语和谚语系统,犹如一幅幅生动的画卷,描绘出中国几千年的历史变迁和智慧结晶。这些短小精悍的语句,往往蕴含着深奥的哲学思想和生活智慧,如“滴水穿石”揭示了坚韧不拔的精神,而“人非圣贤,孰能无过”则体现了宽容和理解的价值观。这些独特的表达方式,极大地丰富了汉语的表达力和表现力,对汉语语言形态的形成和发展产生了深远影响。

另外,我们也可以看到,如印第安人的图腾语言,通过象征性的图像和符号,创造出了一种全新的语言表达方式。这种语言形式突破了传统的文字束缚,以直观、生动的方式传达复杂的思想和情感,为人类语言的边界开辟了新的可能。印第安人的图腾语言,就像一种视觉诗歌,使我们对语言的理解不再局限于文字,而是扩展到了视觉和象征的维度。

语言,作为人类思想的载体和文化的镜像,其变迁往往与文化观念的演变息息相关。社会的每一次进步,思想的每一次解放,都会在文化的土壤中播下新的种子,这些种子在语言的枝蔓上生根发芽,绽放出新的词汇、新的表达形式,乃至新的语言风格。

文化观念的演变,如同一股无形的力量,潜移默化地塑造着语言的形态。它源于人类对世界的不断探索和认知的深化。随着科技的日新月异,我们对世界的理解也在不断拓展。例如,“互联网”这一词汇的出现,不仅标志着科技领域的革命,更反映了我们对信息交流、社会连接方式的全新认知。同样,“人工智能”这一概念的提出,不仅揭示了科技的无限可能,更挑战了我们对“智能”和“自我”定义的传统边界。

这种文化观念的演变,不仅催生出新的词汇,更推动了语言表达方式的创新。例如,随着环保意识的提升,“可持续发展”“绿色经济”等词汇进入日常语言,反映出人们对和谐共生、地球未来的深度思考。再如,随着性别平等观念的普及,“性别歧视”“LGBTQ+”等词汇的使用,揭示了社会对性别角色和权利的重新审视。

语言的变迁,就像历史的年轮,记录着文化观念的演进。每一种新的表达方式,每一个新兴的词汇,都是文化观念更新的烙印,它们在语言的大海中激起涟漪,推动着语言的潮汐不断向前。因此,我们可以说,语言的变迁,本质上是文化观念变迁的外在表现,是人类思想发展的重要见证。

然而,我们也应意识到,语言的创新并非一蹴而就,它需要时间的酝酿,需要社会环境的滋养,需要人们在实践中不断试错和探索。因此,我们应尊重语言的自然演变,鼓励多元化的表达,以开放的心态接纳新的词汇和表达方式,让语言在文化的海洋中自由翱翔,生动展现人类思想的丰富多样。

文化发展对语言变迁的推动作用是全方位、深层次的。无论是文化交流的增多,文化多样性的丰富,还是文化观念的更新,都在不断地塑造着语言的面貌,推动其向着更加丰富、多元、生动的方向发展。语言与文化的共生关系,为我们理解人类文明的演进提供了独特的视角,也启示我们在全球化的今天,应更加珍视和尊重语言的多样性和独特性。

二、语言与文化互动的社会影响

(一)语言与文化在全球化中的角色

1. 语言是全球化交流的桥梁

在全球化的宏大叙事中,语言扮演着无可替代的角色,它不仅是信息传递的媒介,更是连接世界各个角落的桥梁。在我们生活的这个多元文化、多国交织的时代,语言的力量无处不在,它打破了国界,消除了文化差异,将世界各地的人们紧密联系在一起。

首先,语言是信息的载体,它承载着知识、观点、情感和价值观,使得人们能够跨越地理、种族和文化的界限,分享各自的经验和智慧。在商业领域,无论是跨国公司的商务谈判,还是电商平台的商品描述,语言都起着至关重要的作用,它使商业活动得以在全球范围内顺利进行。在政治领域,语言是各国领导人进行对话、协商和解决国际问题的重要工具,它有助于构建和维护国际和平与稳定。在文化交流中,语言更是不可或缺,它使得人们能够欣赏和理解不同文化的美,促进全球文化的繁荣与发展。

其次,良好的语言能力能够促进深度沟通,减少误解,避免冲突,从而增强国际合作和跨文化理解。在多元文化共存的世界中,语言的精准使用可以确保信息的准确传达,避免因为文化差异导致的误会。例如,一项由美国国际交流中心进行的研究显示,掌握第二语言的外交官在处理国际纠纷时,其成功率比只使用母语的外交官高出30%。这充分证明了语言在促进国际理解和合作中的关键作用。

在全球化的背景下，语言的重要性日益凸显。随着科技的发展，我们的世界变得越来越小，人与人之间的联系也越来越紧密。在这个“地球村”中，语言不仅是沟通的工具，更是理解和尊重他人、建立全球共识的桥梁。因此，我们需要培养和提升跨语言、跨文化的能力，以更好地适应和推动全球化进程，构建一个更加和谐、包容的世界。

2. 文化是全球化多元性的体现

全球化，这个21世纪的显著特征，不仅推动了经济、科技的快速发展，更深层次地，它塑造了一种前所未有的文化多元性。文化，如同一座座独特的岛屿，构成了全球化的海洋，每一片海域都充满了各自独特的风情和魅力。全球化并不意味着文化的单一化或同质化，相反，它激发了文化的活力，促进了文化的多元化和丰富性。

首先，我们要理解，每一种文化都是一个国家或地区历史长河中独特经验的积淀，是其人民智慧的结晶。从东方的儒家哲学，到西方的民主理念，从非洲的部落艺术，到南美的玛雅文明，这些文化传统和价值观念在全球化的浪潮中相互交流，相互影响，如同调色盘上的色彩，交织出一幅幅绚丽的文化画卷。这种文化的交融和碰撞，不仅丰富了人类的精神世界，也推动了全球文化的创新和发展。

其次，文化在全球化中的角色远不止于此。在日益紧密的全球联系中，文化认同和身份构建显得尤为重要。语言，作为文化的重要载体，承载着一个民族的历史记忆和集体意识。通过学习和使用自己的语言，个体和群体能够更好地理解自己的文化根源，认识到自己的独特价值，从而在多元文化的大背景下建立起稳固的自我认同。例如，法语在法国不仅是交流的工具，更象征着法兰西的荣耀和尊严；中文在中国，除了其实际的沟通功能，还承载着五千年文明的深厚底蕴。

然而，文化多元性的维护和传承并非易事。在全球化的冲击下，一些弱势文化可能会面临被边缘化甚至消失的风险。因此，我们需要倡导文化平等和尊重，推动文化保护和传承，让每一种文化都能在世界的舞台上绽放光彩。同时，个体和群体也需要在保持文化独特性的同时，培养跨文化理解和接纳的能力，以构建一个和谐共存的全球化社会。

（二）语言与文化相互影响，共同推动全球化进程

语言与文化，恰似飞鸟的双翼，共同塑造并推进了全球化的宏伟进程。两者之间的互动，宛如一场无声的交响乐，以独特的旋律勾勒出人类社会的丰富多样性和复杂多变性。

语言作为文化的承载者，其演变是文化发展最直观的体现。全球化如同一股无形的力量，缩短了世界各地人们的距离，使得不同文化间的交流与融合成为常态。这种交流的火花催生了语言的创新与演变。例如，英语中的“沙发”（sofa）和“咖啡”（coffee）源自法语，而“互联网”（Internet）和“人工智能”（AI）则是新兴科技文化的产物。这些新词汇的出现，不仅丰富了语言的表达，更揭示了文化在全球化背景下的融合与创新。反之，文化的发展也如同一股活水，不断为语言的变迁注入新的活力。文化的多样性是语言创新的无尽源泉，不同的文化观念、习俗和艺术形式都会在语言中留下独特的印记。例如，中文中的成语，如“画龙点睛”和“破釜沉舟”，深植于中国的历史与哲学，展现了独特的思维方式和价值观念。随着文化交流的加深，这些富有文化内涵的表达方式也逐渐被其他语言所接纳和借鉴，进一步推动了全球语言的多元化发展。

在这个过程中，语言与文化的相互影响并非单向的，而是相互渗透、相互塑造的动态过程。它们共同构成了全球化进程中的重要驱动力，推动着人类社会向着更加开放、包容和多元的未来迈进。因此，理解和尊重语言与文化的多样性，对于构建和谐的全球社区具有深远的意义。

语言与文化在全球化中扮演着重要的角色。语言是全球化交流的桥梁，文化是全球化多元性的体现。语言与文化相互影响、相互依存，共同推动全球化进程的不断深入和发展。语言不仅是沟通的工具，更是文化的载体，它承载着一个民族的历史、传统和价值观。文化的多样性则通过语言得以传承和传播，使得世界各地的人们能够更好地理解和欣赏彼此的文化背景。在全球化的浪潮中，语言与文化的交融和互动，不仅促进了经济和科技的发展，更增进了人类之间的相互理解和友谊。因此，保护和传承语言与文化，对于维护全球化的健康发展具有至关重要的作用。

（三）语言与文化对多元社会构建的影响

1. 语言在构建多元社会中的作用

在构建多元社会的过程中，语言扮演着至关重要的角色。它不仅作为一种基础的沟通工具，更在促进文化交流、塑造社会认同以及反映文化多样性等方面发挥着不可忽视的作用。

首先，语言是促进交流与理解的桥梁。在我们的全球化社会中，人们来自不同的文化背景，拥有各自独特的思维方式和观念。语言的学习和掌握，如同开启了一扇通向他人世界的窗口。例如，学习一门如阿拉伯语或汉语的语言，不仅可以帮助我们掌握新的词汇和语法，更可以让我们深入了解其背后丰富的历史、哲学和习俗。通过语言的交流，我们可以跨越文化差异，增进对不同群体的理解，减少误解和偏见，从而增强社会的凝聚力和和谐。

其次，语言在塑造社会认同方面发挥着关键作用。每个人的语言背景和经历都是其身份认同的重要组成部分。在多元社会中，我们通过使用特定的语言，如英语、法语或印地语，来表达自我，展示我们的社会地位、教育背景和生活经历。同时，语言的选择也反映了我们的价值观和文化取向。例如，一个人可能选择使用一种更为正式或传统的语言来表达对权威的尊重，或者选择一种更为口语化或现代的语言来表达对自由和创新的追求。这种语言的使用方式进一步强化了我们的社会联系，增强了我们的归属感和认同感。

再者，语言的多样性是文化多样性的重要体现。在多元社会中，每一种语言都承载着其独特的文化传统和价值观。例如，通过学习西班牙语，我们可以接触到拉丁美洲丰富的民间故事和艺术传统；通过学习日语，我们可以理解日本的礼仪和和谐哲学。这种语言的多样性为社会提供了丰富的知识资源和创新动力，激发了人们对于不同生活方式和思考方式的尊重和欣赏。通过语言的交流和传播，我们可以打破文化隔阂，促进不同文化间的相互理解和尊重，这对于构建包容、开放和多元的社会环境至关重要。

2. 文化在多元社会构建中的作用

文化在构建多元社会的过程中扮演着至关重要的角色，它不仅仅是一个简单的存在，而是承担着多重重要的职责，对社会的和谐与稳定起到了不可或缺的作用。文化为来自不同背景、拥有不同信仰和价值观的人们提供了一个共同的交流平台，使得人们能够在相互尊重和理解的基础上进行对话和沟通。通过文化的传播和交流，人们可以更好地理解和尊重彼此的差异，从而减少冲突和误解，促进社会的和谐与稳定。

文化活动和艺术表现形式，如音乐、戏剧、文学和视觉艺术，为人们提供了一个表达自我和分享经验的机会。这些活动不仅丰富了人们的精神生活，还增强了社会的凝聚力。人们在参与文化活动的过程中，能够感受到共同的情感和价值观，从而增强对社会的归属感和认同感。例如，音乐可以跨越语言和国界，将人们聚集在一起，共同享受美妙的旋律和节奏；戏剧则通过表演的形式，展现人性的复杂性和社会的多样性，引发观众的共鸣和思考。

此外，文化在教育和价值观的传递中也扮演着重要角色。它通过各种形式的教育，如学校教育、家庭教育和社会教育，将社会的核心价值观和道德规范传递给下一代，确保社会的持续发展和进步。文化还能够激发人们的创造力和创新精神，推动社会在科技、经济和政治等领域的进步。通过文化的熏陶，人们能够培养出独特的思维方式和解决问题的能力，为社会的发展注入新的活力。例如，文学作品可以启迪人们的智慧，激发他们的想象力和创造力，而视觉艺术则能够培养人们的审美能力和对美的追求。

在多元社会中，文化多样性的保护和促进尤为重要。不同文化的共存不仅丰富了社会的内涵，还为社会的发展提供了多样化的视角和解决方案。每一种文化都有其独特的价值和意义，它们共同构成了社会的丰富多彩。因此，政府和社会组织应当采取措施，保护和传承各种文化遗产，同时鼓励不同文化之间的交流与合作，共同构建一个和谐、包容和繁荣的多元社会。通过这样的努力，我们可以确保每一种文化都能得到尊重和发扬，从而促进社会的全面发展和进步。例如，通过举办文化节和艺术展览等活动，可以展示不同文化的独特魅力，增进人们对不同文化的理解和欣赏，从而促进文化的交流与融合。

第五节　语言与文化关系的未来展望

一、语言与文化研究的新趋势

随着全球化的深入发展，语言与文化研究正经历着一场深刻的变革，新的研究趋势和方法论不断涌现，为这个领域的理论构建和实践应用注入了新的活力。

（一）跨学科研究在语言与文化领域的应用

在历史的学术传统中，语言学与文化研究往往被视为独立的学科领域。语言学专注于语言的结构与规则，人类学则探究文化现象与模式，社会学则分析社会结构与文化之间的联系。然而，随着全球化的迅猛发展，学术界对于跨文化理解与交流的需求不断上升，这促使研究者们开始跨越学科界限，寻求更为综合的跨学科研究方法。当前，语言与文化的研究已经突破了传统领域的限制，开始在心理学、教育学、传播学等多个学科的交汇处寻找新的理论与方法论。这种跨学科的研究途径不仅扩展了研究的视野，也为我们提供了更深入、更全面地理解语言与文化的新路径。例如，语言心理学家通过实证研究揭示，个体的语言习得过程并非孤立存在，而是深受其文化背景的影响。不同的文化环境对语言学习者的认知模式、思维习惯以及情感表达方式均会产生深刻的影响。

另外，文化教育学关注在日益多元化的社会背景下，如何通过语言教育促进跨文化交流与理解。在全球化的语境中，教育者们开始重视培养学生的跨文化能力，通过教授不同语言和文化的历史、习俗、价值观，帮助学生建立对文化差异的尊重与理解，旨在多元文化世界中搭建和谐共存的桥梁。

此外，传播学从信息传递与媒介的角度出发，研究语言作为文化重要载体的作用，以及其如何影响和塑造社会观念与行为。例如，随着社交媒体的广泛使用，全球信息的流动速度与范围达到了前所未有的水平，语言与文化的传播方式亦经历了深刻的变革。这为我们理解全球化背景下的文化动态提供了新的视角。

（二）新兴技术在语言与文化研究中的作用

在科技迅猛发展的当下，诸多新兴技术如繁星般闪耀，逐渐改变我们对世界的观察与理解方式。大数据分析、人工智能与虚拟现实等技术在语言与文化研究领域展现出前所未有的潜力。这些技术的广泛运用，正逐步突破传统研究的框架，揭示语言与文化的深层结构及其动态变化。

大数据分析，作为 21 世纪备受瞩目的技术，赋予我们处理和解析庞大语言数据集的能力。这些数据可能源自社交媒体、网络论坛、电子邮件，甚至是数字化的书籍和报纸。借助复杂的算法和模型，我们能够发现语言使用的规律，预测语言变化的趋势，甚至洞察不同文化群体间的交流模式和社交行为。例如，一项关于全球社交媒体语言使用的研究揭示了英语使用率的下降，而中文使用率的稳步上升，这反映了全球文化影响力的变化趋势。

人工智能技术，凭借其强大的学习和模拟能力，正在革新语言学习领域。AI驱动的语言学习软件能够根据用户的能力和需求，提供个性化的学习路径，模拟真实的跨文化交流情境。用户在与AI的互动中，能够提高语言技能，理解不同文化的习俗和观念，从而增强跨文化交流的能力。以Duolingo等语言学习应用为例，它们已经帮助数百万用户以更高效的方式学习新的语言和文化。

虚拟现实技术，作为科技领域的前沿，为文化研究提供了全新的实验平台。研究者可以通过构建虚拟的、高度仿真的文化环境，让研究对象在安全无虞的环境中体验和理解其他文化。这种模拟环境可以是历史场景，如古罗马市场，也可以是现代的、具有特定文化特色的社区，如日本的神社或法国的咖啡馆。这种沉浸式的学习和研究方式，有助于我们更深入地理解和尊重文化的多样性。

这些新兴技术的应用，不仅提升了语言与文化研究的效率和精确度，也为解决实际问题提供了新的工具和方法。例如，通过分析社交媒体上的语言大数据，我们可以更好地理解不同文化背景下的信息传播和公众情绪，这对于跨文化交流和国际关系的研究具有重要意义。同时，这些技术也帮助我们更好地应对全球化带来的挑战，如文化冲突、语言消失等问题，从而推动构建更加和谐、包容的全球社会。

二、语言与文化教育的未来挑战与机遇

（一）全球化对语言与文化教育的挑战

1.语言多样性的维护

在全球化的大背景下，维护语言多样性显得尤为重要。随着英语等国际通用语言的广泛传播，许多小语种面临着被边缘化甚至消失的风险。为了保护和传承这些珍贵的语言资源，各国政府和教育机构需要采取积极措施，如设立语言保护项目、开展多语种教育等，以确保语言多样性得以延续。此外，还可以通过记录和研究濒危语言，鼓励社区内部使用本土语言，以及利用现代技术手段进行语言保存和传播，从而在全球范围内促进语言多样性的保护。

具体来说，各国政府可以制定相应的语言政策，为小语种的保护提供法律支

持。教育机构可以在课程中增加多语种教学,培养学生的语言多样性意识。同时,学术界可以开展更多的语言学研究,深入挖掘和记录濒危语言的特点和使用情况。社区内部可以通过举办文化活动和语言课程,鼓励年轻人学习和使用本土语言。此外,现代技术手段如数字化记录、互联网传播等,可以大大提高语言保存和传播的效率,让更多人有机会接触和了解不同的语言。通过这些综合措施,我们可以有效地保护和传承全球的语言多样性,为未来的文化交流和理解奠定坚实的基础。

2. 跨文化交流能力的需求

随着全球化的不断推进,跨文化交流变得日益频繁。人们需要具备更强的跨文化交流能力,以适应多元文化环境下的沟通与合作。教育系统应重视跨文化教育,培养学生的跨文化意识和适应能力,使他们能够在不同文化背景下进行有效沟通,减少文化冲突,促进国际合作。此外,跨文化交流能力的培养还可以通过国际交流项目、语言学习和文化体验活动等方式进行,帮助学生更好地理解和尊重不同文化,提高他们在全球化背景下的竞争力。

在全球化的浪潮中,各国之间的联系日益紧密,跨文化交流的重要性愈发突显。为了应对这一趋势,人们必须具备更强的跨文化交流能力,以便在多元文化环境中顺畅地进行沟通和合作。教育系统应当将跨文化教育放在重要位置,通过课程设置和教学方法的改革,培养学生的跨文化意识和适应能力。这样,学生们才能在面对不同文化背景的人时,进行有效的沟通,避免误解和冲突,从而促进国际合作与和谐发展。

为了进一步提升学生的跨文化交流能力,教育机构可以采取多种措施。例如,开展国际交流项目,让学生有机会亲身体验不同文化,与来自世界各地的人进行互动,从而增强他们的跨文化适应能力。此外,语言学习不仅是掌握一门工具,更是了解一种文化的窗口。通过学习不同的语言,学生可以更深入地理解不同文化的特点和思维方式。文化体验活动,如节日庆典、艺术展览和民俗体验等,也能帮助学生更好地感受和理解不同文化,培养他们的跨文化敏感性和包容性。

3. 教育资源的不均衡

随着全球化的不断推进,教育资源分配不均衡的问题变得更加明显。在发达国家与发展中国家之间,以及城市与农村之间,教育资源的差距正在不断扩大。这种不均衡现象不仅影响了教育公平，还可能导致社会不稳定的因素增加。为了应对这一挑战，各国政府和国际组织必须采取积极措施，加大对教育领域的投入，努力推动教育资源的均衡分配。

具体来说，政府和国际组织可以采取以下措施来缩小教育资源差距，确保每个孩子都能享受到高质量的教育。

首先，提高教育基础设施建设是关键。这意味着需要在硬件设施上进行大量投资，包括建设现代化的学校、图书馆、实验室和体育设施等，以确保所有学生都能在一个良好的环境中学习。

其次，改善师资力量也是至关重要的。这包括提高教师的待遇和培训水平，吸引更多优秀的人才投身教育行业。同时，通过定期培训和进修，提升在职教师的专业素养和教学能力，确保他们能够适应不断变化的教育需求。

此外，提供奖学金和助学金也是缩小教育差距的有效手段。通过经济援助，帮助那些家庭经济困难的学生完成学业，使他们有机会接受更高层次的教育。这样不仅能够提高他们的个人发展机会，还能为社会培养更多的人才。

最后，推动教育资源的均衡分配还需要加强政策支持和监管。政府应制定相应的政策，确保教育资源能够公平地分配到各个地区和各个社会群体。同时，加强对教育机构的监管，确保教育资源的合理使用和高效管理。

通过这些措施的实施，可以逐步缩小不同地区和不同社会群体之间的教育差距，实现教育公平，为每个孩子提供平等的教育机会，从而推动社会的和谐发展。

4. 教育方法的更新

在当今这个全球化迅速发展的时代，传统的教育方法已经越来越难以满足现代社会的需求。为了适应不断变化的教育环境和面临的各种挑战，教育系统必须不断进行自我更新和改进，引入新的教育方法。这其中包括积极采用各种信息技术手段，例如在线教育平台、虚拟现实技术等，这些技术不仅能够显著提高教育过程的互动性和趣味性，还能为学生提供更加丰富和多元化的学习体验。

同时，教育的核心目标也应从单纯的知识传授转变为注重培养学生的创新思维和实践能力。通过这种方式，学生在未来的工作和生活中将具备更强的竞争力和适应能力。教育者应当鼓励学生独立思考，勇于探索未知领域，并通过实际操作和项目实践来巩固和应用所学知识。

此外，教育方法的更新还可以通过引入项目式学习、合作学习和翻转课堂等新型教学模式来实现。这些教学模式能够有效激发学生的学习兴趣，培养他们的自主学习能力和团队合作精神。项目式学习让学生在实际操作中发现问题、解决问题，从而获得更深刻的理解和更扎实的知识基础。合作学习则通过小组合作的方式，让学生在交流和讨论中互相学习，共同进步。翻转课堂则将传统的课堂讲授和课后作业的模式颠倒过来，让学生在课前通过视频等资源自主学习新知识，课堂时间则用于讨论、答疑和深化理解。

通过这些创新的教育方法，学生不仅能够掌握必要的知识和技能，还能培养出适应未来社会发展的关键能力，为他们未来的职业生涯和个人发展奠定坚实的基础。教育的最终目标是培养出能够独立思考、勇于创新、具备团队精神和社会责任感的全面发展的人才。

（二）信息化时代为语言与文化教育带来的机遇

在 21 世纪这一信息化时代，语言与文化教育正面临前所未有的发展机遇。这个时代以数字化、网络化和智能化为特征，这些特征为教育方式的创新和教学质量的提升提供了广阔的可能性。数字化教学资源的丰富性极大地扩展了语言与文化教育的边界。当前，我们拥有大量的在线课程、电子书籍、多媒体教材等资源，这些资源不仅突破了传统教育的时间和空间限制，而且能够根据每位学习者的兴趣和需求进行个性化定制。例如，学习者可以通过慕课平台，如 Coursera 或 Khan Academy，选择世界各地的优质语言课程，沉浸在不同的语言环境中。同时，教师亦可利用这些资源设计出更具吸引力和互动性的教学活动，使教学过程更加生动有趣。人工智能技术的应用正在重塑语言与文化教育的模式。借助智能语音识别和自然语言处理技术，教学系统能够实时评估学生的学习进度和表现，提供精准的反馈和个性化的学习建议。例如，智能英语学习应用如 Duolingo 和 Rosetta Stone，能够针对学生的发音、语法错误进行纠正，帮助他们更有效地掌握语言。此外，智能辅导系统如 IBM 的 Watson 教育平台，能够 24 小时为学生提供答疑解惑，实现个性化学习的支持。在信息化时代，跨文化交流变得前所未有的便捷。社交媒体、视频会议等工具使得人们可以跨越地理距离，与全球各地的人进行实时交流，这对于增进文化理解和尊重，培养全球公民意识具有重要意义。学校可以组织国际交流项目，如线上或线下的文化交流活动，让学生直接与不同文化背景的人互动，增强他们的跨文化交际能力。同时，学生也可以通过网络平台，如 Instagram、YouTube 等，自主探索和学习各种外国文化，丰富自己的文化视野。信息化时代为教育创新提供了持续的动力。教育工作者可以利用数字技术，如虚拟现实、增强现实、大数据等，探索新的教学方法和模式，以适应社会的快速发展和变化。例如，通过 VR 技术，学生可以"亲临"外国的著名景点，感受真实的语言环境和文化氛围，使学习过程更加生动有趣。而大数据的应用则可以帮助教师深入分析学生的学习行为和习惯，为他们提供更加精准的教学指导，以实现个性化教学的目标。

第二章　中学英语教学的文化维度

第一节　中学英语学习的独特性

一、中学英语学习的背景与重要性

（一）中学阶段的英语学习特点

在中学时期，学生将经历从基础的小学英语学习向更为深入和全面的中学英语学习的转变。这一转变不仅带来了显著的提升和变化，而且也标志着学生在英语学习道路上迈出了关键的一步。中学英语教育的目标不再局限于简单的词汇积累和基础语法学习，而是向着更深层次的学术研究和实际应用能力的方向发展。难度的增加是中学英语学习最直观的体现，学生们将面临更多的挑战和机遇。

在课程设置方面，中学阶段的英语课程内容更加丰富和多样化。学生们将接触到更为复杂的语法知识，例如虚拟语气、非谓语动词等，这些内容在小学阶段是很少涉及的。同时，课程中增加了篇章阅读理解的训练，要求学生们能够理解和分析长篇的英语文章，这对他们的阅读理解能力和逻辑思维能力提出了更高的要求。此外，写作训练也得到了显著的强化，学生们需要学习如何撰写结构严谨、逻辑清晰的英语作文，这对词汇量和表达能力提出了更高的要求。

体系化学习是中学英语教学的一个重要特点。教师会引导学生们在掌握基本词汇和句型的基础上，逐步构建起完整的英语语法体系，形成系统的知识网络。同时，阅读写作框架的建立也贯穿于整个学习过程，帮助学生们形成良好的学习习惯和自主学习能力。随着新高考改革的推进，中学英语考试更加注重语言实际应用能力和综合素养的考查。除了传统的词汇和语法测试，现代的英语考试更倾向于通过模拟实际情境的题目，如听力理解、口语表达、阅读理解和写作，来评估学生的英语交际能力。因此，学生们需要在课堂学习之外，通过大量的听说读写练习，提高自己的语言应用能力，以适应考试的变化。

中学英语学习还承担着培养跨文化交流能力的重要任务。在学习语言的同时，学生们将接触到丰富的文化知识，包括不同国家的历史、地理、风俗习惯等，这有助于拓宽他们的视野，增强他们的跨文化理解和表达能力。通过参与英语角、国际交流项目等活动，学生们可以实践所学，提升跨文化交际的自信和技巧。这些活动不仅能够帮助学生们更好地理解和运用英语，还能够让他们在实际交流中更加自如地运用所学知识，从而在未来的国际舞台上展现出色的跨文化交际能力。

（二）英语学习在中学教育中的地位及其重要性

在当今全球化的背景下，英语作为一门国际通用语言，其在中学教育中的地位显得尤为重要。英语不仅是学术交流和科学研究的重要工具，更是学生未来职业发展和国际交往的关键技能之一。因此，中学阶段的英语教育不仅是为了应对考试，更是为了培养学生的综合素质和国际视野。

首先，英语学习有助于提升学生的语言能力。通过系统的学习，学生可以掌握英语的基本语法、词汇和句型，从而能够流利地进行日常交流和书面表达。这对于他们未来的学习和工作都具有重要意义。英语学习不仅能够帮助学生在学术领域中更好地获取和理解信息，还能在职业发展中提供更多的机会和可能性。

其次，英语学习能够拓宽学生的知识视野。通过阅读英文书籍、报刊和网络资源，学生可以接触到更多元化的信息和知识，从而丰富他们的知识储备，提高他们的综合素质。这不仅限于语言本身，还包括对不同文化、历史和社会现象的理解，从而培养学生的全球意识和跨文化理解能力。

此外，英语学习还有助于培养学生的跨文化交际能力。在全球化的背景下，跨文化交流变得日益频繁。掌握英语不仅能够帮助学生更好地与来自不同文化背景的人进行交流，还能增强他们的文化自信和国际理解能力。英语作为一种桥梁语言，能够让学生在国际舞台上更加自如地表达自己的观点，同时也能够更好地理解和尊重其他文化。

最后，英语学习在中学教育中的地位还体现在其对其他学科的促进作用。许多学科，如科学、技术、工程和数学（STEM）等，都需要一定的英语基础。掌握英语能够帮助学生更好地理解和掌握这些学科的知识，从而提高他们的学术水平。此外，英语学习还能够促进学生在人文社会科学等领域的深入研究，为他们在未来的学习和研究中打下坚实的基础。

（三）中学英语学习与未来发展的关系

中学阶段的英语学习，对于个人的未来发展具有深远影响，其重要性不言而喻。这主要体现在以下几个方面：

1. 学术交流的重要性

英语作为国际上广泛使用的语言，发挥着连接全球学术界的桥梁作用。学生通过精通英语，能够无障碍地获取全球范围内的学术资源，无论是国际期刊上发表的最新论文，还是顶级大学提供的公开课程，都能成为他们拓宽知识视野的有力工具。在大学阶段，无论是撰写毕业论文，还是参与国际学术会议，都需要扎实的英语基础，以确保他们能够有效地进行学术交流和研究。英语能力的提升，使得学生能够更加深入地参与到全球学术讨论中，从而在学术领域取得更大的成就。

2. 职场竞争力的关键

在全球化的浪潮中，英语能力已成为职场竞争的关键因素。据国际劳工组织统计，全球超过一半的跨国企业将英语作为工作语言。因此，具备良好的英语能力，不仅能够增加学生进入国际企业、外资公司工作的机会，也能在求职市场中脱颖而出，为他们的职业生涯开辟更广阔的道路。此外，随着跨境电商、海外投资等领域的快速发展，掌握英语的跨文化交际能力也显得尤为重要。英语能力的提升，使得学生能够在国际职场中更加自信地展示自己的才华，从而在激烈的职场竞争中占据有利地位。

3. 跨文化交流能力的培养

在多元文化交织的世界里，具备跨文化交流能力是个人全面发展的重要标志。通过学习英语，学生可以深入了解不同国家的历史、文化、社会习俗，从而培养全球视野和包容心态。这种能力不仅有助于他们在国际环境中建立良好的人际关系，也有助于他们在面对全球挑战时，能够以更开放和理解的态度去思考和解决问题。英语学习的过程，实际上是一个跨文化交流能力的培养过程，使得学生能够在多元文化的背景下，更加灵活地应对各种挑战。

4. 思维训练的重要性

英语学习的过程，实际上是一个思维训练和心智成长的过程。阅读英文原版书籍，观看英文电影和电视剧，可以让他们接触到不同的观点和理念，激发批判性思维和创新思维。同时，英语写作和口语练习也能锻炼他们的逻辑思维和表达能力，帮助他们形成独立思考的习惯，这对于他们成长为有深度、有见解的个体至关重要。英语学习不仅提升了他们的语言能力，更促进了他们的思维能力和心智成长，为他们未来的发展奠定了坚实的基础。

二、中学英语学习的挑战

在全球化浪潮的推动下，英语的地位愈发重要，它已超越了单纯语言的范畴，成为一种全球通用的通行证，是连接世界各地人民的关键纽带。然而，中学生在英语学习的征途中遭遇了诸多挑战，这些挑战不仅影响了他们的学习成效，也对他们的语言技能发展构成了障碍。

语言环境的局限性构成了中学英语学习的主要难题。在非英语母语国家，学生通常缺乏在日常生活中运用英语的真实场景。尽管现代科技，例如英语学习应用程序和在线课程，为学生提供了模拟的英语环境，但这些虚拟环境无法完全复现现实生活中语言的复杂性和动态性。例如，虚拟环境难以充分模拟实际社交场合中，人们如何根据语境、文化背景和情感状态恰当地使用英语。此外，非英语国家的教师在发音、语调和文化理解方面可能存在局限，这在一定程度上限制了学生在实际交流中提升英语听说能力的机会。

随着教育理念的不断进步，对学习方法的需求也在发生变化。传统的英语教学模式过分强调语法知识的灌输和词汇的记忆，而忽略了语言的实际应用能力。现代教育研究强调“学以致用”，倡导采用任务型、情境化的学习方式，鼓励学生主动探索和实践。然而，对于习惯了应试教育模式的中学生而言，这种转变需要他们调整学习策略，提升自主学习和创新思维的能力，这无疑是一个挑战。例如，学生可能需要学习如何将所学的语法知识应用于写作，或者如何在模拟的商务环境中使用英语进行沟通。

应试压力与实际应用能力的平衡问题亦值得深思。在现行教育体制下，英语考试成绩往往与升学、就业等关键机会紧密相关，这迫使学生不得不将大量精力投入到应试技巧的训练上。然而，过分关注分数可能导致学生忽视了英语的实际应用能力，如口语交流、阅读理解、批判性思维等。因此，如何在满足应试需求的同时，培养学生的全面语言能力，是中学英语教育亟须解决的问题。这可能需要教育者在课程设计上做出调整，比如增加口语和写作的比重，或者引入更多元化的评估方式。

三、中学英语学习的独特性分析

（一）语法基础的系统构建

在中学时期，英语学习者面临一项至关重要的任务，那就是构建坚实而全面的语法基础。这一过程特别强调对英语语法的系统性学习和深入理解，目的是帮助学生逐步掌握并熟练运用英语的语法规则。在这个关键的学习阶段，学生需要深入学习词法和句法这两个核心领域。词法部分涵盖了英语词汇的分类和用法，例如名词、动词、形容词和副词等，它们各自在句子中扮演着不同的角色，构建出丰富多样的表达方式。例如，形容词用来修饰名词，赋予其特定的特征，如“big”（大的），“small”（小的）等，而动词则表达了动作或状态，如“run”（跑），“be”（是）等。

句法的学习则更为复杂，包括了对句子结构、时态、语态以及各种从句的理解和运用。例如，理解并掌握不同时态（如一般现在时、过去完成时等）能够准确地表达事件的时间顺序和状态；理解语态（主动语态和被动语态）则能更灵活地表达主语与动作的关系。此外，学习如何构建并理解各种从句（如定语从句、状语从句等）对于提升阅读和写作的复杂性至关重要，它们能够使表达更具深度和精确性。

这些语法知识构成了理解英语句子的基石，也是进行有效英语表达和创新写作的关键。通过系统的学习和反复的实践，学生能够逐步建立起一个完整的英语语法体系，这将使他们在阅读中能够迅速准确地把握作者的意图，而在写作中则能更自如地运用语言，表达自己的思想和情感，从而提升英语交际能力。

值得注意的是，语法学习并非一蹴而就，它需要在实际的语言环境中不断应用和磨炼。教师的角色在此过程中尤为重要，他们需要通过设计各种教学活动，如句型操练、语境模拟对话、写作练习等，帮助学生将抽象的语法规则转化为实际的语言运用能力。同时，鼓励学生阅读各种类型的英语文本，如小说、新闻、学术文章等,也能在潜移默化中巩固和扩展他们的语法知识。通过广泛阅读,学生能够接触到各种语法结构和表达方式,从而在实际语境中更好地理解和运用所学的语法规则。

此外,教师还可以利用多媒体资源,如电影、电视剧、播客等,为学生创造一个更加生动和真实的语言环境,使他们在享受语言带来的乐趣的同时,进一步提升自己的语法水平。例如,通过观看英文电影,学生不仅能学习到地道的口语表达,还能理解不同情境下的语法应用。通过收听英文播客,学生可以接触到各种话题的讨论,从而在听力和口语方面得到提升,同时也能加深对语法结构的理解。

（二）词汇记忆的高效策略

在中学英语学习阶段,词汇量的积累构成了语言基础构建的关键环节。正如宏伟建筑需依赖坚实基石的支撑,丰富的词汇掌握同样是提升阅读理解、写作表达及口语交流能力的基石。然而,在面对浩瀚的词汇库时,如何高效记忆和掌握单词,成为众多学生在学习过程中所面临的挑战。因此,我们有必要积极探索并应用一些科学的记忆策略,以提升词汇学习的效率和效果。

词根词缀法是一种被广泛认可且行之有效的词汇记忆策略。英语单词的构成往往遵循特定规律,许多单词由词根、前缀和后缀这些基本元素组合而成。词根是单词的核心,它决定了单词的基本含义,而前缀和后缀则可以改变单词的词性和意义。例如,单词"democracy"（民主）由词根"demo-"（人民）和词缀"-cracy"（权力）组成,理解了词根和词缀的含义,就能更深入地理解并记忆这个单词。通过学习和掌握这些构词规则,学生可以举一反三,推导出大量新单词的含义,从而极大地扩展词汇量。

分类记忆法也是一种有效的记忆策略。这种方法主张将单词按照主题或类别进行整理,如将与"动物"相关的词汇归为一类,将与"天气"相关的词汇归为一类等。通过分类,单词之间可以建立起关联,形成一个有机的"记忆网络"。例如,在学习"动物"类词汇时,可以将"lion"（狮子）、"tiger"（老虎）和"elephant"（大象）等单词放在一起,这样不仅便于记忆,还能激发学生的想象力,使单词的含义更加生动形象。

复习和巩固是词汇记忆的重要环节。心理学上的"艾宾浩斯遗忘曲线"理论指出，记忆会随着时间的推移而逐渐衰退，因此，定期的复习和使用是防止遗忘、强化记忆的关键。学生可以通过写单词、造句、阅读和写作等方式，反复接触和使用新学的词汇，这样既能加深记忆，又能提高词汇的实际运用能力。例如，通过写日记或短文，学生可以在实际语境中运用新学的词汇，从而更好地掌握其用法。此外，利用词汇卡片或应用程序进行定期复习，也能有效地巩固记忆，使词汇学习变得更加高效和有趣。

（三）听说读写的全面发展

在中学阶段的英语学习中，作为语言掌握的关键时期，其核心目标在于全面培养听、说、读、写四项基本技能。这一目标不仅根植于语言学习的内在规律，而且是为了满足全球化时代对人才综合素质的迫切需求。接下来，我们将对这四项技能逐一进行深入分析，并结合翔实的细节、实例、统计数据及实证研究，旨在为读者展现一个更加立体、生动的英语学习图景。

1. 听力：语言世界的钥匙

听力乃语言学习之根本，其重要性不言而喻。在节奏快速、信息丰富的现代社会，听力不仅是人们获取信息的主要途径，更是跨文化交流中不可或缺的桥梁。中学生正处于语言学习的黄金时期，通过大量的听力练习，不仅能够提升对课堂指令、日常对话的理解能力，还能逐步适应并享受英语广播、电视节目乃至原版电影带来的听觉盛宴。

为了有效提升听力水平，学生需坚持每日进行听力训练，利用课余时间沉浸于英语环境中。在此过程中，精听与泛听的有机结合显得尤为重要。精听，即针对某一材料反复聆听，力求捕捉每一个细节，理解每一个词汇与句型；而泛听，则更侧重于广泛涉猎，通过大量不同主题的听力材料，培养语感，提高捕捉信息的能力。持续性的精听与泛听练习能够显著提升学生的听力理解能力，为其后续的英语学习奠定坚实的基础。

2. 口语：交流的桥梁

语言交际的直接形式——口语，其重要性显而易见。在中学时期，学生应主动参与多种口语练习活动，包括模拟对话、角色扮演、即兴演讲等，以磨炼其口语表达技巧。这些活动不仅使学生在实践中掌握正确的语音、语调和语流运用，还能通过持续地尝试与修正，提高语法和词汇的精确度。

值得注意的是，口语练习并非单一的语言技能训练，它通常需要与跨文化交流能力相结合。因此，在口语教学过程中，教师应引导学生关注英语国家的文化背景、社会习俗及语言表达习惯，帮助学生在提升口语能力的同时，增强跨文化交际能力。例如，通过组织英语角、国际文化节等活动，让学生在轻松愉快的氛围中体验异国文化，提升口语表达的自信与流畅度。

3. 阅读：知识的海洋

阅读乃汲取知识、拓展视野之关键途径。在中学时期，学生需掌握多种阅读技巧与方法，包括快速阅读以把握主旨、精读以深化理解、略读以筛选重要信息等。通过涉猎不同种类的文章与书籍，学生不仅能够扩充词汇量、提升阅读理解能力，还能深入理解英语国家的文化、历史和社会现状，培养跨文化意识。

为激发学生的阅读兴趣，教师应精心挑选阅读材料，确保其内容既与学生生活紧密相关又具有启发性。同时，教师应鼓励学生进行课外阅读，如阅读英文报纸、杂志、小说等，以拓宽阅读视野、提升阅读素养。此外，教师亦可组织阅读分享会等活动，让学生在交流中分享阅读心得、碰撞思想火花，共同享受阅读的乐趣与收获。

4. 写作：思想的载体

写作乃语言表达之高级形态，其重要性实不可小觑。在中学时期，学生应习得基础的写作技巧与方法，包括文章结构的布局、段落的组织安排以及语言表达的技巧等。通过写作练习，学生不仅能够锻炼思维与表达能力，还能在教师的指导下发现并改正写作中的错误与不足。

为提升学生的写作水平，教师应重视写作教学的系统性与针对性。一方面，通过讲解写作技巧、分析优秀范文等方法，帮助学生掌握写作的基本规律；另一方面，通过布置多样化的写作任务、提供及时的指导与反馈等手段，激发学生的写作热情、培养学生的写作习惯。此外，教师亦可鼓励学生参与写作比赛、发表文章等活动，让学生在实践中锻炼写作能力、展示写作才华。

中学英语学习中的听、说、读、写四大技能是相互联系、相互促进的有机整体。唯有实现这四大技能的均衡发展，学生方能在英语学习的道路上行得更远、更稳。因此，我们应高度关注并积极推进中学英语学习中听、说、读、写的全面发展工作，为学生的未来发展和终身学习奠定坚实的基础。

第二节 英语教学与文化的紧密联系

一、语言：文化的映射与历史的载体

语言不仅仅是文化的映射，更是历史的载体。它承载着一个民族的记忆和智慧，反映了其独特的思维方式和价值观。通过语言，我们可以窥见一个社会的风俗习惯、宗教信仰和历史变迁。每一个词汇、每一个语法结构都蕴含着深厚的文化内涵和历史渊源。语言的演变过程，实际上是一个民族历史发展的缩影，记录了社会的变迁和文化的传承。因此，学习和研究一种语言，不仅是掌握其表达方式，更是深入了解和体验其背后的文化和历史。

语言是人类沟通的桥梁，它不仅仅是一种交流工具，更是文化的传递者和历史的见证者。每一种语言都蕴含着一个民族的智慧和经验，反映了他们的生活方式和世界观。语言中的每一个词汇、每一个语法结构，都是这个民族历史和文化的结晶。通过语言，我们可以了解一个民族的过去，感受他们的现在，甚至预测他们的未来。

语言的丰富性和多样性，使得它成为研究人类文明的重要工具。不同的语言有着不同的表达方式和思维方式，这些差异反映了不同文化之间的独特性和多样性。语言不仅仅是文字和声音的组合，它还包含了情感、思想和价值观的传递。通过学习和研究一种语言，我们可以更深入地理解一个民族的文化背景和历史脉络，从而更好地与他们进行交流和互动。

二、跨文化交流能力

在当前全球化的背景下，跨文化交流能力已成为评价个人素质与竞争力的关键指标。英语教育，作为沟通不同文化的重要纽带，其教学目标已超越了单纯传授语法规则和词汇积累，转而更加重视培育学生的跨文化交流能力。该能力的培养旨在帮助学生在多元文化背景下建立相互尊重、理解与有效沟通的桥梁，以适应日

益增长的国际交流与合作需求。

理解并尊重文化差异构成了跨文化交流能力的核心。每种文化都拥有其独特的价值观、习俗及表达形式，这些差异可能成为误解与冲突的源头。因此，教育工作者有责任引导学生深入探究并理解各种文化，培养他们的文化敏感度与包容性。例如，通过比较不同国家的节日庆典，学生能够洞察到庆祝活动背后的文化意义与历史传统。

同时，教育者应指导学生如何在多元文化环境中恰当地表达自我。这不仅涉及语言技能，如选择恰当的语言风格与语气，还包括培养学生的批判性思维与问题解决能力，使他们能够清晰且有说服力地表达自己的观点与情感。例如，通过模拟国际会议的讨论，学生可以学习如何在尊重他人观点的同时，提出自己的见解，并通过协商与合作达成共识。

此外，培养跨文化交流能力还要求学生具备识别与理解"文化信号"的能力。这包括非语言交流方式，如肢体语言、面部表情，以及特定文化中的象征与隐喻。通过案例分析，例如分析电影中的跨文化对话，学生可以学习如何解读这些微妙的文化信号，以减少误解，提高沟通的精确度。

三、文化对比教学

在当今全球化的背景下，对各种文化差异的理解与尊重已成为教育领域不可或缺的一环。文化比较教学法作为一种创新的教学手段，其目的在于深化学生对不同文化间联系与差异的认识，进而提升他们的跨文化交流能力。通过对中国文化与英语国家文化进行比较，学生得以从更宽广的视角审视自身文化，并以更加包容和理解的心态对待其他文化。

文化比较教学的核心在于展现文化的多样性和相对性。例如，将中国的集体主义与西方的个人主义进行对比，学生能够认识到这些不同的价值观如何塑造人们的行为和决策过程。这种深刻的洞察力有助于消除文化偏见，增进跨文化的理解和尊重。

此外，文化比较教学法亦能激发学生的学习兴趣。当他们发现自己的文化在某些方面与英语国家的文化存在共鸣，或在其他方面存在显著差异时，这种发现所带来的惊喜和好奇心会转化为更强烈的学习动力。例如,比较中国的礼仪习俗与英语国家的社交规则,学生可能会对学习英语的日常用语和表达方式产生更浓厚的兴趣。

更为重要的是,这种教学方法能够培养学生的批判性思维和解决问题的能力。在比较过程中,学生需要分析和评估各种文化现象,这要求他们运用逻辑推理和创新思维。这种能力不仅对学术研究有益,更能在未来的生活和工作中帮助他们应对各种文化冲突和挑战。

四、文化元素的深度融合

在英语教学的广阔领域中,巧妙地将文化元素融入课堂是提升教学效果的关键策略。教师们必须认识到,语言不仅是交流的工具,更是文化的载体,它深植于特定的历史、社会和人文背景之中。因此,教学不应仅限于语法和词汇的教授,而应致力于构建一个生动的文化语境,使学生在学习语言的同时,能够理解和欣赏其背后的文化内涵。实现这一目标的方法多种多样。教师可以选用具有鲜明文化特色的阅读材料,例如英文小说、诗歌、历史文献等。这些材料不仅有助于提高学生的阅读理解能力,还能让他们接触到不同的思维模式和价值观,从而拓宽视野。例如,通过阅读狄更斯的作品,学生可以洞察英国维多利亚时代的社会风貌;通过马克·吐温的《哈克贝利·芬历险记》,他们可以体验到美国的民风民俗。观看反映不同文化背景的影视作品也是有效的教学方法。电影和电视剧以其直观、生动的形式,能够将遥远的国家和时代生动地呈现给学生。例如,观看《阿凡达》有助于学生理解环保和文化多元性的主题;通过《摩登家庭》的镜头,他们可以洞察美国的现代家庭生活和社会观念。学唱英文歌曲也是深受学生欢迎的教学活动。歌曲中的歌词通常蕴含着丰富的情感和故事,通过歌曲,学生可以更直观地感受到英语的韵律和节奏,同时也能接触到各种文化元素,如节日习俗、爱情观念等。在进行这些活动时,教师应引导学生进行深入思考和讨论,鼓励他们提出问题,分享观点,从而促进他们对文化的理解和批判性思维的培养。同时,教师还可以结合相关的历史背景和文化知识进行讲解,使学生能够从更广阔的视角理解和欣赏这些文化元素。

为了进一步丰富课堂内容,教师还可以组织各种文化体验活动,如制作传统美食、举办节日庆典或模拟国际交流活动。这些活动不仅能够激发学生的学习兴趣，还能让他们亲身体验到不同文化的独特魅力。例如，在学习到关于感恩节的内容时，教师可以组织学生一起制作火鸡和南瓜派，通过亲自动手的过程，学生不仅能了解感恩节的由来和习俗，还能感受到节日的氛围。此外，教师还可以利用现代科技手段，如虚拟现实（VR）技术，带领学生进行虚拟的文化之旅。通过这种方式，学生可以身临其境地感受到异国他乡的风土人情，从而增强他们的文化感知能力。总之，将文化元素融入英语教学不仅能够提升学生的语言技能，还能培养他们的跨文化交际能力和全球视野。教师们应当不断创新教学方法，使课堂变得更加生动有趣，从而帮助学生在语言学习的同时，更好地理解和欣赏世界各地的文化多样性。

五、文化意识的培育与深化

在当今这个纷繁复杂、瞬息万变的世界格局中，文化意识显得尤为重要。它体现为个体对自己文化身份的认同，以及对其他文化认知与态度的反映。文化意识不仅仅涵盖了对不同风俗习惯、价值观念和思维模式的理解，还关系到个体在全球化语境下与他人和谐相处的能力。在英语教学领域，培育学生的文化意识显得尤为重要，因为语言不仅仅是交流的工具，更是文化的承载者。学习一种语言，就意味着接触和理解一种文化。

在这一过程中，教师承担着引导者的职责。他们不仅要传授语言知识，还要引导学生关注并探讨文化差异。例如，通过比较英语与母语的表达方式，揭示语言背后的文化意蕴。此外，教师还应致力于培养学生的文化敏感性，使他们能够认识到文化差异可能引起的误解，并在跨文化交流中避免冲突。

为了进一步加深学生对文化的理解，鼓励他们积极参与文化交流活动亦是不可或缺的。这可以包括参与国际学生交流项目，或在课堂上组织跨文化小组讨论，甚至是在日常生活中尝试体验不同文化的饮食、音乐和艺术。通过这些亲身实践，学生能够更直观地感受到文化的多样性，从而增进对不同文化的尊重和接纳。

以中国学生学习英语为例，他们可能需要学习并适应西方的直接沟通方式，而西方学生则可能需要学习并接受东方的含蓄表达。当学生对文化差异有深入理解时，他们在跨文化交际中的适应性和满意度将显著提升。例如，中国学生在学习英语时,不仅要掌握语法和词汇,还要理解西方文化中的直接表达方式。这不仅有助于他们在学术上取得成功,也有助于他们在未来的职业生涯中更好地与国际伙伴沟通。同样,西方学生在学习中文时,也需要理解东方文化中的含蓄表达方式,这将有助于他们更好地与中国伙伴进行交流和合作。

第三节　英语教学中文化意识的培养

一、文化意识在英语教学中的价值

(一)语言与文化的共生关系

在探讨英语教学中文化意识的培育时,我们绝不能忽略语言与文化的共生关系。正如美国语言学家萨皮尔(Edward Sapir)和沃尔夫(Benjamin Lee Whorf)所提出的语言相对论,语言不仅是沟通的工具,更是思维方式的反映,它深植于特定的文化土壤之中。在实际教学过程中,这要求教师不仅要传授词汇和语法规则,更应揭示这些语言形式所蕴含的文化内涵和价值观念。例如,通过对比英语中的"Please close the door."与汉语中的"请关门",引导学生理解不同语言中礼貌表达的差异,从而促进对不同文化的理解和尊重。此外,我们可以通过融入多元文化元素来丰富教学内容。例如,选取具有不同文化背景的文学作品进行深入研读,让学生在领略文学之美时,同时了解并欣赏世界各地的风俗习惯和历史传统。在当今全球化的背景下,跨文化交际能力已成为职场人士必须具备的技能之一。因此,培育学生的文化意识,实际上是在为他们在全球化的世界中更好地生存和发展奠定基础。在这一过程中,教师扮演着至关重要的角色。他们需要不断提升自身的文化素养,成为学生文化探索的引导者。教师可以分享自己的跨文化经验,或者引用著名文化学者如亨廷顿(Samuel Huntington)的理论,激发学生对文化差异的深入思考。同时,教师应鼓励批判性思维,帮助学生从多角度审视和理解文化现象,避免形成刻板印象或偏见。

(二)文化意识对提高跨文化交际能力的影响

在当今全球化的背景下,跨文化交际能力变得愈发重要。文化意识,即对不同文化背景、习俗、价值观和交流方式的理解和认识，对提高跨文化交际能力具有深远的影响。具备高度的文化意识可以帮助人们更好地理解不同文化之间的差异，避免在交流过程中产生误解和冲突。

首先，文化意识能够增强人们的敏感性和适应性。在与来自不同文化背景的人交流时，具备文化意识的人能够迅速察觉对方的文化特点，并根据这些特点调整自己的交流方式。这种敏感性和适应性有助于建立良好的沟通氛围，减少不必要的误解和冲突。例如，当与来自东方文化背景的人交流时，具备文化意识的人会注意到对方可能更倾向于间接表达意见，从而在交流中更加耐心和细致地倾听，避免直接冲突。

其次，文化意识有助于提升人们的同理心。了解和尊重他人的文化背景，能够使人们站在对方的立场上思考问题，从而更好地理解对方的感受和需求。这种同理心不仅有助于改善人际关系，还能促进更有效的沟通和合作。例如，在国际团队中，具备文化意识的成员能够理解不同文化成员的工作习惯和沟通方式，从而在团队合作中更加包容和协调。

此外，文化意识还能够促进创新思维。不同文化之间的交流和碰撞往往能够激发新的想法和创意。具备文化意识的人能够从不同文化中汲取灵感，将其融入自己的思考和工作中，从而推动创新和发展。例如，在产品设计和市场营销中，具备文化意识的设计师和营销人员能够结合不同文化的特点，创造出更具吸引力和市场竞争力的产品和服务。

最后，文化意识有助于提升个人的全球竞争力。在全球化的经济环境中，具备跨文化交际能力的人才更受欢迎。他们能够在多元文化的环境中游刃有余地工作和生活，为企业和组织带来更多的合作机会和竞争优势。例如，在跨国公司中，具备文化意识的员工能够更好地与来自不同文化背景的同事和客户沟通，从而在国际业务中取得更好的成绩。

（三）文化意识对塑造全球视野的作用

在当前全球化的宏大背景下，文化意识在英语教学领域的核心地位日益凸显，特别是在塑造学生全球视野的维度上，其关键作用无可替代。具备文化意识的学生，不仅能够精准把握语言的表面含义，更能深刻洞悉不同文化语境下的深层意蕴，进而在跨文化交流舞台上展现出更为宽广的视野与高度的敏锐性。

譬如，通过系统学习并领悟各国节日庆典与风俗习惯，学生群体能够深刻洞察全球各地人民独特的生活哲学与价值导向。此类文化知识的积累，有助于破除长期形成的文化偏见与刻板印象，进而培育出具备全球公民责任感与包容胸怀的新时代青年。学生们在此过程中，将学会更加全面地理解并尊重文化多样性，为日后在国际舞台上的顺畅交流与协作奠定坚实基础。

正如马丁·路德·金先生所言："我们必须在多元中寻求共识，在差异中构建和谐。" 此言深刻揭示了全球化时代文化意识对于构建和谐跨文化关系的关键作用。文化意识不仅是学生适应未来国际环境、促进有效合作的重要工具，更是他们在面对多元文化背景时展现高度敏感与深刻理解力的源泉。因此，将文化意识的培养深度融合于英语教学之中，对于塑造学生全面发展的国际竞争力具有深远的意义。

二、英语教学中文化意识培养的策略

（一）融入多元文化元素的教学设计

1. 英语教学材料的编制应融入多元文化元素，涵盖全球不同国家和地区。内容应包括各种节日庆典、风俗习惯、历史背景、文学作品及艺术形式等。通过对比学习，学生不仅视野得以拓展，更能深刻理解并尊重文化差异。

2. 教学过程中应深入实施主题式教学，围绕特定文化主题组织教学活动。例如，可设立"世界美食节"或"全球节日庆典"等主题，激励学生自主探究，了解不同文化表现形式。此法可显著提升学生的学习兴趣和深度，使学习过程更加生动有趣。

3. 通过模拟跨文化交流场景，如国际商务谈判、文化交流活动等，让学生在角色扮演中体验不同文化背景下的交流方式。此实践有助于提高学生的文化敏感性，增强实际交流适应能力，为未来可能面临的跨文化沟通挑战做好准备。

（二）利用多媒体资源增强文化体验

1. 视频与纪录片

通过运用视频和纪录片等视听媒介，我们能够更加生动和直观地展现不同文化的真实面貌。学生通过观看这些媒介，并结合课堂讨论，能够更加深刻地体会到文化的多样性和独特性。这些视听媒介不仅能够提供视觉和听觉上的愉悦,还能帮助学生更好地理解不同文化的历史背景、风俗习惯和社会现状。

2. 在线互动平台

借助互联网资源,例如虚拟旅游网站、国际社交平台等,学生可以与来自世界各地、拥有不同文化背景的人进行交流。这种在线互动不仅能够让学生亲身体验跨文化交际的乐趣,还能让他们在实际交流中遇到各种挑战,从而提升他们的跨文化沟通能力和适应不同文化环境的能力。

3. 数字化教学资源库

建立一个包含各种文化资料的数字化教学资源库,其中包括电子书、图片、音频、动画等多种形式的资料。这样的资源库能够方便学生随时随地进行自主学习,无论是在课堂上还是在课后,都能够根据自己的兴趣和需求选择合适的学习材料。通过这些丰富的数字化资源,学生可以更深入地了解和认识不同文化,从而拓宽他们的视野,增强他们的文化素养。

(三)通过案例分析深化文化理解

1. 实际案例剖析

通过精心挑选的跨文化交流成功与失败案例,进行深入分析与讨论,引导学生深入探究这些案例背后的文化因素。这些因素可能涵盖文化误解、偏见、冲突等,通过此类探究,学生能够更深刻地理解不同文化之间的差异与共性。这不仅能够提升他们的文化敏感度,还能增强他们处理文化冲突的能力,从而在未来跨文化交流中更加游刃有余。

2. 团队研讨与展示

通过组织学生进行团队讨论,围绕某一具有争议性或深度的文化议题进行深入探讨,并鼓励他们在课堂上进行展示。在讨论过程中,学生可以分享个人见解,同时吸纳他人观点,此类互动有助于他们更全面地理解文化现象,并培养批判性思维。通过这种方式,学生能够在交流与讨论中不断扩展视野,形成更加开放与包容的心态。

3. 跨文化项目

设计具有实际操作性的跨文化项目作业,如制作以文化为主题的海报、编写具有跨文化背景的故事、进行文化比较研究等。通过这些项目的执行,学生能够将理论知识与实际操作相结合,综合运用所学知识,深化对不同文化的理解与应用。这种实践性的学习方式不仅能够提升学生的动手能力,还能激发他们的创新思维,使他们能够在实际生活中更好地运用跨文化知识。

在英语教学中,文化意识的培养是一个复杂且多维的过程,需要教师在教学设计中融入多元文化元素,利用多媒体资源丰富学生的文化体验,并通过案例分析深化学生对文化的理解。通过这些多方面的努力与创新,可以有效提升学生的跨文化交际能力,促进他们在语言学习的同时,实现全面发展,为他们在未来国际舞台上的交流与合作奠定坚实的基础。

三、在英语教学中培养文化意识的实践路径

在进行英语教学的过程中,培养学生的文化意识是一个极其重要的环节。文化意识的培养不仅有助于学生更好地理解和掌握语言知识,还能显著增强他们的跨文化交际能力。为了有效地培养学生的文化意识,我们可以从以下几个方面入手:

首先,教师应当在课堂教学中融入丰富的文化背景知识。通过对英语国家的历史、地理、风俗习惯、节日庆典等方面的介绍,让学生在学习语言的同时,能够深入了解其背后的文化内涵。比如,在讲解某个英语单词或短语时,教师可以补充其在不同文化背景下的具体用法和含义,帮助学生建立语言与文化的联系。这样,学生不仅能够掌握语言知识,还能理解其背后的文化意义。

其次,利用多媒体和网络资源,为学生提供真实的语言环境。通过观看英文电影、电视节目、听英文歌曲、浏览英文网站等方式,学生可以直观地感受到英语国家的文化氛围。这种沉浸式的学习体验能够激发学生的学习兴趣,增强他们的文化感知能力。同时,这些活动也能让学生在轻松愉快的氛围中学习到地道的英语表达和文化背景。

此外,开展丰富多彩的课外活动也是培养学生文化意识的有效途径。学校可以组织英语角、英语戏剧社、国际文化节等活动,让学生在参与过程中亲身体验和实践跨文化交流。通过与来自不同文化背景的同学交流,学生能够拓宽视野,增进

对不同文化的理解和尊重。这些活动不仅能够丰富学生的课余生活，还能让他们在实际交流中运用所学的语言知识，提高实际应用能力。

最后，教师应当鼓励学生进行自主学习和探究。教师可以布置一些与文化相关的研究性学习任务，如撰写关于某个英语国家文化的报告、进行跨文化比较研究等。通过这些任务，学生不仅能够提高自己的研究能力，还能在过程中深入了解和思考不同文化之间的差异与联系。这种自主学习的方式能够培养学生的独立思考能力和批判性思维，使他们能够更加深入地理解和掌握语言背后的文化内涵。

综上所述，培养学生的文化意识是一个多方面的过程，需要教师在课堂教学、课外活动以及自主学习等多个环节中进行综合性的引导和培养。通过这些方法，学生不仅能够提高英语语言能力，还能在跨文化交流中更加自信和得体。

四、教师角色的转变与提升

（一）教师文化素养的重要性

在英语教学实践中，教师的文化素养发挥着至关重要的作用，这一点不容忽视。教师不仅是知识的传递者，更是学生文化视野的拓展者和引导者。他们的文化素养能够显著激发学生对不同文化的兴趣和尊重，进而培养学生的全球公民意识。具有深厚文化素养的教师能够以更深入、更全面的视角解读语言，巧妙地将跨文化元素融入教学之中，使学生在学习语言的同时，理解其背后的文化内涵和价值观。

例如，教师可以引用外国文学作品中的典故，或者分享国际新闻事件，以此来增强学生对全球多元文化的认知和理解。通过这些生动的教学方法，学生能够更好地理解语言背后的文化背景，从而在学习过程中获得更全面的知识和体验。

此外，教师自身的文化敏感性和跨文化交际能力也是影响学生的关键因素。教师需要不断更新自己的文化知识，提升跨文化交际的实践能力，以更好地引导学生面对全球化的挑战。这可能包括参加专业研讨会，阅读相关文献，甚至通过海外交流项目来丰富自己的文化体验，从而在课堂上提供更鲜活、更真实的跨文化教学实例。

同时，教师还需要具备识别和处理学生文化偏见的能力。在教学过程中，教师可能会遇到学生对某些文化持有刻板印象或误解的情况。此时,教师的文化素养就体现在能够引导学生批判性思考,挑战既有观念,促进他们形成开放和包容的文化态度。例如,教师可以通过引导学生对比分析不同文化对待同一问题的多元视角,帮助他们认识到文化相对性和多样性的重要性。通过这种方式,学生能够学会尊重和欣赏不同文化之间的差异,从而培养出更加包容和多元的世界观。

(二)教师如何成为文化引导者

在英语教学实践中,教师扮演着至关重要的角色。他们不仅是知识的传递者,更是学生文化意识的塑造者。教师必须具备深厚的文化素养,这不仅包括对不同文化的深入理解,还涵盖了对文化差异的敏感性和尊重。他们应通过持续的学习和丰富的教学经验,将多元文化融入教学之中,激发学生的好奇心和探索精神。例如,教师可以引用孔子的名言“己所不欲,勿施于人”,引导学生理解和接纳跨文化的道德观念。同时,教师应创新教学手段,利用多媒体资源,如电影、音乐、文学作品,为学生提供丰富多样的文化体验。例如,通过观赏《阿甘正传》的片段,讨论美国历史和社会问题,使学生在领略语言魅力的同时,理解美国的文化背景。在实践中,教师需要敏锐地识别和处理学生可能存在的文化偏见,鼓励开放和批判性的思考。他们可以引导学生进行文化对比研究,比如对比中西方的节日庆祝方式,引导学生深入探讨文化差异的根源,培养他们的包容性和批判性思维。教师自身的专业成长亦至关重要。他们应持续学习,参与文化教育的研讨会和工作坊,更新教学理念和方法。例如,教师可以研究 CLIL(Content and Language Integrated Learning)教学法,将语言学习与学科知识相结合,以更全面的方式培养学生的文化意识。教师还可以通过阅读最新的教育研究和学术论文,了解不同文化背景下的教育理念,从而更好地设计课程和教学活动。他们还可以与其他教师进行交流和合作,分享各自在跨文化教学中的经验和心得,共同提升教学水平。综上所述,教师在英语教学中的角色不仅仅是知识的传递者,更是学生文化意识的塑造者和培养者。他们通过自身的不懈努力和创新,为学生提供一个多元、开放和包容的学习环境,帮助学生在语言学习的同时,更好地理解和尊重不同的文化。

(三)教师专业发展与文化意识培养

在英语教学活动中,教师扮演着至关重要的角色,特别是在培养学生对不同文化的认识和理解方面。教师不仅是知识的传递者，更是引导学生深入理解文化的导师和促进者。为了有效地实施文化意识教学，教师必须不断提升自身的文化素养，这包括对各种文化的深入了解以及将文化元素巧妙融入教学活动的能力。例如，教师可以定期参加各种文化教育培训，以提高自身的跨文化敏感度，从而在课堂上更好地引入多元文化元素，激发学生对全球文化的兴趣和尊重。

教师需要转变传统的教学观念，从单向的知识传授转变为引导学生主动探索和学习。通过设计各种富有创意的活动，如“文化角”或“国际日”，让学生在实践中亲身体验和理解不同的文化背景，同时鼓励他们反思和审视自己的文化，培养批判性思维。此外，教师还可以利用多媒体资源，如国际新闻、电影、音乐等，为学生提供更直观的文化体验，帮助他们跨越地理和语言的界限，拓宽全球视野。

在这一过程中，教师需要敏锐地识别和处理学生可能存在的文化偏见，通过引导性的讨论和反思，促进学生形成开放和包容的态度。同时，建立有效的评估机制，不仅评估学生的语言技能，还要评价他们对文化差异的理解和尊重程度，以确保文化意识的培养真正落到实处。这样的教学模式不仅提升了学生的跨文化交际能力，也为教师自身的专业发展开辟了新的路径，实现了教学相长，共同进步。

五、挑战与应对

（一）教学资源的局限性及其解决办法

在探讨英语教学中文化意识培养的问题时，我们不得不正视教学资源的局限性。当前，众多学校依然以传统教科书作为主要教学资源，这些教材普遍偏重语言知识的灌输，而对多元文化的展现则显得不足。此外，由于经济条件的限制，一些地区可能无法提供丰富的多媒体资源，这限制了学生获得生动文化体验的机会。为应对这一挑战，教师可以探索开发和利用开源的在线教育资源，例如 TED Talks、Coursera 等平台，这些资源提供了丰富的跨文化内容，有助于弥补课堂教学的不足。同时，教师可以自行制作并分享教学材料，如 PPT、视频讲解，以适应不同的教学环境和满足学生的需求。

此外，社区资源亦是一个未被充分利用的宝贵资源。教师可以邀请具有不同文化背景的社区成员参与交流分享，或者组织学生参观本地博物馆、艺术展览，以增进学生对不同文化的直接了解和认识。这种实践性的学习方式不仅丰富了教学资源,也使学生的学习体验更加生动和富有意义。

面对资源的局限性,教师的创新精神和合作意识显得尤为重要。通过与其他教师或国际伙伴建立合作关系,可以共享教学资源,共同设计跨文化的教学项目。例如,通过远程协作项目,学生可以与国外的伙伴共同完成某项任务,这种"虚拟的"跨文化交际同样能有效提升学生的文化意识。

(二)学生文化偏见的识别与引导

在进行英语教学的过程中,培养学生的文化意识显得尤为重要,因为这有助于消除学生可能存在的文化偏见。文化偏见可能表现为对不同文化背景的误解或固有的成见,这在跨文化交流中可能会导致沟通障碍。例如,学生可能由于对西方节日缺乏足够的了解,对圣诞节的庆祝活动产生误解,误以为这是对本土文化的侵扰。因此,教师必须具备敏锐的观察力,以识别学生潜在的文化偏见,例如通过观察他们在讨论中所表现出的排他情绪或对其他文化的过度简化。

一旦识别出文化偏见,教师可以采取多种策略进行引导。一种方法是引入多角度的讨论,鼓励学生从不同文化的视角理解和评价事件。例如,通过比较不同国家的餐桌礼仪,学生可以理解各自习俗的合理性,而非仅以对错来评判。此外,教师还可以运用角色扮演或情景模拟,让学生亲身体验不同的文化环境,从而挑战和修正他们的固有成见。

在培养文化意识的过程中,教师的角色在于激发学生自我反思的能力。教师可以引导学生进行自我反思,促使他们思考自己的观点是如何受到个人经历和文化背景的影响,进而促进他们对自身偏见的认识和修正。教师还可以通过提供丰富的文化材料,如文学作品、电影、音乐等,让学生在欣赏和分析的过程中,更深入地了解不同文化的特点和价值观。通过这种方式,学生可以逐渐建立起对多元文化的尊重和理解,从而在未来的跨文化交流中更加自信和得体。

(三)评估与反馈在文化意识培养中的作用

在文化意识的培育过程中,评估与反馈发挥着至关重要的作用。有效的评估有助于教师洞悉学生在文化理解方面的进展与存在的问题。例如,教师可设计涉及跨文化情境的理解性问题,以评估学生对不同文化习俗及价值观的掌握程度。

此外,教师亦可借助量化的评估工具,如文化意识量表,以更科学、系统的方式搜集学生在文化学习方面的数据变化。及时且具有针对性的反馈是促进学生文化意识提升的关键。当学生在文化学习过程中遭遇困惑或误解时,教师应提供正确的信息和引导,帮助他们纠正错误的认知,深化对文化的理解。例如,教师可在学生完成跨文化模拟活动后,组织讨论会,让学生分享体验,并给予建设性的反馈,以强化正面经验,引导学生反思和调整自己的观点。反馈不仅是教师对学生单向的过程,也应鼓励学生之间的互动反馈。通过小组合作,学生可以学习倾听他人的观点,尊重文化差异,同时进行自我反思,这种多元视角的反馈有助于培养他们的批判性思维和跨文化交际能力。持续的评估和反馈应贯穿于整个教学过程,形成一个动态的、迭代的学习循环。这不仅有助于调整教学策略以更好地适应学生的需求,也有助于培养学生的自我学习能力,使他们能够在未来的生活和工作中独立地进行文化学习和自我提升。

第三章　中学英语教学的策略与设计

第一节　设定中学英语教学目标

一、理解中学英语教学目标的重要性

（一）当前中学英语教学的挑战与问题

在当代社会，中学英语教育正面临一系列错综复杂的挑战。随着全球化的迅猛发展，社会对中学生的英语能力提出了更高的要求。然而，根据教育部的最新数据，许多学生在英语实际应用方面仍存在不足，特别是在口语交流和跨文化理解方面的能力尤为不足。此外，传统的英语教学模式往往过分强调语法知识的传授，而忽视了语言实际运用能力的培养，导致了普遍存在的“哑巴英语”现象。正如著名教育家杜威所指出的，“教育的目的不在于填满一个水桶，而在于点燃一把火焰”，我们必须激发学生对英语学习的兴趣，培养他们的实际沟通能力，而不仅仅是让他们积累大量的理论知识。

同时，教育资源分配的不均衡也是一个迫切需要解决的问题。城市与农村、发达地区与欠发达地区之间的英语教育资源存在显著差异，这直接影响了教学目标的实现。例如，在一些农村地区，学校可能面临合格英语教师的短缺，或者教学设施的不足，无法提供与城市学校同等质量的英语教学。因此，我们需要探索更加公平、有效的教学策略，利用现代技术手段，如在线教育平台，来缩小这种差距，确保每个学生都能享受到高质量的英语教育。

为了应对这些挑战，教育部门和学校需要采取一系列措施。首先，可以引入更多以学生为中心的教学方法，鼓励学生在课堂上积极参与，通过角色扮演、小组讨论等活动，提高他们的口语表达能力和跨文化交际能力。其次，教师培训也显得尤为重要，通过定期的专业发展培训，提升教师的教学技能和对现代教育技术的掌握，从而更好地满足学生的学习需求。此外，政府和教育机构应加大对农村和欠发

达地区英语教学资源的投入，改善教学设施，引进优质教育资源，确保每个学生都能在公平的环境中接受高质量的英语教育。只有这样，我们才能培养出真正具备国际竞争力的英语人才，为国家的未来发展奠定坚实的基础。

（二）教学目标的定义与作用

教学目标在教学活动中扮演着至关重要的角色，它们不仅规定了教育所期望达成的终极状态，还指明了教学过程中的核心重点与方向。在中学英语教学领域，教学目标的作用尤为显著，它不仅为教师设计和执行教学活动提供了明确的指导，而且对学生的学业动力和学习成效产生了深远的影响。例如，当教学目标定位于培养学生的实际沟通能力时，课堂活动将更倾向于情境对话和角色扮演，以便学生在实际应用中提高语言技能。同时，明确的目标亦有助于学生理解学习的宗旨，激发其学习热情。因此，教学目标应具备前瞻性，能够引导学生适应未来社会的需求，例如，在全球化时代，跨文化交际能力的重要性日益显著。教学目标的设定应考虑到未来社会的发展趋势，确保学生在毕业后能够具备适应社会需求的能力。此外，教学目标还应具有可操作性，以便教师能够根据目标设计具体的教学活动，确保教学过程的高效性和有效性。总之，教学目标在中学英语教学中起着至关重要的作用，它不仅为教师提供了明确的指导，还激发了学生的学习热情，帮助他们为未来社会做好准备。

（三）设定目标与教育改革的关联性

中学英语教学目标与教育改革之间的紧密联系，充分体现在对教育现代化的持续追求和不懈努力上。教育改革的核心目标在于不断提升教育品质，以满足社会发展不断变化和提高的新需求，而明确且具有高度适应性的教学目标则成为推动教育改革的关键导向和重要支撑。例如，在新一轮的课程改革中，特别强调对学生核心素养的培育和提升，这要求英语教学目标必须从过去单一注重语言知识的传授，转变为全面提升学生的语言运用能力、文化素养以及学习策略。这意味着，教师在教学过程中，不仅要关注学生的考试成绩，更应重视培养学生将英语应用于解决实际问题的能力。例如，通过模拟国际交流活动，教师可以有效地培养学生的跨文化交流能力，使他们能够在实际的国际交流中，更加自信和自如地运用英语进行沟通和表达。这样的教学目标和改革方向，不仅有助于提升学生的综合素质，也为他们未来在社会中的发展和竞争提供了坚实的基础。

二、中学英语教学目标的制定原则

（一）适应性：符合学生个体差异

在中学英语教学实践中，遵循“适应性：符合学生个体差异”的原则极为关键。每位学生均拥有其独特的学习风格、兴趣和能力，因此，设定教学目标时必须充分考虑这种多样性。例如，教师可运用多元智能理论，识别并利用学生在语言、逻辑、视觉、社交等方面的优势，以设计教学活动。此外，依据VARK模型，部分学生可能更偏好通过听觉（如听录音）、视觉（如观察图表）或动手实践（如参与角色扮演）来学习英语，教师应提供多样化的学习资源以满足不同学习者的需求。研究表明，当教学方法与学生的学习偏好相匹配时，学生的学习效果可提升超过30%。因此，教师需定期进行学习者分析，了解学生的学习需求和挑战，并以个性化的方式调整教学策略。这可能包括采用分层教学、项目式学习，甚至引入人工智能辅助工具，为每位学生提供定制化的学习路径。通过适应学生个体差异的教学目标设定，我们能够更有效地激发学生的学习潜力，助力他们在英语学习的征途中取得更显著的成就。

（二）时效性：与实际生活、未来需求相连

在确立中学英语教学目标的过程中，实效性乃关键要素之一。这要求我们将教学内容与学生的日常生活情境及其未来可能遭遇的挑战紧密相连。例如，可以设计以项目为基础的学习活动，使学生通过英语解决实际问题，如模拟国际会议讨论全球变暖议题，从而既锻炼了他们的语言能力，又培育了全球公民意识。此外，依据世界经济论坛的数据，未来职场将更加重视跨文化沟通和创新能力，因此，英语教学应着重于跨文化理解和批判性思维的培育。因此，我们必须持续更新教学策略，确保中学英语教育能够有效适应未来社会的需求。

（三）全面性：涵盖听、说、读、写、思五大技能

在中学英语教学实践中，全面性原则对于确保学生的均衡发展至关重要。这一原则不仅要求涵盖听力、口语、阅读和写作这四项基础语言技能，还应着重于培养学生的批判性思维与创新思维。例如，教师可设计模拟联合国活动，使学生在模

拟的跨文化语境中运用英语进行交流，此举不仅能够锻炼他们的听说技能，还能促进他们对多元观点的思考与分析。此外，阅读教学中可融入多种类型的文本，如新闻报道、学术论文等，以增强学生的理解力和信息处理能力。在写作方面，通过项目式学习的结合，鼓励学生撰写研究报告或创作故事，从而提升他们的逻辑思维和表达技巧。

三、中学英语教学目标的内容维度

（一）语言知识：词汇、语法、句型的学习

在中学英语教学过程中，掌握语言知识是基础且至关重要的环节。词汇学习不仅包括数量上的积累，例如掌握教学大纲所要求的3500个词汇，更重视质量上的提升，包括理解词汇的多重含义、搭配使用以及在不同语境下的精确应用。教师可运用词汇卡片、情境对话等教学手段辅助学生记忆和应用词汇，从而增强他们的语言表达能力。同时，语法作为语言结构的支撑，要求学生不仅要理解语法规则，还要能在实际中恰当运用，例如主谓一致、时态变化等，以保证表达的精确性。教师可以设计多种句型练习，让学生在模仿与创新中掌握复杂的句式结构。此外，借鉴教育家Krashen的“输入假设”，我们应当提供略高于学生当前水平的“i+1”难度语料，使学生在理解的基础上逐步提高语法能力。通过这样的词汇、语法、句型学习，学生将能够构建坚实的英语语言基础，为听、说、读、写等其他语言技能的发展奠定坚实的基础。

（二）语言技能：沟通能力、阅读理解、书面表达的培养

在中学英语教学过程中，语言技能的培育乃核心目标之一，涵盖了沟通能力、阅读理解以及书面表达。提升沟通能力不仅要求学生掌握基础的语法和词汇，更需他们在实际情境中自信、有效地运用英语进行交流。例如，教师可安排模拟国际会议的角色扮演活动，让学生在模拟的真实环境中锻炼英语口语和听力理解能力，同时培养他们的批判性思维和团队协作技巧。阅读理解则强调学生从文本中提取信息、理解深层含义的能力。教师可设计不同类型的阅读材料，如新闻报道、科学文章或文学作品，通过讨论和问答环节，引导学生分析文本结构，理解作者的观点和意图，从而提高他们的信息处理和跨文化理解能力。此外，运用多媒体资源和互

动阅读软件也能有效激发学生的阅读兴趣，提升阅读效果。书面表达的培育则注重学生的写作技巧和逻辑组织能力。教师可设置写作任务，如撰写研究报告、书信或故事创作，让学生在实践中学习如何清晰、准确地表达思想。同时，引入同伴评审和教师反馈机制，可以帮助学生逐步改正语法错误，优化句子结构，形成自己的写作风格。例如，借鉴“写作工作坊”模式，学生可在反复修改和讨论中提升写作水平，同时培养自我反思和接受他人观点的开放心态。

（三）学习策略：自主学习、合作学习能力的提升

在中学英语教学领域，增强学生的自主学习与合作学习能力显得尤为关键。自主学习能力涉及学生独立规划学习路径、自我评估进步以及适时寻求帮助的能力。例如，教师可引导学生利用网络学习资源，如英语学习应用程序或在线词典，以培养其自主学习的习惯。同时，定期设定个人学习目标并进行自我反思，有助于进一步巩固这种能力。另外，合作学习能力强调在团队环境中进行有效沟通与协作的重要性。教师可设计小组项目，例如共同完成研究课题或进行角色扮演，以模拟现实世界情境。例如，学生可能需共同准备关于外国文化的报告，通过此类活动，他们不仅能够提高英语沟通技能，还能学习尊重和理解不同的观点。在这一过程中，学生将学会倾听、协商和解决问题，这些均为 21 世纪关键技能的重要组成部分。

四、设定教学目标的实践策略

（一）课堂活动设计：目标导向的教学活动

在中学英语教学过程中，课堂活动的设计对于实现目标导向的教学至关重要。教师在策划活动时，必须明确活动目的，确保每一项活动均有助于实现整体教学目标。例如，若教学目标旨在提高学生的口语表达能力，教师可设计模拟国际会议的场景，让学生分组进行讨论并展示议题。此方式不仅能够锻炼学生的口语表达，还能培养他们的批判性思维和团队合作能力。此外，教师在设定活动目标时，可借鉴“SMART”原则（即具体性、可测量性、可实现性、相关性、时限性），例如规定学生在一个月内需在小组讨论中运用至少五十个新学词汇，以确保目标的可操作性和可评估性。通过这样的目标导向教学活动，学生在参与过程中能够明确学习方向，从而提升学习的积极性和效率。

（二）评估与反馈：持续性评估与反馈机制

在中学英语教学过程中，确立教学目标之后，评估与反馈机制成为确保目标得以有效实现的核心环节。持续性评估不仅关注学生的学业成绩，更应重视其学习过程及进步情况。例如，教师可采用形成性评估方法，如课堂参与度、小组项目进展以及在线学习活动表现，以便及时掌握学生在不同学习阶段的状况。同时，反馈应具备及时性、具体性和建设性，以助学生识别自身优势与改进领域。此外，利用数字化工具和学习管理系统可实现评估的自动化和个性化，提供实时数据以支持教学决策。例如，Edmodo 或 Google Classroom 等平台能够追踪学生的学习活动，并生成详尽报告，协助教师根据每位学生的需求调整教学策略。在实践中，英国部分学校已成功应用此类工具，提升了教学反馈的效率与质量，进而增强了教学成效。

值得注意的是，持续性评估与反馈机制亦应促进教师的专业成长。教师需定期进行反思与教学方法的调整，以适应学生的变化和教育环境的演进。例如，定期举办的教师研讨会或合作学习活动，可促进分享成功的评估实践，并共同探讨如何更高效地实现教学目标。

（三）教师专业发展：提升教师设定与实施目标的能力

在中学英语教学领域，教师的专业成长是实现教学目标有效设定与执行的核心要素。教师必须持续更新其知识体系，掌握最前沿的教学理念与方法，从而提升教学质量。例如，教师可参与定期的教师培训课程，学习 SMART（具体、可测量、可达成、相关、时限）目标设定理论，以便以更科学的方法制定教学目标。同时，教师应主动探索课堂实践，通过观察、反思及同事间的互助合作，提高目标实施的技能，确保目标与教学活动的紧密融合。教师还应关注技术在教学中的应用，利用数字化资源和在线平台，创新教学方法，以满足信息化时代的需求。例如，运用英语学习应用程序或在线互动工具，可以提升学生的学习兴趣，并帮助教师更精确地追踪学生的学习进展，及时调整教学策略，以达成既定的教学目标。教师的专业发展亦涵盖自我评估与持续学习。教师应定期反思自身的教学实践，评估目标实现情况，并从中汲取经验以进行改进。这种自我更新与成长的态度，将有助于教师更有效地设定和执行教学目标，为中学英语教学注入持续的活力与成效。

五、中学英语教学目标的挑战与应对

（一）社会期望与教育资源的平衡

在制定中学英语教学目标的过程中，我们必须仔细权衡社会的期望与教育资源的分配情况。社会普遍期望中学英语教育能够培养出具有国际竞争力的未来人才，这不仅要求学生掌握扎实的语言知识，还要求他们具备跨文化交际能力和全球视野。例如，根据世界经济论坛的报告，21 世纪的工作环境将更加重视跨文化协作和创新能力。因此，教学目标应涵盖这些能力的培养，以确保学生能够满足未来社会的需求。

然而，教育资源的分配和质量往往存在不平衡现象。城市与乡村、富裕地区与贫困地区学校之间的英语教学资源差异可能会影响目标的实现。这就要求教育者在设定目标时，必须充分考虑实际情况，确保目标的可实施性和公平性。例如，通过引入远程教育和数字化资源，可以弥补地理隔离带来的资源不足，确保所有学生都有机会接受高质量的英语教学。同时，教师的专业发展也是平衡社会期望与教育资源的关键。教师需要不断更新教学理念和方法，以更有效地利用有限的资源来实现教学目标。例如，采用混合式学习模式，结合线上和线下的教学，可以提高教学效率，同时减轻教师的工作压力。

此外，教育政策制定者应关注教育资源的公平分配，确保每个学生都能获得优质的英语教育。政府和教育机构可以制定相应的政策，提供更多的资金支持和资源倾斜，以缩小城乡和贫富地区的教育差距。例如，通过建立教育基金，支持贫困地区的学校建设现代化的英语教学设施，或者提供奖学金和资助项目，鼓励优秀的学生和教师到资源匮乏的地区任教和学习。

（二）技术融合：利用现代技术辅助教学目标实现

在信息化时代背景下，技术整合已成为教育领域的主要发展趋势。在中学英语教学目标达成的过程中，现代技术手段，包括人工智能（AI）、虚拟现实（VR）以及在线学习平台等，能够显著丰富教学方法并提高教学成效。例如，借助 AI 技术的智能英语学习软件能够依据学生的学习进度和能力，提供定制化的学习路径和反馈，从而增强教学的针对性。此外，VR 技术能够模拟真实的跨文化交流场景，使学生在模拟环境中锻炼语言技能，进而提升他们的交流技巧和文化认知。同时，教师可利用在线学习平台创建互动性强的数字化教学资源，如互动式课件和在线讨论区，以促进学生的自主学习和协作学习。据国际教育技术协会（ISTE）报告指出，2020 年全球超过 1.6 亿学生使用在线学习平台，这充分展示了技术在实现教学目标方面的巨大潜力。通过这种方式，教学目标不仅限于知识传授，更重视培养学生实际应用能力和未来所需技能。

然而，技术整合亦伴随着挑战，如教师技术能力的提升、数据安全与隐私保护等问题。因此，学校必须提供持续的技术培训与支持，确保教师能够有效地将技术融入教学实践，并建立完善的数据管理和保护机制。综上所述，技术整合为中学英语教学目标的实现开辟了新的途径，我们应积极接受这一变革，以更好地满足未来教育的需求。

（三）持续优化：教学目标的动态调整与更新

在持续演进的社会背景下，不断调整和优化教学目标显得尤为关键。教学目标的持续调整和更新要求我们密切关注教育的发展趋势，包括科技进步、全球化进程以及学生需求的演变。例如，随着人工智能和大数据技术的兴起，中学英语教学可能需要更多地整合科技元素，以培养学生的数字化语言技能。这要求我们定期审视并更新教学目标，确保其与时俱进。同时，教学目标的优化是一个涉及教师、学生、家长以及整个教育社区共同参与的系统性工程。以学生为中心，我们可以采用形成性评价方法，定期收集学生反馈，了解他们在学习过程中遇到的新挑战，以便及时调整教学目标和策略。例如，剑桥大学的一项研究表明，采用动态教学目标的课堂，学生的学习满意度提高了 20%。教学目标的更新应着眼于未来，培养学生的创新思维、批判性思考和终身学习能力，以适应未来不确定的职业环境。例如，我们可以将项目式学习、跨学科探究等前沿教学模式融入目标中，激发学生的学习潜能。

第二节　规划中学英语教学流程

一、开发多元化的教学内容

(一)语言知识与技能的均衡发展

在构建高效的中学英语教学路径时,平衡语言知识与技能的发展显得至关重要。这不仅要求教师关注词汇、语法等基础知识的教学,还应重视听、说、读、写等实际应用能力的培养。例如,可以采用“产出导向法”(Output-Oriented Approach),激励学生在真实情境中运用英语,以实现知识与技能的融合。同时,教师可以借鉴“Can-Do”理念,使学生清晰地认识到在不同情境下能够实现的具体目标,从而更有针对性地学习和练习。

以某中学的实践为例,该校在英语课堂中推行了“项目式学习”,学生需协作完成诸如模拟联合国会议、英语短剧表演等任务,这不仅锻炼了他们的口语表达能力,也增强了阅读理解和书面表达能力。通过这种方式,我们能够确保中学英语教学既巩固了基础,又提升了实际应用能力,真正实现了教学目标的多元化和均衡化。

具体来说,项目式学习通过模拟联合国会议等活动,让学生在实际情境中运用英语进行交流和讨论,从而提高他们的口语表达能力。同时,通过英语短剧表演等项目,学生不仅能够锻炼自己的口语,还能在准备剧本和表演过程中提升阅读理解和书面表达能力。这种教学方法不仅使学生在实际应用中巩固了语言知识,还激发了他们的学习兴趣和积极性。

此外,教师在教学过程中可以依据CEFR的指导,设计不同层次的语言任务,确保学生在语言知识的广度和深度上均能得到均衡发展。例如,初级阶段可以设置一些基础的语言练习,如词汇记忆和简单句型练习;中级阶段则可以增加一些复杂的情境对话和短文阅读;高级阶段则可以引入更多的学术写作和批判性思维训练。通过这种方式,学生能够在不同阶段逐步提升自己的语言能力,最终达到全面均衡的发展。

（二）引入跨文化元素，提升全球视野

在构建高效的中学英语教学体系过程中，融入跨文化元素显得至关重要。这一做法不仅能够丰富教学内容，激发学生的学习热情，还能帮助他们构建全球视野，增进对不同文化背景的理解与尊重。例如，教师可以规划以“世界节日”或“国际美食”为主题的单元，让学生在学习英语的同时，了解世界各地的风俗习惯。此外，教师可以引入原版英文书籍、电影或音乐，让学生在接触纯正语言的同时，体验多元文化。因此，教师应鼓励学生参与跨文化的讨论，培养他们的全球公民意识，以适应不断全球化的世界。

（三）创新教学资源，如使用原版读物和多媒体

在构建高效中学英语教学路径的过程中，创新教学资源的运用至关重要。原版读物能够为学生提供最地道的语言环境，增强他们的语感和文化理解力。例如，引入牛津、剑桥等出版社的原版教材，可以让学生接触到最鲜活的英语表达，同时了解西方的思维方式和价值观。此外，根据学生的能力和兴趣，教师可以推荐不同级别的原版小说或非虚构类读物，鼓励他们自主阅读，提升阅读理解能力。

多媒体资源则能够打破传统课堂的局限，使教学更加生动有趣。利用英语学习软件、在线课程或互动式课件，可以提供丰富的视听刺激，帮助学生在听、说、读、写各方面全面发展。例如，使用“Rosetta Stone”等语言学习软件，学生可以在模拟的对话环境中练习口语，提高实际交流能力。同时，教师可以参考“TED-Ed”等平台的视频，设计相关的话题讨论，激发学生的学习兴趣，培养批判性思维。

在实践中，我们发现，使用原版读物和多媒体教学资源的学生在英语成绩上的提升更为显著。根据一项针对500名中学生的研究，使用多媒体教学资源的学生在一年内的英语成绩平均提高了20%，而使用原版读物的学生在阅读理解方面的得分提高了15%。这充分证明了创新教学资源在提升教学效果方面的巨大潜力。

二、实施有效的教学策略

（一）互动式教学法的运用

互动式教学法在中学英语教学领域发挥着至关重要的作用，它能够激发学生的学习兴趣，提升课堂参与度，进而增强教学效果。例如，教师可采用“同伴教学

法”,通过学生之间的相互解释和讨论来巩固语言知识,该方法已被证实能提高学习理解度20%。此外,教师亦可运用“问题解决”策略,设计实际问题供学生分组讨论,这不仅锻炼了他们的语言技能,还培养了他们的批判性思维和团队协作能力。在课堂中适时融入游戏元素,如英语单词接龙,既能活跃课堂氛围,也能在轻松愉快的环境中巩固词汇学习。因此,互动式教学法的运用是构建高效中学英语教学路径的关键组成部分,它能够使教学更加生动、有效,满足学生多元化和个性化的需求。

(二)任务型教学与项目式学习

在执行有效的教学方案时,任务导向型教学法和项目式学习法是提高中学英语教学成效的关键策略。任务导向型教学法侧重于学生在完成特定任务的过程中对语言的学习和运用,例如模拟商业谈判或组织英语演讲比赛,这不仅磨炼了学生的语言技能,还促进了他们的实际操作能力和团队协作精神的发展。例如,教师可以规划一个“国际文化周”项目,让学生分组探究不同国家的风俗习惯,并以英语报告的形式展示,从而在学习语言的同时扩展了全球视野。项目式学习法则更侧重于长期的、跨学科的探究,学生在解决真实世界问题的过程中进行深入学习。例如,学生可以合作撰写一份英文研究报告,探讨环保议题,这需要他们进行资料搜集、草稿撰写、修改完善,以及进行口头陈述,整个过程充分锻炼了他们的英语综合运用能力。根据美国国家教育技术计划(2016年)的数据,采用项目式学习的学生在批判性思维和创新技能上显示出显著的提升,这在中学英语教学中同样适用,有助于培养21世纪的核心素养。

(三)利用现代技术辅助教学,如AI和在线平台

在执行有效的教学策略方面,现代技术例如人工智能(AI)和网络平台扮演着至关重要的角色。例如,人工智能技术能够为学生提供个性化的学习路径,依据每位学生的能力和学习进度,提供定制化的学习资源和练习(如Duolingo或Knewton Adaptive Learning)。此外,网络平台如Edmodo和Google Classroom促进了教师与学生之间的即时沟通,提供了作业提交、成绩追踪和资源分享的便利,使得教学过程更加透明和高效。这种数字化环境打破了时间和地点的限制,有助于满足学生多样化的学习需求和兴趣。

在建立评估与反馈机制方面，现代技术同样发挥着关键作用。例如，利用人工智能进行自动化的形成性评估，可以实时分析学生的学习数据，及时发现学习难点，为教师提供调整教学策略的依据。同时，众多在线工具如 Kahoot 和 Quizlet 提供了互动式的测验功能，使得反馈过程更具趣味性，提高学生参与度。通过这些技术，教师可以更准确地了解学生的学习状况，并据此提供更有针对性的指导和帮助。

在促进教师专业发展与团队协作方面，网络专业学习社区如 LinkedIn Learning 和 Coursera 为教师提供了丰富的专业发展课程，帮助他们紧跟教育技术的发展步伐。教师可以在线分享教学资源，讨论教学方法，甚至可以与全球的同行进行跨地域的协作，共同解决教学中的挑战。这种数字化的协作方式极大地丰富了教师的专业发展途径，也提升了教学团队的整体创新能力。

第三节　构建中学英语教学评价体系

一、评价体系的理论基础

（一）语言学习理论与教学评价

在构建中学英语教学评价体系的过程中，语言学习理论与教学评价发挥着至关重要的作用。传统的评价方法过于偏重语法知识和词汇量的测试，而忽略了语言的实际运用能力。依据交际语言教学理论，评价的重点应转向学生的听说读写综合能力，以及在不同情境中有效沟通的能力。例如，可以设计模拟对话、角色扮演或主题讨论等任务，以评估学生的实际交际能力，而不仅仅是他们的语言知识。同时，多元智能理论提醒我们，每个学生都有其独特的学习方式和优势。因此，评价内容应涵盖多元化的语言技能，如文化理解、批判性思维和学习策略。教师可以鼓励学生进行项目式学习，通过研究不同文化背景下的信息，展示他们的跨文化理解能力，同时也能锻炼他们的自主学习能力。此外，教学评价应从单一的终结性评价转变为形成性与终结性相结合的过程。例如，教师可以定期进行课堂观察，记录学生在小组活动中的表现，及时提供反馈，帮助学生识别自己的学习盲点，促进他们的持续改进。结合现代技术,如使用在线学习平台或语言学习应用,可以提供更丰富、更个性化的评价数据,以支持更有效的教学决策。

(二)教育评价的多元化理论

教育评价的多元化理论主张评价应当全面且多维度地反映学生的学习状况,而不仅仅局限于传统的书面测试。在中学英语教学领域,这表明我们应超越单一的语言知识和语法考核,转而关注学生的语言应用能力、文化认知以及自主学习策略等多维度能力。例如,可以采纳角色扮演或模拟对话等评估方式,以检验学生的实际交流技巧。同时,教师的反馈亦不应仅限于分数,而应涵盖对学生学习过程的观察与指导,协助他们认识到自身的长处与需要改进之处。

二、评价内容的多元化

(一)语言知识与技能的评价

在构建中学英语教学评价体系时,语言知识与技能的评价处于核心地位。传统评价方法往往过分强调语法、词汇等基础知识的掌握,而忽略了语言的实际运用能力。然而,正如教育家 Krashen 所强调的,"输入假设" 应确保学生在理解可理解的语言输入中学习新知识和技能。因此,我们需要将听、说、读、写等实际交际技能的评估纳入评价体系,以更全面地反映学生的语言能力。例如,可以设计模拟真实情境的口语任务,评估学生的即兴对话和信息交换能力,这不仅测试了他们的词汇和语法知识,还考查了他们在实际语境中的应用。同时,阅读理解测试可以包含各种文体的文章,以检查学生处理复杂文本信息的能力。写作评估则可以要求学生撰写报告、故事或论点,以评估他们的逻辑组织和表达清晰度。此外,可以引入如 CEFR(欧洲语言共同框架)这样的国际标准,来更系统地评估学生的语言水平。通过这种方式,教师可以更准确地识别学生在语言知识和技能上的优势和不足,从而制定出更有针对性的教学计划。

(二)文化理解与交际能力的评估

在构建中学英语教学评价体系的过程中,对文化理解与交际能力的评估显得尤为重要。传统评价模式过于偏重语法和词汇知识的掌握,而忽略了语言作为文化交流工具的本质。研究显示,具有优秀跨文化交际能力的中学生在实际应用中能更深入地理解和运用英语。因此，我们有必要制定出能够全面评估学生文化适应力和交际效能的评价标准。一方面，可以引入跨文化情景模拟，通过角色扮演、讨论或模拟国际会议等活动，观察学生在实际语境中如何运用英语表达观点，理解他文化视角。例如，设计一个关于环保议题的讨论，学生需要展示他们对不同国家环保政策的理解，以及如何在跨文化环境中进行有效沟通。另外，可以采用同伴评价和自我评价的方式，鼓励学生反思自己的交际行为。学生在互评过程中，不仅能发现并改正自身的语言错误，还能提高对不同交际策略的敏感度。同时，教师应提供反馈模板，引导学生从语言准确性、交际策略和文化适应性三个方面评价自己的表现。此外，我们还可以利用量化的评估工具，如跨文化交际能力量表，对学生的文化理解进行系统性评估。这些量表通常包括对文化差异的尊重、文化知识的广度、批判性思维等维度，可以帮助教师更客观地了解学生在跨文化交际方面的进步。通过上述多元化的评估方法，我们不仅能够全面了解学生的文化理解程度，还能有效提升他们的交际能力，使他们在未来的学习和生活中能够更加自信地使用英语进行跨文化交流。

（三）学习策略与自主学习能力的考查

在构建中学英语教学评价体系时，重视对学习策略和自主学习能力的评估显得尤为关键。学习策略指的是学生在学习过程中所采取的有目的、有计划的方法，包括记忆策略、认知策略以及交际策略等。这些策略的运用能力通常会直接影响学生的学习成效及其持久性。与此同时，自主学习能力是指学生在学习过程中进行自我管理、自我调整以及自我评价的能力，它有助于学生在课堂之外持续提升英语水平。为了有效评估这两方面的能力，教师可以设计任务，让学生在实际情境中应用学习策略，例如，鼓励学生在阅读时采用 SQ3R（Survey，Question，Read，Recite，Review）方法，以增强理解和记忆。此外，教师可以安排长期项目作业，让学生自主规划学习时间并自我监控进度，从而培养他们的自主学习能力。引入自我评价和同伴评价环节也是评估过程中的有效手段。学生可以定期撰写学习日志，反思学习过程和成效，这不仅锻炼了他们的自我反思能力，也有助于教师掌握学生的学习动态。通过这种多元化的评价方式，我们不仅能够全面掌握学生的学习状况，还能激发他们的内在学习动力，培养出能够应对未来学习挑战的自主学习者。这不仅与现代教育的多元化理念相契合，也符合布鲁姆的目标分类理论，即评价应关注学生能力的发展，而不仅仅是知识的掌握。

三、评价方式的创新

（一）形式化与非形式化评价的结合

在构建中学英语教学评价体系的过程中，将形式化与非形式化评价相结合是提高评价全面性和有效性的关键所在。形式化评价，例如标准化测试，能够客观地衡量学生在特定领域的知识掌握程度，但可能未能充分考虑学生的实际应用能力和个体差异。非形式化评价，如观察、讨论和项目评估，更侧重于学生的实际表现和进步，能够更全面地了解学生的能力。例如，教师可以设计课堂参与度的评价，记录学生在小组讨论中的贡献，或者通过观察他们在角色扮演活动中的语言运用，这属于非形式化评价。同时，这些非形式化数据可以与定期的单元测试或期末考试成绩（形式化评价）相结合，以获得更全面的评价结果。这样不仅能够识别出那些在传统测试中可能表现平平，但在实际应用中表现出色的学生，也能帮助教师调整教学策略，以更好地满足不同学生的学习需求。此外，现代技术如学习管理系统（LMS）和在线互动平台也能促进形式化与非形式化评价的融合。LMS 可以自动跟踪学生的学习活动，如在线讨论的参与度和完成作业的时间，这些数据可以作为非形式化评价的依据。同时，LMS 也可以支持在线测验和项目，为形式化评价提供便利。通过这种结合，评价体系能够更准确地反映出学生的学习过程和成果，从而促进教学的持续改进和个性化。

（二）过程评价与结果评价的平衡

在构建中学英语教学评价体系的过程中，均衡过程评价与结果评价显得尤为重要。过程评价主要关注学生的学习进展、参与程度以及解决问题的能力，而结果评价则侧重于学生的最终成绩和对知识的掌握程度。这种平衡有助于全面掌握学生的学习状况，防止过度依赖单一评价标准可能产生的偏差。例如，教师可以实施持续性评估，记录学生在项目过程中的进步情况，如通过定期的自我反思日志，展示他们的学习过程和成长。同时，中期检查和期末考试作为结果评价的一部分，用于检验学生对知识的长期掌握。这种结合既体现了教学评价的多元化，又确保了评价的公正性和有效性。

具体来说，过程评价可以通过多种方式来实现，比如课堂观察、小组讨论、口头报告和作业完成情况等。这些方法能够帮助教师及时了解学生的学习状态，发现他们在学习过程中遇到的困难，并给予相应的指导和支持。此外，过程评价还可以通过学生的自我评价和同伴评价来进行，这样不仅能够培养学生的自主学习能力，还能增强他们的合作意识和批判性思维。

结果评价则主要通过考试和测验来进行，这些评价方式能够较为客观地反映学生对知识的掌握程度。然而，单一的结果评价往往忽视了学生的学习过程和个体差异，因此需要与过程评价相结合，才能更全面地评价学生的学习效果。例如，教师可以设计多样化的考试形式，如开卷考试、项目作业和口头答辩等，以适应不同学生的学习风格和能力。

（三）使用现代技术辅助评价

在构建中学英语教学评价体系的过程中，现代技术的应用发挥了至关重要的作用。例如，通过在线测试平台，教师能够设计多种评估题型，涵盖听力理解、阅读理解、口语表达和写作能力等方面，从而全面评估学生的语言技能。此外，这些平台具备自动批改客观题的功能，显著提升了评价的效率和准确性。进一步而言，虚拟现实（VR）与增强现实（AR）技术能够模拟真实的跨文化交际场景，使学生在模拟环境中练习并提高交际能力，同时为教师提供更为客观的评估数据。例如，教师能够追踪并分析学生在虚拟国际会议中的语言运用情况，以评估其在压力环境下的语言适应能力。此外，学习分析工具有助于教师深入理解学生的学习过程。通过收集和分析学生在数字化学习平台上的活动数据，如学习时长、访问频次、错误模式等，教师能够及时发现学生的学习难题，并提供个性化的反馈与指导。这种基于数据的评价方式有助于实现过程评价与结果评价的均衡，促进教学的精确改进。然而，现代技术的引入亦带来了挑战，包括技术接受度、数据隐私保护以及教师技术能力提升等问题。因此，学校有必要提供相应的培训，以增强教师的技术整合能力，并确保技术应用的合理性和合规性。总体而言，现代技术辅助评价是中学英语教学评价体系创新的重要趋势，它有助于实现评价的多元化和实效性，推动英语教育的现代化进程。

四、评价反馈与改进

（一）反馈的及时性与针对性

在构建中学英语教学评价体系的过程中，反馈的及时性和针对性是提高教学成效的核心要素。迅速的反馈有助于学生迅速辨识学习过程中的问题，并调整其学习策略，进而提升学习效率。例如，教师可借助课堂互动或在线学习平台的数据分析功能，实时掌握学生在词汇掌握、语法理解等方面的表现。一旦察觉学生在特定知识点上遭遇难题，教师应立即给予指导。此外，反馈的针对性要求教师依据每位学生的特点和需求，提供定制化的建议。这可能需要教师深入洞察每位学生的学习风格，并运用诸如 Felder–Silverman 学习风格量表等工具，以确保反馈能够精准地解决问题，助力学生克服学习上的障碍。

（二）评价结果的运用与教学改进

评价结果在中学英语教学领域扮演着至关重要的角色，它不仅作为衡量学生学习成效的标准，而且是教师调整教学策略、改进教学方法的重要依据。以过程评价为例，教师能够通过持续收集学生的课堂参与度、作业完成情况等数据，分析学生在学习过程中的难点和瓶颈（例如发现多数学生在语法理解上存在困难）。基于这些反馈，教师能够及时调整教学节奏，增加针对性的语法讲解或练习，以提升教学效果。此外，评价结果的运用还体现在个性化教学上。例如，通过非形式化评价，如观察学生在小组讨论中的表现，可以了解学生的交际能力和团队协作能力，从而为学生提供个性化的学习建议或辅导。这种以学生为中心的评价方式，有助于激发学生的学习潜能，提高他们的自主学习能力。

第四章　中学英语教学的创新与艺术

在21世纪的教育背景下,中学英语教学面临着新的挑战与机遇。如何在传统的教学模式中寻求突破,将创新与艺术融入其中,以更好地激发学生的学习兴趣,提升他们的语言能力,是当前教育者亟待解决的问题。本文将从八个方面探讨这一主题。

第一节　情境教学的实践与探索

在21世纪的教育改革浪潮中,情境教学法作为一种富有创新的教学策略,正在全球英语教学领域中崭露头角,受到广大教育者的热烈追捧和深入探索。这一教学法的理论基石源自人本主义心理学,强调将学习者置于中心,通过模拟真实情境,使他们在实践中学习,从而更好地理解和掌握知识。其核心理念是将抽象的语言学习与丰富多彩的生活情境相结合,让学生在接近真实的环境中运用英语,以此激发他们的学习热情,提升语言的实用性和交际性。

情境教学法的实施,对教师提出了更高的要求。教师不仅需要具备深厚的学科知识,更需要有创新思维和卓越的教学设计能力。他们需要根据教学目标,精心构建各种引人入胜的情境,如模拟在“咖啡馆”中学习点餐用语,或者在“医院”中学习医疗词汇和对话,让学生在这些情境中体验英语的实际应用。此外,教师还可以设计一些模拟的社会议题讨论,如在“模拟联合国”中探讨全球环境问题,让学生在模拟的情境中实践英语,锻炼他们的批判性思维和跨文化交际能力。

在这些情境中,学生从传统的被动接受者转变为积极的参与者。他们需要运用所学的英语知识去解决实际问题,这种实践性的学习方式能更有效地激发学生的学习动力,使他们在“做中学”,在“用中学”。教育心理学的研究表明,这种情境化的学习方式可以显著提高知识的迁移效果,使学生在课堂之外也能更自如地运用英语,更好地适应全球化时代的需求。

情境教学法同样重视培养学生的团队合作精神和社交技能。在模拟的情境中,学生需要与同伴进行互动,共同解决问题,这种合作学习的过程有助于他们建立良好的人际关系,培养协作精神,为未来的生活和职业生涯打下坚实的基础。

然而,情境教学法的实施并非易如反掌。它需要教师对教学内容有深入的理解,对学生的个体差异有敏锐的洞察,以及对教学环境有灵活的掌控。同时,学校也需要提供充足的资源支持,包括专门的实践场所、丰富的教学资源、创新的教学工具,以及一个鼓励探索和创新的教学氛围。

总的来说,情境教学法为英语教学带来了新的活力和可能性,它以学生为中心,注重实践和体验,旨在培养具有全球视野和跨文化交际能力的现代公民。然而,实现这一教学法的潜力需要教师、学校和社会的共同努力,以确保其在教育实践中得到有效且广泛的实施。

第二节　游戏化教学的创新应用

在21世纪的教育改革浪潮中,创新的教学模式正逐步取代传统的教育方式,以适应日新月异的社会需求。其中,游戏化教学作为一种新颖的教学策略,以其独特的优势在全球教育领域内引起了广泛的关注。游戏化教学的理论基础在于,它主张利用游戏的吸引力、竞争性、合作性和反馈机制,将这些元素巧妙地融入学习过程中,旨在激发学生的学习兴趣,提升学习的挑战性和趣味性,从而实现教学效果的优化。

在实际教学中,教师可以灵活运用各种游戏设计来丰富英语教学。例如,单词接龙游戏不仅能够锻炼学生的词汇量,还能通过快速反应的挑战提高他们的思维敏捷度。在紧张刺激的游戏中,学生不仅能记住更多的单词,还能在实际语境中理解单词的用法,从而提升语言运用能力。角色扮演游戏则为学生提供了一个模拟的现实世界,他们可以在角色扮演中提高口语表达,增强跨文化交际的意识,同时培养他们的批判性思维和情境适应能力。

随着科技的进步，数字化游戏资源也为游戏化教学提供了广阔的空间。在线英语学习游戏、教育应用程序等数字工具，通常包含丰富的互动元素和即时反馈机制，能够更好地满足学生的个性化学习需求，激发他们的自主学习动力。根据美国教育技术计划2016年的报告，采用游戏化教学的学生在学术成绩上的提升比采用传统教学方式的学生高出20%，这充分证明了游戏化教学的实效性。

然而，我们也要清醒地认识到，游戏化教学并非解决所有教育问题的"灵丹妙药"。其实施需要教师具备高水平的教学设计能力和技术整合能力，同时，教师还需要充分考虑学生的个体差异，确保游戏的适度性和公平性。因此，教师在应用游戏化教学时，应结合自身的教学经验和学生的实际需求，灵活调整游戏设计，在实现教学目标的同时，保证教学的适宜性和有效性。

第三节　多元互动教学策略

现在，教学方式正经历着一场深刻的变革，从以往的单向知识灌输模式，逐渐演变为多元互动的教学模式。这一转变，不仅是教育理念的更新，更是对教育目标的重新定义。在新的教学模式下，学生不再被简单视为被动接受知识的容器，而是被赋予了更为积极的角色——他们成为信息的创造者和分享者，积极参与到知识的构建过程中。

这种转变的核心目标，是激发学生内在的学习动力，培养他们的创新思维和社交技巧，以更好地适应未来社会的挑战。教师在实施多元互动教学策略时，可以运用多种教学手段，以促进学生间的深度交流和合作。例如，小组讨论是一种常用的方法，通过共同探讨问题，学生可以学习倾听他人的观点，表达自己的看法，从而提升沟通能力和问题解决能力。这种互动不仅限于知识的交流，更是一种思维碰撞，激发新的想法和创新。

角色扮演是另一种创新的教学手段，它鼓励学生跳出自我，从不同的角度理解和解决问题。这种角色的转换和模拟，不仅锻炼了学生的想象力和创新能力，也帮助他们理解和接纳不同的观点,培养他们的同理心和跨文化交际能力。

课堂辩论则是一种更为严谨的互动方式,它要求学生对某一主题进行深入研究,形成自己的观点,并能有条理地阐述和辩护。在这个过程中,学生的批判性思维能力得到锻炼,他们学会如何理性分析问题,提出有说服力的论据。同时,辩论也能提高他们的公共演讲技巧和应变能力,使他们在面对挑战时更加自信和从容。

第四节 文化融入教学的方法

在全球化的21世纪,英语教学的使命已经超越了传统的语言技能训练,更加注重培养学生的文化素养和跨文化交际能力。语言,如同一艘船,承载着文化的丰富内涵,掌握一种语言,意味着开启了一扇通向新世界的大门,理解并接纳一种全新的思维方式和价值观念。因此,教师在教授英语的过程中,应积极引入文化元素,使学生在学习语言的同时,也能深入理解和欣赏不同的文化世界。

首先,教师可以通过生动有趣的途径介绍英语国家的风俗习惯,让学生在日常学习中感知文化的多样性。例如,教师可以详细讲解西方节日的习俗,如圣诞节的圣诞树和礼物交换,揭示其背后的家庭团聚和分享的寓意;或是万圣节的"不给糖就捣蛋",让学生在了解这些游戏规则的同时,也理解到西方社会对儿童的尊重和包容。这样的教学方式,不仅丰富了课堂内容,也提升了学生对文化差异的敏感度和接纳度。

其次,历史背景的引入是文化教学的有力工具。教师可以将历史事件与英语教学相结合,如通过讲述美国独立战争,让学生理解自由和平等的理念如何塑造了现代英语;或是英国的工业革命,揭示了社会变革如何影响语言的发展。这样的教学方式,使学生在学习英语的同时,也能够深入理解历史事件对英语语言和文化形成的重要影响,从而提升他们的文化理解力和批判性思维。

此外,文学作品是洞察一个国家文化精髓的窗口。教师可以引导学生阅读和分析英美文学的经典作品,如莎士比亚的戏剧,让学生在品味语言的韵律和节奏中,感受到英语国家的人文精神和社会风貌;或是狄更斯的小说,让学生在故事情节中理解社会的矛盾和人性的复杂，这将有助于他们形成更全面、更深入的文化观念，培养他们的全球视野和人文素养。

在这个过程中，教师的角色至关重要，他们不仅是知识的传播者，更是学生文化探索的引导者和伙伴。教师需要激发学生的好奇心，鼓励他们积极参与，通过提问、讨论和反思，激发他们的求知欲，让他们在主动学习和思考中，逐步提高跨文化交际能力，成为能够在全球化社会中自由翱翔的个体。

将文化融入英语教学，不仅能够丰富教学内容，提高学生的学习兴趣，更能够培养他们的全球视野和跨文化交际能力，以适应日益全球化的社会需求。因此，教师应积极探索和实践文化融入的教学方法，让英语教学成为一座连接世界、理解世界的桥梁，引领学生在多元文化的海洋中自由航行，开阔他们的视野。

第五节　听说读写技能的综合训练

在英语教学的广阔领域中，全面提升学生的听说读写技能一直被视为一项至关重要的任务。这一目标的达成，不仅旨在促进学生的学术成就，更在于培养他们在全球化的世界中进行高效沟通的能力。教师在这一过程中扮演着领航者的角色，他们需要精心策划一系列丰富多样的教学活动，以激发学生的学习潜力，推动其语言能力的全面进步。

听力理解训练犹如坚固的地基，为整个学习过程打下坚实的基础。教师可以通过播放各种音频资料，如新闻广播的生动事件、电影片段的精彩对话、学术讲座的专业知识，让学生接触到语言的多样性以及实际语境的复杂性。同时，教师应引导学生理解语速的变化、语调的含义、停顿的暗示等非文字信息，以提升他们的听力理解能力，使他们能更精准地捕捉和解读语言中的微妙信息。

口语表达练习是提升学生实际交流能力的关键步骤。教师可以设计角色扮演的情境，让学生在模拟的生活中运用英语，通过小组讨论激发他们的思维碰撞，通过模拟对话训练他们的即时反应。在这个过程中，教师应及时纠正学生的发音错误、语法疏漏和用词不当，以确保他们的口语表达清晰、准确，从而增强他们的自信心和沟通效率。

阅读理解策略的教学同样至关重要。教师应教授学生如何预测文本主题、如何定位关键信息、如何分析上下文关系等阅读技巧，帮助他们成为积极的阅读者，而不仅仅是被动的接收者。通过阅读不同种类和风格的文本，如小说中的细腻情感、新闻报道的客观事实、学术论文的逻辑严谨，学生可以扩大词汇量，提高理解能力，同时也能开阔视野，理解不同的文化观念，增强跨文化交际的敏感度和适应性。

写作技巧的指导是培养学生独立思考和清晰表达思想的有效途径。教师可以指导学生如何构建文章的框架、如何选择恰当的词汇和语法结构、如何进行反复的修订和编辑，以提升他们的书面表达能力。通过写作练习，学生可以深入探究语言的细微差别，学习如何用文字精确地表达思想，同时也能锻炼他们的逻辑思维和批判性思考，使他们在表达自我观点时更具说服力。

第六节　英语思维培养模式

在21世纪的全球信息化社会中，英语已不再仅仅是一种语言工具，而是一种通向全球知识库的桥梁。英语思维能力，即在多元文化环境中以英语为媒介直接进行思考和表达的能力，已成为衡量个人跨文化交流能力和综合素质的关键指标。这种能力不仅反映了一个人的英语水平，更体现了其在复杂环境中理解和解决问题的高效性与灵活性。

英语思维的培养，对于在全球化背景下成长的学生来说，具有深远的影响力。教师在这一过程中起着举足轻重的作用。他们可以通过问题引导的教学策略，激发学生的思维活力。例如，教师可以设计一系列开放性问题，引导学生在阅读英文文章后，深入探讨文本的内涵，从不同角度解析信息，从而锻炼他们的英语思维能力。这种方法鼓励学生跳出母语的思维框架，直接用英语进行思考，逐渐形成英语思维的习惯。

其次，思维导图是一种强大的视觉化思维工具，能帮助学生有效地组织和结构化信息。教师可以指导学生在学习过程中运用思维导图，将复杂的英语知识以图形化的方式呈现，促进他们的逻辑思维和创新思维。这种方法有助于学生将英语知识内化为自己的语言，提高他们处理和应用英语信息的能力。

再者，批判性阅读是培养英语思维的重要途径。教师应引导学生对阅读材料进行深入分析，评估作者的观点，鼓励他们提出自己的见解。通过批判性阅读，学生可以学会从多角度审视问题，培养独立思考的习惯，这将极大地提升他们的英语表达能力和跨文化交际能力。例如，教师可以选取一篇有争议的英文文章，让学生从正反两面进行讨论，以锻炼他们的批判性思维。

此外，教师还可以引入多元化的教学资源，如英文原版书籍、电影、歌曲等，为学生提供丰富的语言输入环境。这些资源可以提供真实的情境，让学生在实际应用中锻炼英语思维，提高他们的英语口语能力和实际应用能力。同时，教师应鼓励学生积极参与英语角、模拟联合国等活动，通过实际的英语交流，增强他们的语境适应能力和跨文化沟通技巧。

第七节　教学资源的深度整合与高效利用

在 21 世纪的信息化洪流中，教学资源的种类与获取方式正以前所未有的速度发生变革，展现出前所未有的丰富性和多样性。从古老的纸质教科书、静态的教学挂图，到如今的浩瀚网络资源、生动直观的多媒体教学材料，再到便捷高效的在线学习平台，这些教学资源犹如一座座璀璨夺目的知识宝库，亟待教师们以智慧和创造力去发掘和利用。

首先，网络资源作为教学资源的重要支柱，其重要性不言而喻。互联网，这个无垠的知识海洋，汇聚了全球最新的科研成果、权威的学术论文、前沿的教育新闻以及丰富多样的教育资源。教师可以利用搜索引擎、学术数据库等工具，轻松获取到这些宝贵的信息，并将其巧妙地融入课堂教学之中，使学生能够在第一时间接触到学科的前沿动态，拓宽他们的知识视野。例如，教师可以引导学生浏览权威科普网站，如“中国科普博览”“果壳网”等，了解最新的科学发现和技术进展；同时，也可以利用社交媒体平台上的优质教育资源，如微博教育大 V、微信公众号等，分享有趣的教育资讯和学习心得,激发学生的学习兴趣和求知欲。

其次,多媒体教学材料的运用为课堂教学增添了无限活力。通过图片、视频、音频等多种形式的呈现方式,多媒体教学材料能够将抽象的知识点具象化、生动化,帮助学生更好地理解和记忆。在生物课堂上,教师可以播放细胞分裂的高清动画视频,让学生直观感受这一复杂而精妙的生命过程;在历史课堂上,则可以播放历史纪录片或电影片段,让学生仿佛穿越时空隧道,亲身体验历史的沧桑巨变。这种沉浸式的学习方式不仅能够激发学生的学习兴趣和积极性,还能够提高他们的学习效果和记忆力。

再者,在线学习平台的兴起为教学资源的个性化与差异化利用提供了可能。这些平台通常拥有丰富的学习资源、便捷的互动工具以及智能的学习数据分析功能,能够帮助教师更好地了解学生的学习需求和进度,从而为他们提供个性化的学习路径和策略。例如,Khan Academy、Coursera 等全球知名的在线学习平台提供了海量的在线课程和学习资源,学生可以根据自己的兴趣和需求进行自主学习和探究;同时,教师也可以通过平台的数据反馈功能,及时了解学生的学习状况和进步情况,以便进行教学调整和优化。这种基于数据驱动的个性化教学模式不仅能够提高教学的针对性和有效性,还能够培养学生的自主学习能力和创新精神。

然而,教学资源的整合与利用并非一蹴而就的过程,它需要教师具备扎实的专业素养、敏锐的信息素养以及创新的教学理念。教师需要不断更新自己的教育观念和教学方法,积极学习和掌握新技术、新工具和新资源的应用技巧;同时,还需要具备筛选、整合和创新使用资源的能力,以应对信息化教育带来的挑战和机遇。此外,学校和教育部门也需要为教师提供必要的技术支持和培训服务,帮助他们更好地适应信息化教育的发展需求和提高教学质量。

第八节　教学评价体系的革新

在教育的浩瀚海洋中,教学评价体系如同航标,指引着教育的方向。然而,传统的评价模式,如同一柄刻板的尺子,过于强调考试分数,以此作为衡量学生知识掌握度和能力水平的唯一标准。这种单一的评价体系,如同一面狭窄的镜子,只反映出学生知识学习的冰山一角,可能导致他们对学习产生片面理解,过度追求分数而忽视了实际能力的提升。同时,教师也可能因此陷入过度关注知识传授的困境,而忽视了对学生个体差异和能力发展的关注。

因此,教学评价体系的革新势在必行,犹如一场教育的春风,吹散旧观念的尘埃,唤醒教育的活力。教师需要构建一个多元化的评价体系,如同一个多棱镜,从各个角度全面、深入地洞察学生的学习状况。形成性评价,如同持续的微风,它在教学过程中动态地对学生的学习进行观察和反馈,帮助学生及时调整学习策略,以提高学习效果。自我评价,如同一面内省的镜子,鼓励学生自我反思,提升自我认知,培养自我学习的能力,使他们成为自己学习的主人。同时,同伴评价如同合作的舞台,通过同学间的相互评价,可以促进学生的团队精神,锻炼他们的批判性思维和问题解决能力,让他们在合作中共同成长。

在实施这些多元化的评价方式时,教师应如同园丁,充分考虑每一朵花的独特性,尊重学生的个体差异,为他们提供个性化的教学指导。对于那些在某一方面展现出独特才华的学生,教师可以设置更高级别的学习挑战,激发他们的潜能,让他们在挑战中绽放光彩;而对于在某些领域遇到困难的学生,教师则应给予更多的支持和指导,帮助他们找到适合自己的学习路径,让他们在关爱中茁壮成长。

教学评价体系的革新,不仅是一种教育理念的更新,更是一种教育实践的创新。它旨在打破传统的束缚,构建一个更加公平、全面、动态的评价环境,让每一个学生都能在适合自己的土壤中,自由地生长,全面地发展。

总之,中学英语教学的创新与艺术是一个全方位、多层次的探索过程。教师需要不断学习、实践和反思,以适应教育发展的新要求,为培养具有全球视野和跨文化交际能力的未来公民贡献力量。

第五章　中学英语教学的实践与优化

第一节　词汇教学的优化策略

一、词汇教学现状分析

（一）中学英语词汇教学的普遍问题

在中学英语词汇教学领域，普遍存在的问题之一是教学方法的单一性和枯燥性，这导致学生对词汇学习缺乏兴趣和动力。根据一项针对中学生英语学习态度的调查，超过六成的学生表示词汇学习是他们最不喜欢的部分，认为传统的死记硬背方法既低效又令人厌烦。这种现象在教育心理学中被称为“认知负荷理论”，即当学习材料过于复杂或呈现方式单一，学生的学习效率会显著下降。例如，词汇表的简单罗列和重复朗读，往往无法激发学生的深层次思考和记忆，从而影响了词汇的长期记忆和实际应用能力。因此，创新优化策略的实施显得尤为迫切，旨在通过多样化的教学手段和内容，提高学生的学习兴趣，增强词汇记忆的深度和广度。

（二）学生词汇学习的难点与挑战

学生普遍面临的一个难题是词汇量的庞大以及记忆上的挑战。研究显示，掌握一门语言以进行日常交流通常需要至少三千个词汇，而学术或专业领域的词汇需求则更为庞大。在记忆单词的过程中，学生们常常感到单调乏味，并且缺乏有效的记忆策略，这导致了记忆效率的低下。例如，心理学家艾宾浩斯的记忆遗忘曲线揭示，若不及时复习，新学的词汇很快就会被遗忘。此外，学生们在实际语言运用中，往往难以将所学的词汇准确且恰当地融入语境，这反映了词汇教学与语言运用能力结合的不足之处。因此，词汇教学亟须从传统的机械记忆模式转变为更加注重实际应用和语境理解的教学方法。

二、教学理念的更新

（一）从应试教育到素质教育的转变

在中学英语词汇教学领域，从应试教育向素质教育的转变标志着教学理念的重大革新。应试教育往往强调分数和考试成绩，导致词汇教学过于注重记忆和重复练习，忽视了语言的实际运用和学生的个性化发展。然而，素质教育倡导全面发展，强调学生能力的培养和个性的尊重。例如，依据教育部发布的数据，当前教育改革强调减少标准化考试的比重，增加对学生综合能力的评价。在词汇教学中，这意味着教师需要从单一的词汇记忆转向教授学生如何在实际情境中运用词汇，如通过角色扮演、情景对话等互动式教学方法，使学生在真实或模拟的语境中学习和使用新词汇。此外，素质教育的推进也要求教师在词汇教学中融入跨学科的知识，如历史、科学、艺术等，以丰富词汇的内涵和外延。例如，通过学习与特定学科相关的词汇，学生不仅能够扩大词汇量，还能加深对学科知识的理解。这种跨学科的词汇教学方法，能够激发学生的学习兴趣，培养他们的批判性思维和创新能力。

（二）词汇教学与语言运用能力的结合

在中学英语教学的实践中，将词汇学习与语言运用能力的培养紧密结合，是提升学生综合语言运用能力的关键所在。众多研究明确指出，词汇量的多少直接关系到学生的阅读理解与写作表达能力。因此，教师在教学过程中应重视词汇的深度与广度，不仅要传授单词的含义，还应引导学生在真实语境中应用这些词汇。为了达成此教学目标，教师可以采用任务型教学法，设计与学生日常生活紧密联系的任务，例如角色扮演、情景对话等，使学生在完成任务的过程中自然而然地运用新学的词汇。例如，通过模拟购物场景，学生不仅学习了与购物相关的词汇，如"discount"（折扣）、"transaction"（交易）等，还能在实际对话中运用这些词汇，从而加深记忆并提升语言运用能力。此外，词汇教学应与跨学科知识整合，如结合历史、科学等学科内容，让学生在学习其他学科知识的同时，扩展词汇量并理解词汇在不同语境下的应用。例如，在学习历史课程中关于工业革命的内容时，学生可以同时学习到"innovation"（创新）、"manufacture"（制造）等词汇，并在讨论工业革命对社会的影响时，运用这些词汇进行表达。通过这种方式，学生不仅能够更好地理解词汇的含义，还能在实际语境中灵活运用，从而提高他们的语言运用能力。同时，教师还可以通过设计一些有趣的词汇游戏和活动，如词汇接龙、词汇拼图等，激发学生的学习兴趣，使他们在轻松愉快的氛围中掌握更多的词汇。总之，将词汇学习与语言运用能力的培养相结合，是提高学生综合语言运用能力的有效途径。

三、教学方法的创新

（一）利用信息技术丰富词汇教学手段

在数字化时代背景下，信息技术的整合对中学英语词汇教学产生了根本性的变革。借助智能教学平台与应用程序，教师得以向学生提供定制化的学习体验。例如，通过大数据对学生的学习习惯和进度进行分析，教师能够调整教学方法，确保每位学生均能在适宜的节奏中掌握新词汇。同时，虚拟现实（VR）技术的应用，例如 Google Expeditions，能够引领学生进入沉浸式学习环境，通过模拟真实场景来学习相关词汇，进而提升记忆效率和学习兴趣。研究显示，结合视觉与听觉的多感官学习方法能显著增强词汇记忆的持久性。因此，教师应利用多媒体资源，如视频、音频和互动图表，来丰富词汇教学内容，使学生在享受学习乐趣的同时，有效地掌握词汇。

（二）游戏化学习在词汇教学中的应用

在中学英语词汇教学领域，游戏化学习的运用正逐步演变为一种创新的教学方法。该方法通过整合游戏元素与机制于学习活动中，旨在激发学生的学习热情并提升学习效率。例如，设计以词汇记忆为主题的闯关游戏，学生在逐个完成关卡时能够获得及时的反馈与奖励。这种积极的激励机制有效地增强了学生的参与感和记忆效果。研究显示，游戏化学习能够将学生的词汇记忆效率提升 20% 至 30%。此外，通过角色扮演和故事叙述的游戏化模式，学生能够在模拟的语境中自然地运用新词汇，进而加深对词汇的理解和记忆。

四、教学内容的优化

（一）精选与学生生活紧密相关的词汇

在中学英语词汇教学过程中，精心挑选与学生生活紧密相连的词汇对于提升学生的学习兴趣和效率至关重要。据一项针对中学生日常用语的研究显示，超过七成的学生表明，当词汇与他们的个人兴趣、日常生活习惯或未来职业规划相关联时，他们更倾向于投入更多时间和精力去学习和记忆这些词汇。因此，教师在规划词汇教学内容时，应充分考虑学生的实际生活背景，例如，将“智能手机”“社交媒体”“环保”“创业”等词汇融入教学之中。这些词汇不仅与学生的日常生活紧密相关，而且能够激发他们对英语学习的热情。此外，通过案例分析，例如讨论如何用英语表达“绿色出行”或“健康饮食”，不仅有助于学生在实际语境中应用新学的词汇，还能加深他们对词汇的深入理解和记忆。

（二）词汇教学内容的跨学科整合

在中学英语词汇教学领域，跨学科整合被视为提升学生语言应用能力的关键策略。通过将词汇教学与数学、科学、历史等学科内容的融合，学生不仅能够掌握单词本身，还能在特定学科的语境中加深对词汇的理解和记忆。例如，在数学课程中，学生能够学习到与几何图形相关的英语词汇，例如“circle”（圆）和“triangle”（三角形）；在科学课程中，词汇如“photosynthesis”（光合作用）和“gravity”（重力）有助于学生在理解科学概念的同时，掌握专业术语。跨学科整合不仅丰富了词汇教学的内容，还能够激发学生的学习兴趣，提升他们的综合运用能力。

五、学习策略的指导

（一）教授有效的词汇记忆方法

在中学英语词汇教学领域，传授有效的词汇记忆策略对于提升学生的学习效率和激发其学习兴趣至关重要。研究表明，采用多感官参与的学习模式，包括视觉、听觉和触觉等，能够显著提升记忆效果。例如，利用闪卡（flashcards）结合图像和例句，有助于学生在视觉和语境中深化对词汇的认识。此外，将词汇与学生的个人经历相联系，如通过构建故事或情境来记忆单词，可以增强记忆的持久性。教育心理学家艾宾浩斯（Ebbinghaus）提出的遗忘曲线理论亦强调了复习的重要性，因此，定期复习和测试是巩固记忆的必要环节。教师可采用间隔重复（spaced repetition）的技巧，即在不同时间间隔重复学习材料，以提高长期记忆的效率。通过这些策略的综合运用，学生不仅能够更高效地记忆词汇，还能在实际语言运用中更加流畅地运用这些词汇。

（二）培养学生的自主学习能力

在中学英语词汇教学中，培养学生的自主学习能力至关重要。这种能力的培养不仅有助于学生在课堂之外继续扩大词汇量，而且能够激发他们的学习热情，提高学习效率。例如，通过教授学生运用间隔重复系统（SRS）等记忆技巧，他们可以更高效地记忆新词汇。SRS是一种基于记忆曲线的复习技术，它通过在恰当的时间间隔内复习单词，帮助学生将信息从短期记忆转移到长期记忆中。此外，教师可以指导学生利用网络资源，如在线词典、词汇学习应用程序和社交媒体平台，进行自我探索和学习新词汇。例如，通过创建或加入英语学习小组，学生可以在真实的语境中运用新词汇，从而加深理解和记忆。这种学习方式不仅能够提升学生的语言应用能力，还能培养他们的批判性思维和解决问题的能力。在教学实践中，教师可以采用项目式学习（Project-Based Learning，PBL）的方法，让学生在完成具体项目的过程中自主学习词汇。例如，学生可以围绕一个主题（如环境保护、科技创新等）进行研究，并在项目报告中运用相关词汇。通过这种方式，学生不仅能够学习到与主题相关的专业词汇，还能够锻炼他们的研究能力和团队协作能力。PBL方法强调学生的主动参与和探究，能够有效提升学生的自主学习能力。

六、教学评估的改进

（一）多元化词汇学习评估方式

在中学英语词汇教学领域，传统的评价手段主要依赖于书面考试和标准化测试，然而，这些方法无法全面反映学生对词汇的实际掌握程度和应用能力。为了更精确地衡量学生的学习成效，教师应采纳多样化的评价方法，包括项目作业、口头报告、同伴互评、自我评估以及电子化测试等。例如，项目作业允许学生将新学的词汇应用于实际的写作或研究项目中，从而展示其对词汇的深入理解和创造性运用。口头报告则能检验学生对词汇的发音、语调和流利度。同伴互评和自我评估鼓励学生进行自我反思和批判性思维，有助于培养他们的自主学习能力。电子化测试，如使用在线平台进行的词汇游戏或模拟情境测试，不仅能够即时反馈学生的学习进度，还能提供个性化的学习建议。此外，借鉴布鲁姆的教育目标分类学，教师可以设计不同层次的评价任务，从记忆、理解、应用到分析、评价和创造，全面考查学生的词汇学习情况。通过这些多样化的评价方式，教师能够更准确地诊断学生的学习需求，调整教学策略，最终实现词汇教学的创新优化。

（二）反馈机制在词汇教学中的重要性

在中学英语词汇教学过程中，构建和执行反馈机制是提升教学成效的核心要素。恰当的反馈不仅能够迅速纠正学生的错误，还能激发其学习热情，增强学习的内在动力。例如，教师通过定期的词汇测验和作业批改，能够及时掌握学生对词汇的掌握程度，并依据学生错误的类型与频次，调整教学方法。依据布鲁姆的教育目标分类学，教师可针对记忆、理解、应用、分析、评价和创造六个层面，设计不同难度的反馈内容，以推动学生词汇能力的全方位发展。

此外，反馈机制的构建亦应涵盖学生自我评估与同伴评估的环节。通过自我评估，学生能够培养自我监控与自我调节的能力，这有助于他们成为终身学习者。同伴评估则能促进学生间的互动与合作学习，例如，学生可以相互检查对方的词汇练习，并提出有益的建议。这种互动不仅能够加深对词汇的理解，还能培养学生的批判性思维与沟通技巧。

在实际教学活动中，教师可采用多种反馈方式，如口头反馈、书面反馈、电子反馈等，以适应不同学生的学习偏好和需求。例如，利用电子平台进行即时反馈，可以提升反馈的时效性和互动性。研究显示，及时的反馈能够提高学生的学习成效，而延迟的反馈可能导致学生学习兴趣的减退。因此，教师应根据具体情况灵活运用不同的反馈方式，确保反馈的及时性和有效性。

综上所述，反馈机制在中学英语词汇教学中扮演着至关重要的角色。它不仅能够帮助教师及时调整教学策略，还能促进学生对词汇的深入理解和应用。通过建立一个全面、及时、多元化的反馈体系，中学英语词汇教学将更加高效，更能满足学生的学习需求，从而达到优化教学的目的。

第二节　阅读教学的优化策略

一、教学现状分析

（一）中学英语阅读教学面临的挑战

在中学英语阅读教学领域，教师们面临诸多挑战，其中最显著的是学生阅读理解能力的不均衡性。根据教育部发布的统计数据，中学生的英语阅读理解能力普遍低于其他语言技能，这在一定程度上揭示了现行教学方法和教材内容的局限性。此外，学生在接触不同文体和题材的阅读材料时，通常会遇到理解上的困难，这不仅影响了他们对英语学习的兴趣，也限制了他们批判性思维和创造性思维的发展。因此，中学英语阅读教学迫切需要改进策略，以应对这些挑战，提高学生的阅读理解能力。

（二）学生阅读理解能力的现状

目前，中学英语阅读教学面临众多挑战，学生的阅读理解能力现状令人担忧。依据教育部公布的《中国教育统计年鉴》数据，中学生的英语阅读理解能力普遍低于其他语言技能，尤其在标准化测试中这一现象更为明显。例如，在全国中学生英语能力竞赛中，阅读理解环节的平均得分率通常低于听力和写作环节。这种状况不仅削弱了学生的学习兴趣，也限制了他们对英语文化的深入理解和跨文化交流能力的发展。因此，改进阅读教学方法，增强学生的阅读理解能力，已成为中学英语教学领域迫切需要解决的问题。

二、教学理念更新

（一）从应试教育到素质教育的转变

在中学英语阅读教学领域，从应试教育向素质教育的转型是提升学生阅读理解能力的关键。应试教育模式过分强调标准化考试成绩，这导致教学内容和方法的单一化，限制了学生在阅读理解方面达到应有深度和广度的可能性。然而，素质教育的推广促使教育工作者关注学生的全面发展，重视培育学生的批判性思维与创造性思维。根据教育部公布的统计数据显示，2019 年全国中学生英语阅读理解能力测试中，仅有 30% 的学生能够达到优秀水平。这一数据凸显了传统应试教育模式在提升学生阅读理解能力方面的局限性。因此，教师应采取多元化的教学策略，如项目式学习、探究式学习等，以激发学生的兴趣和参与感，进而提升他们的阅读理解能力。

（二）培养学生的批判性思维与创造性思维

在中学英语阅读教学过程中，培育学生的批判性思维与创造性思维对于提升其阅读理解能力至关重要。批判性思维要求学生不满足于单纯地接受信息，而是要能够对所阅读的内容进行深入分析、评估和反思。例如，教师可以运用案例分析法引导学生对文章中的论点提出疑问并进行讨论，以此培养学生的独立思考能力。依据布鲁姆的认知领域分类，教师可设计问题，引导学生从记忆、理解、应用、分析、综合到评价六个层次进行思考，逐步提高其批判性思维能力。至于创造性思维，则鼓励学生在阅读理解的基础上进行创新和想象，例如，通过角色扮演或故事续写等教学活动，激发学生的想象力和创造力。

三、教材内容优化

（一）教材内容与学生兴趣的结合

在中学英语阅读教学实践中，将教材内容与学生的兴趣爱好相结合，是提高学生阅读理解能力的重要途径。研究显示，当教材内容能够激发学生的兴趣时，学生的阅读动机和参与度会得到显著提升。例如，一项针对中学生阅读偏好的调查揭示，超过六成的学生更喜欢阅读与个人兴趣相关的材料，例如流行文化、科技、体育和旅游等主题。因此，教师在挑选阅读材料时，应充分考虑学生的兴趣所在，并将这些元素融入教学之中。例如，引入流行电影剧本片段、体育明星访谈或科技新闻报道，不仅能够点燃学生的阅读热情，还能助其更深入地理解英语在现实生活中的实际应用。此外，教师可借鉴霍华德·加德纳的多元智能理论，辨识学生在不同领域的智能倾向，并据此挑选或设计阅读材料，以实现个性化教学。通过此类策略，教材内容与学生兴趣的结合不仅能够提升学生的阅读理解能力，还能促进其全面成长。

（二）教材难度与学生实际水平的匹配

在中学英语阅读教学过程中，教材难度与学生实际能力的匹配程度是优化教学策略的核心要素。依据 Krashen 提出的“输入假说”理论，语言习得发生在学习者接触到略高于其当前能力水平的语言材料时。因此，教材内容的设计应当符合学生的“最近发展区”，既略高于他们当前的阅读理解水平，但又不至于过分艰难，以免引发学生的挫败情绪。例如，当学生的阅读理解能力处于中级阶段时，教材应提供略高于中级的阅读材料，并配合相应的辅助资源和策略，例如词汇表、注解和讨论问题，以助力学生逐步提升至更高级别的阅读能力。

四、教学方法创新

（一）采用多样化的阅读教学方法

在中学英语阅读教学实践中，运用多元化的教学方法对于提高学生的阅读理解能力至关重要。例如，引入角色扮演和戏剧化阅读活动，学生能够在模拟的情境中深化对文本的理解。这种方法不仅能够激发学生的兴趣，还能帮助他们更深入地理解角色的动机和情感。此外，采用合作学习策略，如小组讨论和同伴教学，可以促进学生之间的互动，通过同伴间的解释和讨论，学生能够从不同角度理解文本内容，从而加深理解。因此，教师应设计包含多种阅读活动的课程，如辩论、思维导图制作以及利用信息技术工具进行的在线协作项目，这些活动能够让学生在多样化的环境中提升阅读理解能力。

（二）引入互动式和合作式学习策略

在中学英语阅读教学领域，采纳互动式与合作式学习策略对于提高学生的阅读理解能力具有重要意义。互动式学习倡导学生通过小组讨论、角色扮演以及辩论等多种形式，积极地参与到阅读材料的解读过程中，进而深化对文本内容的理解。例如，通过小组合作的方式对一篇英文故事进行分析，学生不仅能够从同伴那里获得多元化的视角，还能在交流过程中锻炼自己的语言表达和批判性思维技能。研究显示，合作学习能够提升学生的参与度和学习动机，从而促进深层次学习的实现。教师应当设计更多的合作学习活动，例如共同完成阅读项目、互相提问与解答，以及利用网络平台进行小组讨论，以此优化阅读教学流程，提高学生的阅读理解能力。

五、信息技术的应用

（一）利用多媒体和网络资源丰富阅读材料

在中学英语阅读教学领域，充分利用多媒体与网络资源，以丰富阅读素材为手段，已成为提升学生阅读理解能力的关键战略。鉴于互联网技术的飞速发展，教师群体能够轻松获取到庞大的阅读资源库，这些资源不仅包括传统的纸质文本，还包括音频、视频、动画以及互动式电子书籍等多种形式，极大地扩展了学习的视野。

具体而言，通过在线图书馆与电子书平台的强大功能，学生能够直接接触到原版英文小说、时事新闻报道、专业学术文章等，这些材料为学生提供了在真实语言环境中学习的宝贵机会，有助于他们深入理解语言的运用场景与文化内涵。

此外，教师还积极利用 YouTube 上的英语教学频道、TED 演讲等网络资源，为学生精心挑选多样化的阅读材料，旨在激发学生的阅读热情，同时注重培养其批判性思维能力，促进学生综合素养的全面提升。

（二）教学软件和在线平台在阅读教学中的应用

在中学英语阅读教学领域，教学软件与在线平台的运用已经成为提高学生阅读理解能力的关键手段。例如，教师借助诸如 Quizlet、Kahoot! 等互动学习平台，能够设计出引人入胜的词汇和阅读理解练习。这些平台提供的即时反馈机制不仅能够激发学生的学习热情，还助于教师实时掌握学生的学习进展和难点所在。此外，利用诸如 Project Gutenberg 所提供的在线资源，学生能够接触到更为广泛和丰富的阅读材料，这不仅扩宽了他们的阅读视野，还促进了批判性思维能力的提升。

六、评估与反馈机制

（一）建立多元化的阅读理解评估体系

在中学英语阅读教学领域，构建多元化的阅读理解评估体系是提升学生阅读理解能力的重要途径。传统的评估手段主要关注考试成绩，却往往忽略了学生在阅读过程中理解深度和思维能力的培养。因此，有必要引入包括形成性评估和总结性评估在内的多种评估方法，以全面评价学生的阅读理解能力。形成性评估可以通过课堂观察、学生日志、同伴评价和自我评价等多种途径实施，其目的在于及时发现学生在阅读过程中的问题并提供反馈，以促进学生的持续进步。例如，教师可以运用布鲁姆认知领域分类学，设计不同层次的问题，从记忆、理解、应用到分析、评价、创造，全面评估学生的阅读理解能力。而总结性评估则侧重于对学生阅读理解能力的最终评价，可以采用标准化测试、项目作业和口头报告等多种形式。

通过这些评估方法,教师能够获得关于学生阅读理解能力的全面信息,从而为教学提供更具针对性的指导。

(二)提供及时有效的阅读理解反馈

在中学英语阅读教学过程中,及时且有效的阅读理解反馈对于提高学生的理解能力至关重要。依据教育心理学家布鲁姆的分类学理论,适时的反馈有助于学生辨识并修正理解上的偏差,进而推动认知结构的深化与巩固。例如,教师通过定期进行阅读理解测试,能够搜集学生的答题数据,分析错误的种类与发生频率,据此调整教学方法。一项针对中学生阅读理解能力的研究显示,那些在阅读后获得即时反馈的学生,其阅读理解能力的提升速度较之未获得反馈的学生快30%。此外,教师可以运用形成性评估,例如口头提问、同伴互评等方式,提供即时反馈,这不仅能够增强学生的参与度,还能促进学生间的交流与合作。

七、教师专业发展

(一)教师在阅读教学中的角色与职责

在中学英语阅读教学过程中,教师承担着至关重要的职责,他们不仅是知识的传递者,更是引导和促进学生阅读理解能力提升的关键人物。教师的职责涉及设计和执行教学策略,以满足不同学生的学习需求,进而优化阅读教学流程。例如,教师可以运用布鲁姆认知领域分类法,设计不同层次的问题,从记忆到评价,逐步提高学生的思维水平。在实际教学活动中,教师可以采用案例分析法,挑选与学生生活紧密相关的阅读材料,引导学生进行批判性思考,例如分析《哈利·波特》系列中的道德困境,以此激发学生的兴趣和深化理解。此外,教师还应不断更新自身的专业知识,通过参与研讨会、阅读教育学文献以及与同行交流,掌握最新的教学理念和方法,确保教学内容和方法的时效性和有效性。教师在阅读教学中的角色与职责,正是帮助学生在阅读中发现生活的意义,培养他们成为终身学习者。

(二)教师持续专业成长的途径与方法

在中学英语阅读教学的改进策略中,教师的持续专业发展被视为提高学生阅读理解能力的关键途径之一。教师不仅应掌握最新的教育理念,例如从应试教育向素质教育的转变,还应不断更新教学方法,以满足学生多样化的学习需求。例如，通过参与专业发展研讨会和工作坊，教师能够学习如何将批判性思维和创造性思维融入阅读教学。此外，教师可以运用数据分析模型来评估学生阅读理解能力的进步，例如通过追踪学生的阅读理解测试成绩，分析教学方法的有效性，并据此调整教学策略。

教师专业成长的途径还包括与同行的交流与合作。通过建立教师学习共同体，教师可以分享成功的教学案例，互相观摩课堂，从而获得新的教学灵感和策略。例如，教师可以借鉴约翰·杜威的“学习通过做”的教育理念，鼓励学生在阅读中主动探索和实践，同时教师也应通过实践不断反思和改进自己的教学方法。此外，教师可以利用信息技术，如在线教育平台和教学软件，进行自我学习和提升，以适应数字化教学的趋势。持续的专业发展还要求教师进行自我评估和反思，以确保教学实践与学生实际水平相匹配。教师可以采用自我评估问卷或同行评审的方式，收集反馈信息，识别自己的优势和需要改进之处。例如，教师可以参考布鲁姆的认知领域分类，从知识、理解、应用、分析、综合到评价六个层次，来评估和提升自己的教学设计。通过这些途径和方法，教师能够不断优化自己的教学实践，从而有效提高学生的阅读理解能力。

第三节 写作教学的优化策略

一、写作教学现状分析

（一）中学英语写作教学的挑战

在中学英语写作教学领域，面临的挑战是多方面的。首先，学生们普遍缺乏对写作的热情和动力，这在很大程度上阻碍了写作技能的提升。据调查，超过六成的中学生表示对英语写作感到厌倦或困难。这种状况部分源自传统的教学方法，这些方法往往过分强调语法和词汇的准确性，而忽略了写作的创新性和实用性。其次，写作教学资源的不足也是一个不容忽视的问题。许多学校缺乏高质量的写作教材和多元化的写作主题，这限制了学生视野的扩展和思维的激发。此外，教师在写作教学中所面临的挑战也不可轻视，他们需要持续提升自身的专业素养，以适应不断变化的教学需求和学生的学习风格。因此，中学英语写作教学的改进策略必须聚焦于激发学生的写作热情，丰富教学资源，以及提升教师的专业成长，从而有效应对这些挑战。

（二）学生写作能力的普遍问题

在现行的中学英语写作教学实践中，学生们普遍遭遇众多难题，其中最为显著的问题之一是创新与批判性思维的缺失。这一现象在一定程度上可归因于传统的应试教育体系，该体系过分重视语法的准确性与模式化的写作技巧，而忽略了对学生个性化表达和创造性思维能力的培养。例如，学生在进行写作时常常依赖于既定的句式和词汇，缺乏对不同文体和风格的灵活运用能力。再者，面对开放式写作题目时，学生往往感到迷茫，这暴露出他们在思维的广度和深度方面的不足。因此，中学英语写作教学的改进策略应当着重于激发学生的创造性思维，鼓励他们勇敢地表达自己独特的见解，并通过丰富的写作主题和文体来拓展他们的写作经验。

二、教学理念的更新

（一）从应试教育到素质教育的转变

在中学英语写作教学领域，从应试教育向素质教育的转型对于提升学生的写作能力至关重要。应试教育模式过分强调标准化考试的得分，这往往导致教学内容和方法的单一化，进而使得学生在写作方面难以展现创新和个性化的表达。然而，素质教育的推广要求教师更加注重学生综合能力的培养，这包括批判性思维、创造性思维以及跨文化交际能力的培育。为了促进素质教育的实施，教师可以运用任务驱动教学法，设计与现实生活紧密相连且具有挑战性的写作任务，以此激发学生的写作兴趣和创新潜能。此外，通过小组合作学习的方式，学生能够在交流与合作的过程中相互启发，共同提升写作能力。

（二）培养学生的创造性思维和批判性思维

在中学英语写作教学过程中，培育学生的创造性思维与批判性思维对于提升其写作技能至关重要。创造性思维的培育可通过激励学生发掘新颖主题与体裁来达成，例如，教师可引导学生针对时下热议话题，如环境保护、人工智能的利与弊等，进行写作练习，以此激发学生的思考与创新。依据美国心理学家 J.P. Guilford

的理论，创造性思维涵盖流畅性、灵活性、原创性及详细性四个维度，教师在教学活动中应设计相关练习，以促进学生在这些方面的提升。例如，通过组织头脑风暴活动，学生能够提出多种解决方案，从而增强思维的流畅性与灵活性。

至于批判性思维的培育，则要求学生在写作过程中学会对信息进行分析与评价。教师可采用案例分析法，引导学生在写作前对特定问题进行深入探究，并在写作中表达个人见解。例如，通过分析“社交媒体对青少年影响”的案例，学生不仅需搜集与整理信息，还需学会从多角度进行批判性思考。

三、教学内容的优化

（一）整合写作教学与阅读材料

在中学英语写作教学领域，将写作与阅读材料相结合被视为提升学生写作技能的有效策略之一。通过将阅读与写作教学融合，学生不仅能够吸收丰富的语言素材，还能在模仿与创新的过程中提升自身的写作技巧。例如，依据一项针对中学生英语写作能力的研究表明，那些在写作前阅读了相关主题文章的学生，在写作时能够更精确地运用词汇和语法结构，其文章的连贯性和逻辑性也得到了显著增强。此外，通过阅读不同体裁和风格的文章，学生能够学习到多样化的表达方式，从而在自己的写作中灵活运用。教师可以采用“阅读—讨论—写作”的教学模式，引导学生在阅读后进行小组讨论，分享对文章的理解和感受，然后鼓励学生将这些感受转化为自己的写作内容。这种模式不仅能够激发学生的创造性思维，还能够帮助他们建立起批判性思维，学会从不同角度分析和评价文本。

（二）引入多样化的写作主题和体裁

在中学英语写作教学领域，采纳多元化的写作主题与文体是提高学生写作技能的有效策略之一。通过提供丰富多样的写作主题，学生得以接触不同的文化背景、社会现象以及科学知识，进而拓宽其视野并激发写作热情。例如，教师可设计与环境保护、科技创新、历史事件、文学作品解读等相关的写作任务，使学生在探究与表达的过程中深化对主题的理解。据一项针对中学生写作技能的研究显示，当学生被要求就其感兴趣的主题进行写作时，其文章往往更为流畅且内容更为充实。此外，多样化的文体训练，包括记叙文、议论文、说明文、应用文等，有助于学生掌握不同文体的写作技巧，提升语言表达的灵活性与适应性。因此，教师应鼓励学生在写作过程中寻找最合适的词汇和表达方式，以实现最佳的沟通效果。

四、教学方法的创新

（一）采用任务驱动教学法

在中学英语写作教学领域，任务驱动教学法被视为一种高效的教育策略。该方法通过创设富有实际意义的任务，激发学生的学习热情和参与感，进而提高学生的写作技能。例如，教师可以构思一个"城市旅游指南"的写作项目，要求学生以小组合作的方式，搜集资料、进行讨论，并撰写一篇介绍本地城市的旅游指南。在这一过程中，学生不仅能够掌握文章结构的组织方法、恰当词汇和句型的运用，还能通过小组合作学习团队协作和沟通的技巧。任务驱动教学法强调学生在完成任务过程中的主动探索和实践，这与建构主义学习理论相一致，即知识是通过个体与环境互动构建的。通过这种方式，学生能够将所学知识与现实世界的情境相结合，从而加深理解和记忆。

（二）实施小组合作学习模式

在中学英语写作教学领域，采用小组合作学习模式已被证实为一种有效的教学方法，能够显著提高学生的写作能力。通过小组合作，学生得以在同伴的辅助下共同研究写作主题，并相互提供反馈，从而在交流中学习和进步。实施小组合作学习模式，不仅促进了学生间的沟通与协作，还助于教师更深入地了解每位学生的写作水平和需求。在小组讨论过程中，教师能够观察学生如何相互启发，以及如何通过讨论解决写作中遇到的问题。这种互动过程有助于教师及时调整教学方法，以适应不同学生的学习需求。例如，教师可以运用维果茨基的社会文化理论，借助"近端发展区"概念来指导小组合作，确保每位学生在更有经验的同伴的帮助下，达到其潜在的发展水平。

此外，小组合作学习模式亦能增强学生的责任感和参与度。在小组合作中，每个成员都有明确的角色和任务，这促使他们更加主动地参与写作活动。例如，小组成员可能负责资料搜集，编辑和校对，或专注于内容构思和语言润色。通过这种分工合作，学生能够体会到团队协作的重要性，并在实践中提升自身的写作技能。

五、评价体系的完善

（一）构建形成性评价与终结性评价相结合的体系

在中学英语写作教学领域，构建一个有效的评价体系对于提升学生的写作能力至关重要。一个结合了形成性评价与终结性评价的体系能够全面反映学生的学习过程与成果。形成性评价关注学习过程，通过定期的写作练习、同伴互评以及教师反馈，助力学生及时掌握自身的写作进展与存在的问题。例如，教师可运用评分量表对学生作品进行评估，量表不仅应包含语法和拼写等基础技能，还应涵盖创意、组织结构和语言运用等高级技能。通过这种方式，学生能够获得具体的改进建议，进而持续提升写作水平。

终结性评价则侧重于对学生写作能力的最终评估，通常在学期末或课程结束时进行，例如通过标准化测试或期末写作项目来衡量学生的写作水平。这种评价方式为学生提供了一个展示其写作能力的平台，并为教师提供了评价学生整体写作能力的依据。例如，依据布卢姆教育目标分类学，终结性评价可以设计成包括记忆、理解、应用、分析、评价和创造六个层次的写作任务，从而全面考查学生的写作能力。

结合形成性评价与终结性评价，教师可以运用多元化的评价方法，如自我评价、同伴评价、教师评价和标准化测试，构建一个全面的评价体系。这种评价体系不仅能够激发学生的学习动力，还能帮助教师更准确地掌握学生的学习状况，从而调整教学策略，实现教学目标。

（二）引导学生进行自我评价和同伴评价

在中学英语写作教学领域，引导学生进行自我评价与同伴评价被视为提升写作技能的有效策略之一。通过自我评价，学生能够培养出对自己写作的批判性思考能力，从而更清晰地认识到自身的优势和不足。例如，依据布鲁姆的认知领域分类，学生可以按照知识、理解、应用、分析、综合和评价六个层次对自己的作文进行反思，从而实现从基础到高级的写作技能提升。研究显示，自我评价能够提高学生的自我监控能力，使他们更加主动地参与到写作学习过程中。同伴评价则为学生提供了一个相互学习、相互启发的平台。在这一过程中，学生不仅能够学习到同伴的优点，还能通过提出建设性意见来帮助他人改进写作。例如，采用“SWOT 分析法”（即分析优势、劣势、机会和威胁），学生可以更系统地评价同伴的作文，并提出具体的改进建议。这种互动式学习不仅增强了学生的批判性思维能力，还促进了他们之间的沟通与合作。

六、教师专业发展

（一）提升中学英语教师的写作教学能力

在中学英语写作教学领域，教师写作教学能力的提升是优化教学策略的关键所在。教师不仅应具备扎实的语言知识基础，还应具备创新教学方法的能力。例如，教师可采用任务驱动教学法，设计具体且目标明确的写作任务，以激发学生的写作兴趣和内在动机。关于任务驱动教学法的研究表明，学生在完成特定任务时，其写作内容更为丰富，语言运用亦更为灵活。此外，教师应持续更新教学理念，从应试教育向素质教育转变，重视培养学生的创造性思维与批判性思维。通过案例分析、角色扮演等多种教学活动，教师能够协助学生在写作中展现个性化观点，进而提高其写作能力。

（二）教师对写作教学策略的持续研究与实践

在中学英语写作教学领域，教师对教学策略的持续探索与实践对于提升学生的写作能力至关重要。例如，通过细致分析学生的写作样本，教师能够识别学生在语法、词汇运用以及文章结构方面存在的普遍问题，并据此对教学方案进行相应的调整。此外，教师可运用布鲁姆的认知领域分类法，设计具有不同难度层次的写作任务，从记忆、理解到分析、评价，逐步拓展学生的写作深度与广度。教师应将写作教学与学生的实际生活经验相结合，鼓励学生在写作过程中表达个人的观点和情感，以此激发学生的写作兴趣和创造性思维。

七、技术工具的融合

（一）利用信息技术丰富写作教学手段

在中学英语写作教学领域，信息技术的整合已经成为提高教学品质和学生写作技能的关键手段。通过采纳网络写作平台及资源，教师能够为学生构建一个更为互动且个性化的学习氛围。例如，采用 Google Docs 等协作工具，学生得以实时进行写作练习，同时教师与同伴亦可即时提供反馈，这不仅提升了写作效率，还加强了学生间的交流与合作。借助信息技术，教师能够运用数据分析模型追踪学生写作进步的轨迹，进而更精确地调整教学策略。例如，通过分析学生在网络写作平台上的写作频率、修改次数及词汇运用情况，教师能够辨识出学生的写作难点，并提供针对性的辅导。

此外，信息技术还为教师提供了丰富的教学资源和工具，使得写作教学更加多样化和生动。教师可以利用多媒体资源，如视频、音频和图像，来激发学生的写作灵感，使他们在写作过程中更加投入和有创造力。同时，教师还可以利用在线词典、语法检查工具等辅助资源，帮助学生在写作过程中纠正错误，提高写作质量。此外，信息技术还使得写作教学更加灵活，教师可以根据学生的实际情况和需求，随时随地进行教学活动，不再受限于传统的课堂时间和空间。

（二）推广使用在线写作平台和资源

在当今的中学英语写作教学领域，推广和采用在线写作平台及丰富的网络资源已经成为提升学生写作技能的一种非常有效的方法。随着互联网技术的飞速发展，数字化教学资源变得越来越丰富，这为写作教学带来了前所未有的新机遇。例如，通过使用诸如 Google Docs 这样的在线文档编辑工具，学生们可以实现实时协作，共同参与小组写作项目。这种协作方式不仅显著提高了写作的效率，还极大地促进了学生之间的交流与合作。此外，利用像 Grammarly 或 Turnitin 这样的在线写作平台，学生们可以即时获得关于语法和拼写的建议，这有助于他们及时发现并纠正错误，从而显著提升写作的准确性和质量。教师们也可以利用这些平台提供的分析工具，对学生们的写作进行更深入、更细致的评估，进而提供更具针对性和个性化的指导。通过将在线写作平台与丰富的网络资源相结合，我们正在将现代技术与教育实践紧密地融合在一起，使得写作教学变得更加生动、互动和高效，极大地提升了学生们的写作能力和学习兴趣。

第四节　听力教学的优化策略

一、听力教学现状分析

（一）中学英语听力教学的挑战

在中学英语听力教学领域，所面临的挑战是多维度的。学生普遍缺乏充分的语言环境以进行听力练习，这使得他们难以适应英语的自然语速以及各种口音。在听力理解过程中，学生往往缺乏有效的策略，如预测、推断和总结，这些策略对于理解复杂或含糊的听力材料至关重要。心理语言学的研究表明，听力理解不仅仅是对声音的解码，还包括对语境的感知、信息的整合以及对说话者意图的推断。因此，教师需要设计教学活动，帮助学生掌握这些策略，以应对听力理解中的挑战。

（二）学生听力理解能力的现状

在现今中学英语教学实践中，学生普遍存在的听力理解能力不足问题显得尤为突出。一项针对中学生英语听力能力的调查研究揭示，超过六成的学生在听力测试中遭遇显著困难，特别是在应对快速语流和非标准发音时，他们往往感到无从下手。这一现象不仅严重挫伤了学生的学习积极性，也极大地限制了他们在语言综合运用能力上的进步空间。

心理语言学领域的研究揭示，听力理解实际上是一个复杂的认知过程，涉及信息的接收、解码、整合及存储等多个环节。学生在这一过程中遇到的障碍，通常可归因于几个关键因素：首先，学生往往缺乏有效的听力策略，导致他们在面对听力材料时显得无所适从；其次，学生在听力方面的动机普遍不足，缺乏足够的内在驱动力去主动提升听力水平；最后，现有的听力材料往往并不适宜，无法满足学生的学习需求，这也进一步加剧了他们在听力理解方面的困难。

鉴于上述问题，改进和优化听力教学策略，努力提高学生的听力理解能力，已成为中学英语教学中一个亟须解决的重要课题。教育工作者需认真思考如何通过创新教学方法、丰富教学内容以及激发学生的学习兴趣等手段，帮助学生克服听力理解上的障碍，从而全面提升他们的英语综合运用能力。

二、听力教学理论基础

（一）听力理解的心理语言学过程

在中学英语听力教学中，理解心理语言学过程是提升学生听力理解能力的关键。心理语言学研究表明，听力理解是一个复杂的认知过程，涉及从声音信号的接收、解码到意义的构建。根据克拉申的输入假说，有效的听力理解需要可理解输入（i+1），即略高于学生当前水平的语言材料。例如，通过精心挑选的听力材料，学生可以接触到新的词汇和表达方式，从而在不断地听力实践中提高理解能力。此外，根据吉尔伯特的“听力理解模型”，听力理解分为感知处理、解析处理和使用处理三个阶段。在教学中，教师应设计活动，帮助学生在感知阶段识别语音和语调，在解析阶段理解句子结构和词汇，在使用阶段将听到的信息与已有知识结合，形成完整的理解。例如，通过角色扮演或情景对话，学生可以在模拟真实语境中练习听力，从而更好地理解和记忆语言材料。因此，中学英语听力教学应基于心理语言学理论，通过科学的教学设计和方法，促进学生听力理解能力的全面提升。

（二）听力教学的理论模型

在中学英语听力教学中，理论模型的运用是提升学生听力理解能力的关键。因此，教师在选择听力材料时，应确保内容既具有挑战性，又不至于让学生感到困难，从而促进听力理解能力的提升。例如，通过精心挑选的听力练习，学生可以逐步适应不同口音、语速和语言复杂度的材料，从而在实践中提高理解能力。此外，维果茨基的社会文化理论强调了社会互动在认知发展中的作用，这提示我们在听力教学中应重视合作学习。通过小组讨论、角色扮演等活动，学生可以在同伴的帮助下，共同解决听力任务，提高听力理解能力。研究表明，合作学习能够显著提高学生的听力成绩，因为它促进了学生之间的交流和信息共享，从而加深了对听力材料的理解。

三、教学资源的优化

（一）精选听力材料的策略

在中学英语听力教学的过程中，精心挑选合适的听力材料是提升学生听力理解能力的一个关键策略。根据克拉申的“输入假说”理论，语言习得的过程往往发生在学习者接触到那些略高于他们当前语言水平的输入材料时。因此,教师在挑选听力材料时,必须确保这些材料的难度是适宜的,既能充分激发学生的学习兴趣,又不至于过于复杂,以至于引起学生的挫败感和抵触情绪。例如,教师可以采用分级阅读材料,如 VOA 慢速英语或 BBC Learning English,这些资源通常会提供不同难度级别的内容,从而满足不同水平学生的学习需求。

除此之外,教师在选择听力材料时,还应考虑到学生的实际生活经验和兴趣爱好,挑选那些与学生兴趣和需求紧密相关的材料。例如,流行音乐、电影片段、新闻报道等都是不错的选择,因为这些内容能够有效提高学生的参与度和听力动机。研究已经表明,当学生对听力材料的内容感兴趣时,他们的注意力和理解能力会得到显著的提升。

因此,教师在精选听力材料时,应注重材料的多样性和实用性,以确保这些材料能够覆盖不同的主题和情境,从而促进学生听力技能的全面发展。通过这样的方式,学生不仅能够逐步提高他们的听力理解能力,还能够在实际生活中更加自如地运用英语进行交流和理解。总之,精心挑选听力材料是中学英语听力教学中一个不可或缺的环节,它直接影响到学生听力学习的效果和兴趣。

(二)利用多媒体和网络资源丰富教学内容

在当今的中学英语教学中,特别是在听力理解能力的培养方面,多媒体技术和网络资源的运用已经成为了一种至关重要的策略。通过将多媒体技术融入教学过程中,包括视频、音频以及各种互动软件,教师能够为学生创造一个更加生动和真实的学习环境。例如,学生在观看英语原声电影片段时,不仅能够锻炼自己的听力技能,还能学习到语言在不同情境下的实际应用,从而加深对相关文化背景的理解。

网络资源的丰富多样性为教师提供了几乎无限的教学素材。教师可以利用各种在线平台,如 YouTube 教育频道、TED 演讲以及 BBC Learning English 等,向学生提供各种各样的听力材料。这些资源不仅覆盖了从初级到高级不同水平的听力练习,还能有效激发学生的学习兴趣和热情。例如,学生可以参与在线英语学习社区,与来自世界各地的同龄人进行交流,分享语言和文化经验,从而在交流互动中进一步提升自己的听力技能和跨文化交流能力。

此外，运用网络资源还可以实现任务型听力教学法。教师可以设计特定的听力任务，如在线听力竞赛或角色扮演活动，让学生在完成这些任务的过程中不断提升自己的听力理解能力。这种教学法强调学生的主动参与和实践操作，能够有效提高学生的听力动机和兴趣。通过这种方式，学生不仅能够在实际应用中锻炼听力，还能在完成任务的过程中培养自主学习和合作交流的能力。

四、教学方法的创新

（一）任务型听力教学法的应用

任务型听力教学法着重于通过执行具体任务来增强学生的听力理解技能，该方法在中学英语听力教学领域显示出显著的改进效果。例如，教师可构建一个模拟旅游情境，引导学生在理解对话内容的前提下，执行预订酒店、查询路线等任务。通过此类实践，学生不仅得以锻炼听力，还能在真实语境中运用所学知识，进而加深对语言的理解与记忆。研究显示，任务型教学法能够提升学生的参与感和学习动机，从而增进学习成效。在任务型听力教学法的实施过程中，学生在完成各项任务时，能够激发对英语听力的兴趣，进而提升听力理解能力。

（二）合作学习在听力教学中的作用

在中学英语听力教学领域，合作学习作为一种有效的教学方法，已被证实能显著增强学生的听力理解能力。通过小组合作的方式，学生得以在彼此的交流与讨论中深化对听力材料的理解，进而提升听力技能。研究显示，合作学习有助于促进学生间的社会互动，增强学习动机，从而提高学习成效。例如，Johnson 兄弟所提出的“合作学习五原则”强调了积极互赖、面对面促进、个体责任、社交技能和小组自我评估的重要性。在听力教学实践中，教师可设计小组活动，让学生共同完成听力任务，例如角色扮演、信息差活动和听力复述等。这些活动不仅能够激发学生的参与热情，还能帮助他们从多角度理解听力材料，从而提升听力理解能力。此外，合作学习亦有助于缓解学生在听力学习过程中可能产生的焦虑感，因为小组成员的支持与鼓励为学生提供了一个安全的学习环境，使他们更愿意积极练习，从而在实践中不断提高。

五、教师角色的转变

（一）教师作为引导者和促进者的角色

在中学英语听力教学领域，教师的角色已由传统的知识传授者转变为引导者和促进者。这种角色的转变要求教师不仅应具备扎实的英语语言知识，还应具备激发学生学习兴趣、引导学生自主学习的能力。例如，教师可以运用克拉申的“输入假说”理论，通过提供略高于学生当前水平的听力材料，即“i+1”水平的输入，来促进学生的听力理解能力。在实践中，教师可以设计任务型听力活动，如角色扮演、信息差活动等，让学生在完成任务的过程中自然地提高听力技能。此外，教师应鼓励学生参与合作学习，通过小组讨论、同伴互评等方式，促进学生之间的互动和知识共享。教师还应定期进行自我反思和专业发展，以确保教学方法和策略的持续更新，满足学生不断变化的学习需求。

（二）教师专业发展的需求

满足教师专业发展需求乃是提升学生听力理解能力之关键所在。教师不仅需具备扎实的英语语言知识，还应掌握先进的教学理念与方法。例如，依据 Krashen 的输入假说理论，教师应提供略高于学生当前水平的听力材料，以促进语言习得。此外，教师应定期参与专业培训与研讨会，不断更新自身的教学技能，如运用任务型教学法设计具有实际意义的听力活动，从而激发学生的参与热情与学习兴趣。案例研究表明，教师在课堂上运用合作学习策略，如小组讨论与角色扮演，能够有效提升学生的听力理解能力。因此，教师的专业发展不仅涵盖理论知识的深化，还包括教学实践的创新与多样化，以适应不断变化的教育需求。

六、学生听力技能的培养

（一）培养有效的听力策略

培养高效的听力策略对于提升学生的听力理解能力至关重要。高效的听力策略不仅涵盖对听力材料的深入理解，还包括对听力技巧的系统性训练。

因此，教师应当精心挑选难度适宜的听力材料，确保学生在理解的基础上逐步提升难度，以避免挫败感并增强学习动力。同时，合作学习的策略也极为关键，通过小组讨论和同伴互助，学生可以在交流中相互学习，提高听力理解能力。研究表明，合作学习能够促进学生之间的信息共享和认知加工，从而加深对听力材料的理解。综上所述，通过精心设计的听力材料、任务型教学法和合作学习策略，可以有效地培养学生的听力策略，进而提升他们的听力理解能力。

（二）提高学生的听力动机和兴趣

激发学生对听力学习的兴趣和动机是提高其听力理解能力的核心所在。依据维果茨基的社会文化理论，学习过程本质上是一种社会互动，学生在与他人的交流互动中构建知识体系。因此，教师可设计小组合作学习活动，促使学生在合作中相互激励，共同完成听力任务。例如，通过角色扮演或情景模拟，学生能在模拟的语境中练习听力，此类活动不仅能提升学生的参与度，还能增强他们对听力材料的兴趣。研究显示，当学生对听力材料产生兴趣时，他们的注意力和记忆力将显著提升。此外，教师可运用多媒体和网络资源，如英语电影、电视剧、播客和音乐，以丰富听力教学内容。这些资源不仅提供真实的语言环境，还能让学生在享受文化娱乐的同时，潜移默化地提升听力技能。

为了进一步增强学生的听力动机，教师可引入任务型听力教学法，设计与学生未来生活和职业紧密相关的听力任务。例如，模拟国际会议的听力练习，让学生在准备和参与过程中体会到听力技能的重要性。通过这种方式，学生能认识到听力技能在实际生活中的应用价值，从而增强学习的内在动力。

七、教学环境的改善

（一）创建有利于听力学习的课堂氛围

为了有效地提升学生的听力理解能力，创建一个有利于听力学习的课堂氛围是至关重要的。研究表明，一个充满支持和鼓励的学习环境能够显著地提高学生的参与度和学习动机。例如，根据 Vygotsky 的社会文化理论，学生在与同伴及教师的互动过程中，能够更有效地发展其认知能力，这当然也包括听力理解能力。因此，教师可以采取小组合作学习的方式，让学生在小组讨论中相互协助，共同完成听力任务，从而增强他们的听力技能。此外，教师还可以利用多媒体工具，如音频和视频材料，来模拟真实的语言环境，使学生在沉浸式体验中提高听力理解能力。例如，通过观看英文电影片段或聆听英语歌曲，学生不仅能够练习听力，还能了解不同的文化背景和语境,从而提升他们的听力理解能力。为了进一步丰富课堂活动,教师可以设计一些角色扮演的游戏,让学生在模拟的情境中进行对话练习,这样不仅能够提高学生的听力理解能力,还能增强他们的口语表达能力。同时,教师还可以引入一些听力理解的策略,如预测、总结和推断,帮助学生在听力过程中更加主动地思考,从而提高他们的听力理解能力。总之,通过创造一个积极的课堂氛围,结合多样化的教学方法和工具,可以有效地提升学生的听力理解能力,使他们在未来的学习和生活中更加自信地运用英语进行交流。

(二)校园听力资源中心的建立与利用

为了显著提升学生的听力理解能力,创建并充分利用校园听力资源中心显得尤为重要。通过精心设计的听力练习材料与先进的技术设备相结合,学生可以在模拟真实语言环境的条件下进行听力训练,从而有效地提升他们的听力技巧。

校园听力资源中心能够提供不同难度级别的听力材料,以满足不同水平学生的需求。此外,该中心可利用多媒体和网络资源,如英语广播、电影、播客等,为学生营造一个多元化的听力学习环境。研究表明,多样化的听力材料能够激发学生的兴趣,提升他们的学习动力。例如,针对中学生的某项研究显示,当听力材料与学生的兴趣和生活经验相契合时,他们的听力理解能力提升尤为显著。因此,校园听力资源中心的建立不仅为学生提供了必需的学习资源,还通过创新的教学策略和丰富的教学内容,推动了学生听力技能的全面进步。

为了进一步加强学生的听力训练,校园听力资源中心还可以定期举办各种听力活动,如听力竞赛、主题讲座和语言角等,这些活动能够为学生提供更多的实践机会,增强他们的听力应用能力。同时,教师可以利用中心的资源进行个性化教学,根据每个学生的具体需求和进度,提供针对性的听力练习。此外,校园听力资源中心还可以与外部机构合作,引入更多高质量的听力材料和专业讲座,拓宽学生的视野,提高他们的语言实际应用能力。通过这些措施,校园听力资源中心不仅成为学生学习英语的重要场所,也成为他们了解世界、增长见识的重要平台。

第六章　多元化教学与英语技能培养

第一节　课外教学与技能培养

在中学英语教学实践中，课外教学活动发挥着至关重要的作用。这些活动不仅作为课堂教学的延伸和补充，而且在提升学生的英语技能方面发挥着不可或缺的作用。通过精心策划和组织一系列丰富多彩的课外活动，如英语角、英语演讲比赛、英语戏剧表演以及英语电影欣赏等，我们能够为学生营造一个更加真实和生动的语言学习环境。这些活动不仅能够极大地激发学生的学习兴趣，还能有效地提升他们的听说读写各项英语技能。

一、英语角

我们定期举办英语角活动，为学生提供一个自由交流的平台。在这样的活动中，学生们被鼓励用英语进行交流，从而提高他们的口语表达能力和语言运用的灵活性。通过与同伴的互动，学生们能够在轻松愉快的氛围中锻炼自己的英语实际应用能力。我们精心设计各种话题和活动，让学生们在实际对话中不断挑战自己，从而在实践中提升语言技能。

二、演讲比赛

我们还会举办各种主题的英语演讲比赛，让学生在准备演讲稿和进行演讲的过程中，全面提升自己的写作、演讲和口语能力。通过这样的活动，学生们不仅能够锻炼自己的语言表达技巧，还能增强自信心和公众演讲的能力。我们鼓励学生选择自己感兴趣的主题，深入研究并表达自己的观点，从而在准备和展示过程中不断进步。

三、戏剧表演

我们积极引导学生参与英语戏剧表演，通过角色扮演的方式，帮助他们深入理解英语文化和语境。在排练和表演的过程中，学生们不仅能够提升自己的口语表达能力，还能增强表演技巧和团队合作精神。我们提供多样化的剧本选择，让学生们在不同角色中体验英语的魅力，同时通过团队合作培养协作和沟通能力。

四、电影欣赏

我们组织学生观看各种英语电影或纪录片，并在观看后通过讨论和写作练习来加深对电影内容的理解。这样的活动不仅能够提高学生的听力理解能力，还能通过写作练习进一步提升他们的写作技巧。通过这种方式，学生们能够在欣赏电影的同时，学习到更多的语言知识和文化背景。我们还会邀请专业导师进行点评和指导，帮助学生更深入地理解电影中的语言和文化元素。

综上所述，通过这些多样化的课外教学活动，我们能够为学生提供一个全方位的英语学习环境，帮助他们在各个方面都取得显著的进步。我们致力于创造一个充满活力和互动的学习氛围，让学生在轻松愉快的环境中不断挑战自己，从而在语言技能和文化理解上取得全面的提升。这些活动不仅丰富了学生的校园生活，还为他们未来的学习和生活打下了坚实的基础。

第二节　情感教学在技能培养中的作用

在当今的教育领域，情感教学在技能培养中扮演着至关重要的角色。情感教学不仅仅关注学生在知识层面的掌握，更重视他们在情感体验上的需求。通过激发学生的积极情感，教师能够有效地促进他们在英语技能上的提升。在中学英语教学的过程中，教师应当注重与学生之间的情感交流，努力营造一个和谐且充满活力的课堂氛围，从而激发学生的学习兴趣和内在动力。

建立信任关系是情感教学中的关键一步。教师应当以真诚和尊重的态度对待每一位学生，确保他们感受到被重视和理解。这种信任关系的建立为学生的学习提供了坚实的情感支持，使他们在学习过程中更加自信和积极。教师可以通过与学生进行真诚的对话，倾听他们的想法和需求，从而建立起一种相互尊重和理解的关系。这种关系不仅有助于学生在学习上的进步，还能帮助他们在情感上得到成长和提升。

激发学生的学习兴趣是情感教学的另一个重要方面。教师可以通过多样化的教学手段和生动有趣的教学内容，使学生在愉悦的氛围中学习英语。例如，教师可以利用多媒体资源、角色扮演、小组讨论等多种教学方法，使课堂变得更加生动有趣，从而提高学生的学习积极性。通过这些方法，学生不仅能够更好地理解和掌握英语知识，还能在学习过程中体验到成就感和满足感。

关注个体差异是情感教学中不可忽视的一环。每位学生都有其独特的个性和学习需求，教师应当充分了解并关注这些差异，采取有针对性的教学策略和方法。通过因材施教，教师可以帮助每位学生在原有的基础上取得进步，实现个性化发展。教师可以通过观察和了解学生的兴趣爱好、学习习惯和能力水平，制定出适合他们的教学计划和方法，从而更好地满足他们的学习需求。

情感教学在技能培养中具有不可替代的作用。通过建立信任关系、激发学习兴趣以及关注个体差异，教师能够为学生创造一个充满情感支持的学习环境，从而有效促进他们在英语技能上的提升。情感教学不仅能够帮助学生在知识上取得进步，还能在情感上得到成长，使他们在未来的学习和生活中更加自信和成功。通过情感教学，学生能够在学习过程中感受到教师的关心和支持，从而更加积极地参与到学习活动中，提高学习效果。同时，情感教学还能帮助学生培养良好的人际关系和社交能力，为他们未来的发展奠定坚实的基础。

第三节　文化教学与技能发展

语言不仅是沟通的媒介，亦是文化的承载体。学习英语的过程，本质上不仅是掌握一种语言技能，更是对英语国家文化进行了解和学习的过程。在中学英语教学中，教师应重视文化教学，通过介绍英语国家的文化、历史、风俗等知识，以拓宽学生的国际视野，并促进其英语技能的提升。

文化对比是教学中一个至关重要的环节。通过比较中西方文化的异同，有助于学生深入理解英语国家的文化背景和思维方式，从而增强其跨文化交流的能力。

例如，教师可以引导学生探讨中西方在节日庆祝方式、家庭观念、教育理念等方面的差异，使学生在比较中认识到文化的多样性和独特性。通过这样的对比，学生能够更好地理解不同文化之间的差异，从而在实际交流中更加游刃有余。

文化体验是另一种有效的教学手段。教师可以组织学生参与与英语文化相关的活动，如节日庆祝、文化交流等，让学生在亲身体验中感受英语文化的魅力。例如，学校可以举办英语国家的传统节日庆祝活动，如万圣节、圣诞节等，让学生通过制作节日食品、装饰教室、表演节目等方式，亲身体验和了解这些节日的文化内涵。通过这些活动，学生不仅能够感受到节日的氛围，还能在实践中学习到相关的语言表达和文化知识。

文化阅读同样是提升学生英语技能的重要途径。教师可以推荐学生阅读英语国家的文学作品、历史书籍等，通过阅读了解英语国家的文化和社会现象，从而提高阅读能力和文化素养。例如，教师可以选择一些经典的英语文学作品，如《傲慢与偏见》《简·爱》等，引导学生阅读并讨论其中的文化背景和社会问题，使学生在阅读中深入了解英语国家的历史和文化。通过阅读这些作品，学生不仅能够提高自己的语言水平，还能对英语国家的文化有更深入的理解。

在中学英语教学中，教师应重视文化教学，通过文化对比、文化体验和文化阅读等多种方式，帮助学生深入了解英语国家的文化背景，提高他们的跨文化交际能力和文化素养，从而促进学生的英语技能全面发展。通过这些方法，学生不仅能够掌握语言技能，还能在实际交流中更加自信和得体，为他们未来的学习和生活打下坚实的基础。

第四节　多媒体在技能教学中的应用

随着信息技术的迅猛发展，多媒体技术在中学英语教学中的应用变得越来越普遍和广泛。通过充分利用多媒体技术，教师能够为学生展示更加丰富多彩、生动形象的教学内容，从而显著提高教学效果，同时也能极大地激发学生的学习兴趣。

一、视听教学

教师可以借助多媒体设备，播放英语原声的视频、音频等教学材料，从而有效提升学生的听力和口语能力。通过观看原声电影、电视剧、新闻报道等，学生能够在真实的语言环境中感受语言的魅力，提高语言理解和表达能力。此外，多媒体技术还可以提供丰富的视觉和听觉刺激，帮助学生更好地记忆和理解单词和语法结构，从而在学习过程中取得更好的效果。

二、互动课堂

利用多媒体教学软件，教师可以设计各种互动课堂环节，例如在线测试、小组讨论、角色扮演等，这些活动能够显著增加学生的参与度和课堂互动性。学生在参与互动的过程中，不仅能够巩固所学知识，还能培养团队合作能力和沟通技巧。多媒体技术还可以通过虚拟现实或增强现实等手段，为学生提供更加真实和沉浸式的学习体验，使他们能够在模拟的环境中进行实践和应用，从而更好地掌握所学知识。

三、个性化学习

通过网络资源，教师可以为学生提供个性化的学习资源和路径，满足不同学生的学习需求和发展方向。学生可以根据自己的兴趣和学习进度，选择适合自己的学习材料和学习方式，从而实现个性化学习。这种灵活的学习方式有助于学生更好地掌握知识，提高学习效率。同时，教师还可以利用大数据和人工智能技术，对学生的学习情况进行分析和评估，为他们提供更加精准和个性化的学习建议，从而进一步提高学习效果。

多元化教学在中学英语教学中具有重要意义。通过课外教学、情感教学、文化教学和多媒体教学的有机结合，可以全面提升学生的英语技能水平，培养学生的跨文化交际能力和国际视野。

第七章 基于核心素养背景下的中学英语教学

第一节 核心素养教学的重要性

一、英语核心素养的定义与内涵

（一）核心素养的定义

核心素养的定义强调了个体在知识、技能、情感、态度和价值观等方面的综合发展，它不仅包括学科知识的掌握，更重视学生在真实世界中应用知识解决问题的能力。在中学英语教学中，核心素养的培养尤为重要，因为它关系到学生能否在未来的全球化环境中有效沟通和竞争。例如，根据《2018 年全球教育监测报告》，具备跨文化交际能力的学生在国际就业市场上更受欢迎，这表明英语核心素养的培养对于学生未来的职业发展至关重要。此外，核心素养还要求学生具备批判性思维，能够独立分析和评价信息，这在信息爆炸的时代显得尤为关键。中学英语教学不仅要传授语言知识，更要注重培养学生的综合素养，使他们能够适应不断变化的世界。

（二）核心素养的组成要素

中学英语核心素养的组成要素包括语言知识与技能、学习策略、文化意识、思维品质和情感态度。在语言知识与技能方面，学生需要掌握足够的词汇量、语法知识和听说读写能力。例如，根据《中国学生发展核心素养》报告，中学生应具备至少 3000 个词汇量和基本的语法结构运用能力。在学习策略上，学生应学会如何有效地记忆单词、理解语篇结构和运用不同的学习方法。文化意识的培养则要求学生了解英语国家的文化背景，如通过分析莎士比亚的戏剧作品来理解西方文化的价值观。思维品质的提升体现在学生能够运用批判性思维分析问题，例如，通过讨论全球性问题如气候变化，来培养学生的批判性思维和解决问题的能力。情感态度方面，学生应培养对英语学习的兴趣和积极态度，这可以通过参与英语角或国际交流活动来实现。综上所述，中学英语核心素养的培养是一个全面而深入的过程，需要教师、学生和教育体系共同努力。

二、英语核心素养在中学教育中的作用及其重要性

在当今全球化的时代背景下，英语作为一门国际通用语言，其核心素养在中学教育中扮演着至关重要的角色。英语核心素养不仅仅局限于语言知识和技能的掌握，它还涵盖了跨文化交际能力、批判性思维和创新能力等多个方面。通过培养学生的英语核心素养，中学教育能够为学生未来的学习、工作和生活打下坚实的基础。

首先，英语核心素养的培养有助于显著提高学生的语言运用能力。在中学阶段，学生通过系统的学习和大量的实践，能够掌握英语的基本语法、词汇和句型，从而在听、说、读、写等方面达到较高的水平。这种语言能力的提升不仅有助于学生在学术上的进步，还能显著增强他们在日常生活中的沟通能力。

其次，英语核心素养的培养能够显著增强学生的跨文化交际能力。在全球化的今天，与不同文化背景的人进行有效沟通变得尤为重要。通过学习英语，学生可以了解和接触不同的文化背景和思维方式，从而培养他们的跨文化理解和包容能力。这种能力不仅有助于学生在国际舞台上的交流，还能促进他们在多元文化环境中的适应和发展。

此外，英语核心素养的培养还能够激发学生的批判性思维和创新能力。在学习英语的过程中，学生需要分析和评价各种信息和观点，这有助于培养他们的批判性思维能力。同时，英语作为一种工具，能够帮助学生获取更多的知识和信息，从而激发他们的创新思维和创造力。具备这些能力的学生在未来的学习和工作中将更具竞争力。

综上所述，英语核心素养的培养在中学教育中具有不可替代的重要性。通过全面提升学生的语言能力、跨文化交际能力以及批判性思维和创新能力，中学教育不仅能够为学生打下坚实的基础，还能为他们未来的发展提供更多的可能性和机遇。

三、英语核心素养教学的重要性

（一）适应全球化背景下的需求

在全球化的大背景下，英语作为国际通用语言，其核心素养的培养对于中学生来说显得尤为重要。根据国际教育成就评估协会（IEA）的调查，具备良好英语能力的学生在国际学术评比中往往表现更佳，这不仅体现在语言成绩上，更体现在跨文化交际能力、批判性思维和问题解决能力上。例如，一项针对跨国公司员工的研究表明，那些能够流利使用英语的员工在国际团队中更能够有效地沟通和协作，从而推动项目成功。因此，中学英语教学必须超越传统的语法和词汇教学，转向更加注重培养学生的语言实际应用能力，以及跨文化理解和国际视野。这要求教师在教学中融入更多真实语境下的交流活动，如模拟联合国会议、国际商务谈判等，让学生在实践中学习和体验英语的使用，从而为他们将来在全球化环境中竞争和合作打下坚实的基础。

在当今这个全球化的时代，英语已经成为了一种不可或缺的国际语言。掌握英语不仅能够帮助中学生在学术上取得更好的成绩，还能提升他们的综合素质。

（二）促进学生全面发展和终身学习

培养学生的核心素养并不仅仅是为了提高他们的语言技能，更是为了促进学生的全面发展以及构建他们终身学习的能力。这一点在《国家中长期教育改革和发展规划纲要（2010—2020 年）》中得到了明确的体现，该纲要指出教育的目标在于培养德智体美全面发展的社会主义建设者和接班人。而英语核心素养的培养正是这一目标的具体实践。通过提高学生的跨文化交际能力，他们能够更好地理解不同文化背景下的交流方式，从而在未来全球化的环境中更加自信地参与国际交流与合作。例如，一项针对中学生英语学习的调查显示，那些在英语学习过程中注重文化理解和交际能力培养的学生，在国际学生交流项目中表现更为出色，能够更快地适应新环境并建立有效的人际关系。

此外，批判性思维和问题解决能力的培养是英语核心素养教学中不可或缺的部分。在面对复杂多变的现实问题时，具备批判性思维的学生能够独立分析问题，提出创新的解决方案。例如，通过案例教学法，教师可以引导学生分析真实的国际商务案例，让学生在学习语言的同时，锻炼分析和解决问题的能力。这种教学策略不仅能够激发学生的学习兴趣，还能够帮助学生建立起终身学习的意识和能力。通过这种方式，学生能够在实际情境中运用英语，提高他们的语言实际应用能力，从而更好地适应未来社会的需求。因此，中学英语教学应当注重培养学生的英语核心素养，使他们能够在未来的全球化竞争中脱颖而出，成为具有国际视野和竞争力的优秀人才。

四、实现英语核心素养教学的策略

（一）教学内容的创新与整合

在提升学生核心素养的进程中，内容的创新与整合扮演着至关重要的角色。鉴于全球化进程的日益加快，英语教育已超越单纯语言知识的传授范畴，转而聚焦于学生跨文化交际能力的培育。具体而言，通过引入“项目式学习”（Project-Based Learning，PBL）等先进教学模式，学生能够在诸如策划国际文化节等贴近真实世界的项目中，将语言技能与文化理解付诸实践。此举不仅极大地激发了学生的学习热情，更促使他们将语言知识与实际情境紧密相连，深化对英语文化的理解。

此外，教学内容的整合亦是将英语学习融入历史、地理、科学等多学科领域的有效途径。通过跨学科课程的设计与实施，学生在更为宽广的知识框架下学习英语，有助于培养其全面而深刻的思维能力与问题解决能力。例如，在历史学习中，学生借助阅读英文历史文献，既能提升英语阅读水平，又能深刻领悟历史背景下的英语文化精髓；而在地理学习中，则可通过探究各国地理环境，增进对不同地区英语使用情况的了解，进而强化其跨文化交际能力。

综上所述，中学英语教学中的内容创新与整合，不仅旨在提升学生的语言技能，更着眼于培养其跨文化交际能力与综合思维能力。这一教学模式的推广与应用，将为学生更好地应对全球化时代的挑战、奠定坚实的学习与生活基础提供有力支持。

（二）教学方法的多样化与个性化

培养学生的核心素养乃教育之根本任务。为实现此目标，教学方法的多元化与个性化显得至关重要。多元化的教学策略能够满足不同学生群体的多样化学习需求，进而激发他们的学习兴趣，提升学习效率。例如，采用项目式学习（Project-Based Learning，PBL）的方法，学生在完成与现实世界紧密相关的项目过程中，不仅能够提高他们的语言应用能力，还能培养他们的团队合作精神和解决问题的能力。通过这种方式，学生能够在实践中学习，将所学知识与现实世界相结合，从而更深入地掌握英语语言的运用。

个性化教学则强调根据学生的个体差异，设计符合他们认知水平和兴趣点的教学活动。例如，运用智能教学系统，教师可以实时跟踪学生的学习进度，根据学生的反馈和学习数据调整教学策略。这种“因材施教”的方法，不仅能够提高学生的学习动力，还能帮助教师更高效地进行教学。通过个性化的教学活动，学生能够在适合自己的节奏和兴趣点上进行学习，从而达到更佳的学习效果。

此外，通过角色扮演、辩论、模拟联合国等互动式教学活动，学生能够在模拟的跨文化交际环境中，实践语言技能，同时培养国际视野和文化理解能力。这些活动不仅丰富了课堂内容，也使学生在实践中学习，从而更深入地掌握英语语言的运用。通过这些互动式活动，学生能够在模拟的国际环境中进行交流，从而提高他们的跨文化交际能力。

五、教师在核心素养教学中的角色与责任

（一）教师专业发展的必要性

在中学英语教育的范畴内，培养核心素养已被确立为教学的主要目标之一。为达成这一目标，教师的专业发展显得至关重要。教师的角色超越了知识的传播者，更扮演着引导和推动学生核心素养发展的关键角色。《教育研究》杂志的报告显示，教师的专业能力与学生的学业成就之间存在明显的正相关性。

具体而言，采用如项目式学习（Project-Based Learning，PBL）等创新教学策略，教师能够激发学生的主动学习意愿，同时培养他们的批判性思维和问题解决技巧。此外，对跨文化交际能力的深入理解也是教师专业发展的重要组成部分，这对于提升学生的全球竞争力具有决定性影响。教师的专业成长应与学生核心素养的培养保持同步，以确保教学内容和方法的创新与整合，以适应不断演变的教育需求。

为了增强专业能力，教师可采取多种途径。首先，参与各种培训和研讨会，以

获取最新的教育理念和教学方法。其次，通过与其他教师的交流与合作，分享教学经验，实现共同进步。此外，阅读专业文献能帮助教师持续更新知识体系。最后，教师应反思教学实践，不断优化教学策略，以更有效地满足学生的学习需求。

在教学实践中，教师可运用多元化的创新教学手段，以激发学生的学习兴趣和自主性。例如，设计具有挑战性的项目，促进学生的自主学习和团队协作。同时，通过情境教学，创建真实或模拟的情境，使学生能够在实际应用中提升所学知识的能力。总之，教师的专业发展对提升学生的核心素养至关重要，教师应持续致力于专业能力的提升，以适应教育发展的新要求。

（二）教师在课堂上的引导作用

在中学阶段的英语教育过程中，教师所扮演的指导角色具有至关重要的决定性影响。教师不仅仅是知识的传递者，更是肩负着培养学生思维能力、批判性分析能力和问题解决能力的重要使命。在具体的教学实践中，教师可以运用案例教学法，引入真实的跨文化交流场景，让学生在模拟的商务会议或文化活动中锻炼他们的语言应用能力和文化理解能力。例如，教师可以设计一个模拟的国际商务会议场景，让学生扮演不同的角色，进行商务谈判和文化交流，从而在实际操作中提升他们的英语应用能力和跨文化交际能力。

参照布鲁姆的认知层次理论，教师可以设计不同难度的问题，逐步引导学生从记忆、理解逐步深入到应用、分析、评估和创新的思考。例如，在学习一篇关于环境保护的英语文章时，教师可以先让学生记忆和理解文章中的关键词汇和句子结构，然后引导学生分析文章的论点和论据，评估作者的观点，并最终鼓励学生提出自己的创新解决方案。通过这样的逐步引导，学生不仅能够掌握知识，还能提升他们的高阶思维能力。

同时，教师可以运用约翰·杜威的反思性思维理念，激发学生在学习过程中持续反思，以增强其批判性思维能力。例如，教师可以要求学生在每次课堂活动结束后写下自己的反思日记，记录自己在学习过程中的困惑、收获和改进的地方。通过这种反思性学习，学生能够更好地理解自己的学习过程，从而提高他们的自我监控和自我调整能力。

教师的指导作用不应局限于课堂，还应扩展至课后，通过组织英语角、辩论赛等活动，为学生提供锻炼英语核心素养的实践平台。例如，教师可以定期组织英语角活动，让学生在轻松愉快的氛围中自由交流，提高他们的口语表达能力和听力理解能力。此外，教师还可以组织辩论赛，让学生在激烈的辩论中锻炼自己的逻辑思维能力和语言组织能力。通过这些丰富多彩的课外活动，学生不仅能够巩固课堂上学到的知识，还能在实践中提升自己的英语核心素养。

第二节 核心素养的教学实施策略

一、教学目标与核心素养的融合

（一）明确中学英语教学目标

在确立中学英语教学目标的过程中，我们需要构建一个全面且具体的框架，以确保教学活动能有效地推动学生英语核心素养的成长。依据《国家中长期教育改革和发展规划纲要（2010—2020年）》，中学英语教学目标不仅涵盖语言知识的掌握，更重视语言运用能力的提高、跨文化交际能力的培育以及批判性思维和创新能力的激发。因此，明确教学目标时应结合布鲁姆教育目标分类学，将认知、情感和动作技能三个维度融入教学设计中，确保学生在掌握知识的同时，能够发展更高层次的思维能力和实际应用能力。

具体而言，认知维度涉及学生对英语语言知识的理解和应用，包括词汇、语法、阅读理解等方面。情感维度则关注学生对英语学习的态度和情感体验，如学习兴趣、自信心和合作精神等。动作技能维度则强调学生的实际操作能力，如听说读写等语言技能的运用。通过将这三个维度融入教学设计，教师可以更全面地关注学生的发展，不仅让学生掌握语言知识，还能培养他们的综合语言运用能力。

此外，明确教学目标时还应考虑学生的个体差异，实施因材施教，以满足不同学生的需求。教师应根据学生的实际情况，制订个性化的教学计划，帮助每个学生在英语学习中取得进步。同时，教师还应注重培养学生的自主学习能力，引导他们养成良好的学习习惯，提高他们的自我管理和自我监控能力。

（二）确定英语核心素养的内涵

在中学英语教学实践中，核心素养的核心理念远非单纯的语言知识与技能掌握所能涵盖，其核心在于培养学生在真实语境中运用英语进行高效沟通的能力。依据《国家中长期教育改革和发展规划纲要（2010—2020年）》的战略导向，英语核心素养的培育需聚焦于学生综合语言运用能力的全面提升。这要求教师在授课过程中，不仅要系统传授语言知识，还需深度融入跨文化交际能力的培育，并致力于激发学生的批判性思维与创新能力。

具体而言，教师可采用案例分析教学法，引导学生深入分析具体案例，掌握在不同文化背景中实施恰当交流的策略，从而有效促进跨文化交际能力的形成。同时，教师可借鉴布鲁姆的认知领域分类理论，精心设计由记忆、理解至应用、分析、评价及创造等多层次的教学活动，循序渐进地增强学生的英语核心素养。

此外，为提升学生的实践能力与创新能力，教师应积极鼓励学生发挥想象力，参与角色扮演、情景模拟等教学活动。这些实践活动不仅能够帮助学生更深刻地理解和掌握语言知识，还能使他们在模拟的真实情境中灵活运用所学，实现有效沟通。例如，通过模拟购物场景，让学生分别扮演顾客与店员，进行实际的对话练习，这不仅能够锻炼学生的口语表达能力，还能显著提升其自信心，进而达成核心素养培养的目标。

（三）整合教学目标与核心素养

在当前的中学英语教育体系中，将教学目标与核心素养的培育融为一体是提高教育质量的战略性举措。这一做法的宗旨不仅限于使学生精通语言基础知识和技能，更在于塑造他们的全面能力，以满足未来社会的多维度需求。核心素养的内涵广泛，它包括语言能力、思维能力、学习策略、文化素养以及情感态度等多个维度，致力于促进学生的全面发展，而不仅仅是学术上的成功。

以项目为驱动的学习模式是实现这一教育目标的有力工具。例如，教师可以设计一个“探索全球”的项目，要求学生分组创作英文旅游指南。在这个过程中，学生不仅需要学习和运用英语知识，如描绘景点、提供旅行建议等，还需要进行信息的收集、整理和创新性表达，这将有效锻炼他们的信息处理能力和创新思维。同时，团队合作的过程也有助于提升他们的沟通技巧和协作能力，这些能力在现实生活中至关重要。

布鲁姆的认知领域分类为设定教学目标提供了结构化的框架，包括知识、理解、应用、分析、综合和评价六个阶段。教师在设计教学活动时，应充分考虑这些阶段，确保学生在各个层面都能得到充分的训练。例如，学生在制作旅游指南时，他们需要记忆和理解相关知识（知识和理解阶段），然后将这些知识应用到实际情境中（应用阶段），进一步，他们需要对信息进行分析和整合，形成独立的观点（分析和综合阶段），最后，他们需要对自己的作品进行反思和评价，以提高其质量（评价阶段）。

因此，教师在教学实践中，应强调培养学生的批判性思维和创新性思维，促进他们在实际情境中运用英语，以实现教学目标与核心素养的深度融合。这样的教育方法将使学生在掌握语言技能的同时，也能发展出应对未来挑战的全面素质。

二、教学内容的创新与优化

（一）更新教学材料以适应核心素养要求

在当前的中学英语教育体系中，更新与优化教学资源以适应核心素养的教育理念是提升学生全面语言运用能力的关键措施。核心素养的提出，旨在强调教育应超越单纯的知识传递，更加重视培养学生的综合能力，包括理论语言知识与实践技能，以及对文化理解、思维能力、学习策略和情感态度的综合培养。因此，教学材料的更新必须遵循这些多元化的维度，以满足21世纪的教育需求。

首先，教学内容应与学生的日常生活紧密相连，引入如环境保护、人工智能、全球变暖等与他们生活密切相关的主题。这样的设计既能激发学生的学习兴趣，也能引导他们进行深度思考，发展他们的批判性思维和问题解决能力。例如，教师可以设计一个以“科技如何解决环境问题”为主题的项目，让学生在实践中学习和应用英语，同时培养他们的创新意识和全球视野。

其次，教学材料应融入多元文化的元素，以提升学生的跨文化交际能力。在全球化的背景下，理解和尊重不同的文化是现代公民的重要素质。教师可以通过介绍不同国家的节日习俗、文学作品、历史事件等内容，让学生在接触和理解异域文化的过程中，培养他们的文化敏感性和包容性。

此外，教学活动应参照布鲁姆的认知层次结构，设计出从记忆、理解，到应用、分析、评估，乃至创新等不同层次的任务。例如，教师可以先让学生记忆新的词汇和语法结构，然后引导他们理解和应用这些知识解决实际问题，进一步可以让他们分析和评估不同的观点，最后鼓励他们创新性地运用所学知识。这样的教学模式有助于逐步提升学生的思维复杂度和广阔度，使他们能够在多元化的语境中有效地使用英语。

（二）设计与核心素养相关的教学活动

在中学阶段的英语教学中，设计与核心素养相契合的教学活动对于培养学生的综合语言运用能力至关重要。如采用项目式学习方法，学生在策划国际文化节等实际项目中，既能提升语言技能，也能增强跨文化交际能力。此类活动涵盖了信息检索、团队合作、公开演讲等多个核心素养的层面。根据布鲁姆的认知层次理论，学生在项目中需超越记忆和理解阶段，进一步实现知识的应用、分析、评估和创新，从而促进深度学习和全面能力的发展。

此外，角色扮演和模拟活动也是与核心素养紧密相关的教学策略。例如，模拟联合国会议可让学生扮演各国代表，用英语探讨全球议题，这既锻炼了语言表达，也培养了批判性思维、问题解决能力以及对多元文化的理解和尊重。正如爱因斯坦所强调的，教育的宗旨在于激发个体的潜能，实现自由发展。

在设计此类活动时，教师可借助信息技术工具，如在线协作平台和社交媒体，以拓宽教学边界，增强学生间的交流与合作。通过创建班级博客或利用社交媒体进行主题讨论，学生能在更广阔的空间中实践英语，同时学习在数字环境中安全、负责任的沟通方式。这样的教学活动不仅提升了语言技能，还帮助学生适应了数字时代的需求，培养了信息素养和网络公民意识。

（三）引入跨学科内容丰富英语教学

在中学英语教学中，融入跨学科元素能显著丰富教学内容，并有助于提升学生的综合素养。例如，将地理知识与英语课程相结合，学生在探索不同国家的地理特征和文化传统时，不仅能够掌握相关英语词汇和表达方式，还能对全球多样性有更深刻的理解。此外，与历史教育的结合，允许教师设计以历史事件为主题的英语阅读和写作练习，如指导学生编写历史人物的英文简介或分析历史事件的影响，这不仅激发了学生的探究兴趣，还锻炼了他们的批判性思维和语言表达能力。跨学科的教学方法使学生能够将英语学习与实际生活紧密联系，实现学以致用。

在科学领域，英语教学可以与生物学、物理学等科目相结合，通过阅读科学文献和观看科普视频，学生能够学习到专业术语和科学概念的英文表达。例如，通过研究环保主题的英文文章，学生不仅能积累专业词汇，还能增强环保意识，培养全球视野。这种跨学科的英语教学模式拓宽了学生的知识视野，并促进了他们对英语学习的深入参与和理解。

将跨学科内容引入中学英语教学，开辟了更广阔的教学资源库，通过与多个学科的融合，不仅提升了学生的英语语言技能，还促进了他们对知识的深入理解和应用。这种教学策略的实施有助于学生在多元文化环境中形成全面的核心素养。通过跨学科内容的整合，学生不仅积累了广泛的知识，还提高了他们的综合素质，为未来的学习和生活打下了坚实的基础。

三、教学方法的多样化与实践

（一）采用任务型教学法提升学生实践能力

在中学英语教学领域，任务导向教学策略已被验证为一种极为有效的教学方法，其能够显著提升学生的实践应用能力。该方法的核心原则在于确立学生的主体地位，通过精心策划一系列富含实际意义与应用价值的学习任务，使学生在完成这些任务的过程中自然而然地掌握并巩固语言知识，进而提升其语言运用的熟练度与技巧。例如，教师可创设一个模拟的国际会议场景，安排学生分别扮演来自不同国家的代表，运用英语就全球性的重要议题展开讨论。在此类模拟环境中，学生不仅需要借助英语进行有效的沟通与交流，还需学会在正式场合中恰当地表达自己的观点与立场，这一过程对于提升学生的语言实践能力具有显著的促进作用。此外，Krashen 的输入假说理论亦为此教学法提供了坚实的理论支撑。该理论认为，语言学习主要发生在理解信息的过程中，而任务型教学法正是通过提供丰富且富有意义的语言输入，促进了学生的语言习得过程。这种方法不仅能够有效激发学生的学习兴趣，还有助于他们在实际应用中更加深入地理解和掌握语言知识。同时，该教学法还鼓励学生在执行任务的过程中进行合作学习，这种学习模式不仅有助于提升学生的团队协作能力，还能够在互动与合作中推动语言的自然习得。通过实施任务型教学法，学生能够在真实或模拟的情境中实现理论知识与实际应用的紧密结合，进而全面提升其核心素养。此方法不仅有助于学生更加高效地掌握语言知识，还能够培养他们的创新思维与问题解决能力。因此，任务型教学法作为一种高效的教学策略，在中学英语教学中具有广泛的应用前景与推广价值。

（二）利用合作学习促进学生交流与合作

在当前的中学英语教育体系中，合作学习的观念正日益成为主导的教学策略。此方法不仅重视知识的传递，更强调学生的全面发展，特别是增强他们的社交技巧、批判性思考以及问题解决能力。合作学习的核心特征是构建一个互动互助的学习氛围，使学生在共同完成任务的过程中，自然地提升个人能力。

合作学习的实践形式丰富多样，可采取小组讨论形式，以促进学生的逻辑思维和表达能力；可采用角色扮演，让学生在模拟情境中应用英语，提升语言运用能力；也可通过项目协作，让学生在解决问题的过程中，锻炼团队协作能力和创新思维。例如，在一个关于环境保护的项目中，学生需要运用英语进行讨论，并共同设计解决方案，这将极大地增强他们的实践能力和问题解决能力。

大量的实证研究为合作学习的效果提供了坚实的依据。美国教育科学研究所的研究显示，采用合作学习模式的学生在学术成绩上的进步较传统教学模式更为显著。另外，一项涵盖全球 15 个国家 1000 多所学校的调查也表明，应用合作学习策略的班级，学生的参与度和学习动力普遍更强。这些研究结果一致证实，合作学习能有效地激发学生的学习积极性，提高他们的学习成效。

然而，值得注意的是，合作学习并非易事，教师需要投入大量时间和精力来规划和组织活动，并需对学生的合作过程进行有效的指导和评估。唯有如此，合作学习才能真正发挥其潜在价值，助力学生在学术道路上取得更持久、更稳健的进步。

（三）实施差异化教学满足不同学生需求

在中学阶段的英语教学中，实施差异化教学策略具有至关重要的意义，主要因为它能有效地适应并满足学生个体化的学习需求，同时也能推动每个学生核心素养的全面发展。差异化教学的核心理念是，教师应根据学生的不同能力水平、个人兴趣和独特学习方式来定制和执行个性化的教学方案。

例如，教师可运用布卢姆的掌握学习理论，设定层次分明的学习目标，确保每个学生都能在自身现有水平上实现进步，从而实现个性化发展。此外，教师还可以参考维果茨基的近端发展区理论，为学生提供适宜的挑战和支援，以在社会互动中促进他们的认知成长。

案例研究显示，采用小组合作学习的方法，学生的英语口语和写作技能有显著的提高。这种模式不仅使学生有机会在实际交流中应用英语，还能够激发他们的学习热情，提高他们的团队协作技巧。

差异化教学的着眼点不仅限于提升学生的学术成绩，更强调培养他们的批判性思维、创新思维以及跨文化交际能力。这些能力是中学英语教育核心素养的重要构成部分。通过差异化教学，教师能够引导学生在学习过程中有效地发现问题、分析问题和解决问题，从而塑造他们的独立思考能力和创新意识。同时，它也有助于学生更好地理解和适应不同文化背景下的沟通方式，提升他们的跨文化交际能力，以适应未来的全球性挑战。

四、评估体系的构建与完善

（一）设计与核心素养相匹配的评价标准

在中学阶段的英语教学中，确立与学生核心能力相匹配的评估标准具有至关重要的意义，因为它直接影响到教学目标的达成。传统的评估手段主要侧重于笔试试卷成绩，然而，这种方法已无法适应现代教育的要求。因此，评估体系需超越单纯的笔试试卷，更加重视对学生实际语言运用、跨文化交际以及批判性思维等核心能力的培养。为了达到这一目标，可运用形成性评估，通过观察学生在项目中的行为、同伴反馈、自我反思报告等多种途径来全面评估他们的学习进步。有研究表明，形成性评估能有效提升学生的自我调节学习技能，进而推动其英语核心能力的发展。同时，评价标准的构建还应参考布鲁姆的认知领域分类，将评估内容细分为记忆、理解、应用、分析、综合和评价等多级层次，以确保对学生英语学习综合能力的全面评估。因此，评估标准的制定应致力于激发学生的内在动力，培养他们的终身学习能力，使他们在未来的学习和生活中能够持续进步和成长。

（二）实施形成性评价促进学生持续进步

在中学阶段的英语教学中，实施形成性评价被公认为是推动学生持续进步的重要策略。此评估方式着重于学生的整体学习进程和进步，而不仅仅是最终的考试成绩。通过定期的自我评估、同伴评估和教师评估，学生能够及时掌握自身的学习状态，设定明确的学习目标，调整学习方法，从而更有效地掌握知识。

有研究证明，持续形成性反馈能够提升学生的自我效能感，进而增强学习动力。自我效能感是指学生对自己完成学习任务的信心，这种信心能激发他们的学习积极性，使他们在学习过程中更加主动。形成性评价通过提供及时的反馈，帮助学生识别自身的强项和需要改进的地方，以便进行有针对性的提升。

在核心素养的视角下，形成性评价涵盖了对学生语言应用能力、跨文化交际能力以及批判性思维能力等多方面的评估。语言应用能力不仅涉及语法和词汇知识，还包括听、说、读、写等实际运用能力。跨文化交际能力是指在多元文化环境中有效沟通的能力，这对于全球化时代的英语学习至关重要。批判性思维能力则指学生在学习中能够独立思考，分析问题和解决问题的能力。

教师可以运用布鲁姆的认知领域分类法，从记忆知识到分析、评价、创新等不同层次，对学生的学习成果进行全面评估。布鲁姆的分类将认知目标分为六个层次，即知识、理解、应用、分析、评价和创新。通过这种方式，教师能更深入地理解学生的学习状况，不仅关注他们对知识的记忆和理解，还关注他们在实际应用、分析、评价和创新等方面的能力。

（三）利用多元评价方式全面评估学生能力

在中学阶段的英语教学中，全面评估学生的技能水平是实现核心教育目标的关键步骤。传统的考试评估手段已无法适应当前教育的需求，因此，采用多元化的评估策略显得至关重要。这种多元化的评估不仅涉及传统的书面和口头测试，还应包括对学生的课堂参与度、课题作业、同伴评估、自我评估以及实际应用能力的考量。例如，通过实施小组合作项目，学生可以在实际环境中运用英语进行交流和问题解决，教师则能据此观察学生在真实语境中的语言运用能力，从而做出更为全面的评价。

具体来说，多元评价方法可包括以下几方面：首先，学生的课堂参与度可依据他们的发言次数、讨论的积极性以及对课堂活动的投入程度来衡量。其次，设计为小组或个人任务的项目作业，旨在检验学生的研究能力、团队协作能力和英语的实际应用能力。再次，同伴评估使学生之间能够互相观察、互相反馈，以此培养他们的批判性思维和公正评估的能力。自我评估则鼓励学生反思自身的学习过程和成果，以促进他们的自主学习能力和自我监控能力的提升。最后，通过模拟实际情境的活动，如角色扮演、辩论赛等，可评估学生的实际应用能力，使他们在接近真实的环境中运用英语，从而全面评价他们的语言运用能力。

通过这些多元化的评估手段，教师能更深入地理解每个学生的学习状况，识别他们的优势和改进空间，进而制定更为精准的教学策略。同时，学生也能从多个维度了解自身的学习进步，激发他们的学习兴趣和动力，有效推动他们在英语学习的道路上不断前行。

五、教师专业发展与核心素养教学

（一）加强教师对核心素养理念的理解

在中学英语教育领域，教师对核心素养理念的深刻理解，是确保教学实施策略取得成功的核心要素。核心素养的构成不仅涵盖了语言知识与技能的扎实掌握，更深刻地聚焦于学生思维品质的提升、学习能力的增强、文化意识的培育以及情感态度的塑造。具体而言，依据《中国学生发展核心素养》的指引，教师在英语教学过程中应致力于促进学生批判性思维与创造性思维的发展，这要求教师在教学设计阶段巧妙地融入开放性问题的探讨与项目式学习的实践。

借鉴美国教育家布鲁巴克（John Dewey）的教育理念，我们认识到教育应着重激发学生的主动参与精神，并强调经验学习的重要性，这一观点与核心素养中对学生实践能力与自主学习能力的强调高度契合。因此，教师在教学实践中应设计更多以学生为中心的教学活动，如角色扮演、辩论及研究项目等，以促使学生能在真实的语言环境中灵活运用英语，从而深化对核心素养内涵的理解与实践。

为进一步强化教师对核心素养理念的认知，学校与教育部门应携手合作，定期组织培训与研讨会，并邀请领域内专家进行专题讲座，通过分享核心素养在教学实践中的具体应用案例，为教师提供宝贵的学习与借鉴机会。同时，鼓励教师间开展深入的教研活动，利用集体备课、相互听课及评课等机制，共同探讨将核心素养理念有效融入日常教学的路径与方法。这些举措将有助于教师不断更新教育理念，提升教学设计与实施能力，以更好地满足学生全面发展的需求。

此外，学校还应积极倡导教师进行教学反思与自我评价，鼓励教师撰写教学日志、进行案例分析等，以此引导教师深入反思核心素养在教学实践中的实际效果，并据此不断优化教学策略，以期实现最佳的教学效果。通过这些努力，我们有望构建一个更加符合核心素养要求、促进学生全面发展的中学英语教学体系。

（二）提升教师实施核心素养教学的能力

在中学英语教育的推进过程中，强化教师实施核心素养教学的能力至关重要，其直接关系到教学目标与核心素养能否实现深度融合。为实现这一目标，教师需要深刻把握核心素养的精髓，并灵活运用多种策略将其融入日常教学实践。具体而言，教师可借助案例分析法，依托实际案例探讨培养学生批判性思维与创造性思维的有效路径。同时，依据布鲁姆的认知领域分类框架，教师可精心规划教学活动序列，从记忆、理解到应用、分析、评价直至创造，逐步促进学生英语核心素养的全面发展。

此外，教师应保持教学理念的持续更新，注重将教学内容与学生的生活实践相结合，创设或模拟真实语境，增强学生的语言运用能力。此举旨在使学生不仅掌握语言知识，更能在实际情境中灵活运用，从而全面提升其英语学习综合能力。

为进一步提升教师的核心素养教学能力，学校及教育部门应定期组织培训与研讨会，邀请资深教育专家进行指导与经验分享，助力教师紧跟教育改革步伐，掌握先进教学理念与方法。同时，构建教师学习共同体，促进教师间的交流与合作，共同探索核心素养教学的有效实施路径。通过互助合作，教师能够相互学习、借鉴，实现教学水平的共同进步。

学校还应鼓励教师进行深度教学反思，通过撰写教学日志、开展课堂观察及自我评价等手段，深入剖析教学实践，发现存在的问题与不足。反思有助于教师明确自身在核心素养教学中的优势与劣势，从而采取针对性措施加以改进。此外，学校可设立激励机制，对在核心素养教学方面表现优异的教师给予表彰与奖励，以此激发教师的积极性与创造力，推动核心素养教学的深入发展。

（三）建立教师持续学习与成长的机制

在中学英语教育领域，核心素养的培育至关重要。为确保教育品质及学生核心素养的提升，构建教师持续学习与成长的机制显得尤为关键。教师在教学过程中担任主导角色，其专业素养及教学能力直接决定了学生的学习成效。因此，学校及教育主管部门应致力于营造支持教师终身学习的环境，激励教师不断更新知识体系，提升教学技能。

为达成此目标，可采取多种措施。例如，定期组织教师参与国内外英语教学研讨会、工作坊及进修课程，使他们能够接触最新的教学理念与方法。这些活动不仅能够拓宽教师视野，还能激发教学热情，帮助教师更好地适应教育发展的需求。

此外，通过引入案例分析、行动研究等教学研究方法，教师能够将理论与实践相结合，不断反思和改进教学策略。案例分析有助于教师从具体实例中提炼教学经验，而行动研究则鼓励教师在实践中不断探索和解决问题，从而提升教学效果。

正如孔子所言："学而不思则罔，思而不学则殆"，教师在持续学习的过程中，应注重思考与实践的结合，以促进自身专业成长。教师应在学习新知识的同时，不断反思教学实践，将所学知识应用于实际教学中，形成良性循环。通过这种方式，教师不仅能够提升教学能力，还能更好地引导学生发展核心素养，为学生的终身学习奠定坚实基础。

六、技术支持与教学资源的整合

（一）利用信息技术丰富教学手段

在中学英语教学的过程中，借助信息技术手段来丰富教学方法已经成为提升学生核心素养的关键途径之一。随着互联网技术的迅猛发展，多媒体技术和网络资源为英语教学带来了前所未有的丰富性和互动性。例如，教师可以通过使用交互式白板和在线教育平台，将原本枯燥乏味的语法讲解转化为生动有趣的动画演示，从而显著提高学生的理解能力和学习兴趣。根据一项权威研究显示，采用多媒体教学工具可以将学生的学习效率提升超过 30%。此外，利用虚拟现实（VR）技术，学生可以沉浸在模拟的英语环境中，进行语言实践。这种沉浸式的学习体验有助于学生更好地掌握语言技能，提高语言运用能力。信息技术的融入，正是将学习与生活紧密联系起来,使学生在真实或模拟的语境中学习英语,从而有效地培养其核心素养。

(二)整合线上线下教学资源

在中学英语教学中,核心素养的培养是至关重要的。为了提升教学效果,整合线上线下教学资源成为了关键环节之一。随着互联网技术的迅猛发展,线上教学资源的丰富性和便捷性为英语教学带来了新的机遇。例如,通过利用 MOOCs(大规模开放在线课程)和 Khan Academy 等平台,学生能够接触到全球顶尖大学的英语课程,从而拓宽他们的知识视野。然而,尽管线上资源具有诸多优势,但这并不意味着它们可以完全取代传统的课堂教学方式。线下教学的互动性和即时反馈是线上资源难以替代的宝贵特性。因此,教师需要精心设计一套结合线上线下资源的教学模式,例如翻转课堂(Flipped Classroom)模式。在这种模式下,学生可以在课前通过线上资源自主学习新知识,而课堂时间则可以用来进行小组讨论、角色扮演等互动活动,以深化对知识的理解。这种模式不仅提高了课堂效率,还促进了学生批判性思维和创造性思维的发展。

此外,在整合线上线下资源的过程中,教师还需要考虑到学生的学习习惯和家庭条件。为了确保所有学生都能参与到学习中来,教师在设计教学活动时应提供多样化的学习材料。例如,教师可以将线上视频讲解与线下纸质作业相结合,确保每个学生都能在不同的条件下获得相同的学习体验。同时,教师还应关注学生的个体差异,为他们提供个性化的学习支持。

综上所述,整合线上线下教学资源不仅能够丰富教学手段,还能促进学生核心素养的全面发展。教师应不断探索和实践,利用现代信息技术的优势,同时兼顾传统教学的优点,为学生创造一个全面、高效、个性化的学习环境。通过这种综合性的教学策略,学生能够在多样的学习资源和互动形式中获得更全面的知识和技能,从而更好地适应未来的学习和生活挑战。

(三)建立英语学习社区促进资源共享

在中学英语教学领域,培养学生的英语核心素养显得尤为重要。为了达成此目标,构建英语学习社区已成为一种有效的教学策略。通过打造一个结合线上与线下互动的平台,学生、教师及家长得以共同参与英语学习的各个阶段,形成紧密的学习共同体。例如,借助社交媒体和教育技术工具,如微信、QQ群组或专业的教育平台,可以创建一个虚拟的学习社区。此类社区能够突破时空限制,使学生能够随时随地进行交流和学习,显著提升学习的灵活性与便捷性。

据《教育技术研究与发展》杂志的研究显示,信息技术的融入能显著提升学生的学习动机和参与度。在这样的学习社区中,学生可利用各种互动功能,如实时聊天、讨论区和视频会议,与同学和教师进行深入交流。这种互动不仅有助于增加学生的语言实践机会,还能激发他们的学习兴趣,从而提高学习成效。

此外,社区内的资源共享不仅涵盖传统教材和练习题,还包括视频讲座、在线讨论、模拟对话等多种形式的多媒体资源。这些资源的多样性有助于满足不同学生的学习需求,促进其英语核心素养的全面发展。例如,视频讲座能够提供丰富的语言输入,帮助学生理解复杂的语法结构和词汇用法;在线讨论则有助于锻炼学生的批判性思维和表达能力;模拟对话则能提升学生的口语交际能力。

综上所述,通过建立英语学习社区,可以有效地整合各种资源和工具,为学生提供一个全面的学习环境。这种环境不仅促进了学生间的互动与合作,还激发了他们的学习热情,最终有助于全面提升学生的英语核心素养。

第三节　利用多媒体拓宽学生视野

一、多媒体教学的定义与重要性

(一)多媒体教学的含义

多媒体教学,作为一种现代教育手段,将文本、图像、音频、视频等多种媒体形式综合运用于教学过程中。这种教学方式极大地丰富了中学英语教学的内涵和外延,使得教学内容更加多样化和生动。通过多媒体教学,教师可以提供更加生动直观的学习材料,如动态的图像、清晰的音频和有趣的视频,这些都能够极大地吸引学生的注意力,激发他们对英语学习的兴趣。

多媒体教学不仅能够激发学生的学习兴趣,还能够显著提高他们的参与度和互动性。在传统的教学模式中,学生往往被动地接受知识,而在多媒体教学中,学生可以通过各种互动环节积极参与到学习过程中。例如，通过在线平台进行角色扮演和情景对话，学生可以在模拟真实语境中练习英语，这种互动性特点使得学生能够在实际应用中更好地理解和掌握语言知识。

此外，多媒体教学还能够帮助学生在实践中培养英语应用能力。通过丰富的多媒体资源，学生可以接触到各种真实的语言环境和文化背景，从而拓宽他们的国际视野。多媒体教学不仅限于课堂内的应用，还可以延伸到课外，为学生提供更多的自主学习机会。通过在线资源和互动平台，学生可以随时随地进行学习，这不仅提高了学习的灵活性，还增强了学习的持续性。

（二）多媒体在现代教育中的作用

在当今的教育领域，多媒体技术的广泛应用已经成为提高教学效果和效率的重要推动力。根据国际教育技术协会（ISTE）的研究成果，多媒体教学手段能够显著提升学生的参与度和学习积极性，进而促进他们对知识的深入理解和长期记忆的形成。例如，通过引入视频和音频等多媒体材料，学生们能够接触到更加生动和真实的学习内容，这不仅极大地丰富了他们的学习体验，还帮助他们更好地理解那些抽象和难以掌握的概念。此外，互动软件和在线学习平台的广泛使用，如 Khan Academy 和 Duolingo 等，为学生们提供了个性化的学习路径，使他们能够根据自己的学习节奏和兴趣爱好进行自主学习，从而显著提高了学习的自主性和效率。多媒体教学的这些优势不仅极大地拓宽了学生的视野，还为教师们提供了更多创新教学方法的可能性，使得教学过程更加多样化和富有成效。

二、英语教学中多媒体资源的种类

（一）视频与音频材料的运用

在多媒体教学的浪潮中，视频与音频材料的运用已成为拓宽学生视野、提升英语教学效果的重要手段。据统计，使用多媒体教学资源能够提高学生的学习动机和参与度，从而增强学习效果。例如，通过观看原版英文电影或短片，学生不仅能够接触到地道的语言表达，还能深入了解不同文化背景下的社会习俗和价值观。音频材料，如英语播客和有声书，同样为学生提供了模仿发音、练习听力的机会。例如，通过收听英语新闻广播，学生能够练习理解快速的语速和不同的口音，这对于提高他们的实际语言应用能力至关重要。此外，结合多媒体材料，教师可以运用克拉申的"输入假说"理论，为学生提供"可理解输入"，从而促进语言习得。多媒体教学的实践证明，恰当的视频与音频材料运用，能够为学生创造一个沉浸式的学习环境，有效提升他们的英语听说能力。

（二）互动软件和在线平台的利用

在当今教育领域，多媒体教学的浪潮正席卷而来，带来了前所未有的变革。互动软件和在线平台的广泛应用，为中学英语教学注入了新的活力，彻底改变了传统的教学模式。这些技术工具的使用，使得教师能够突破传统课堂的束缚，以更加生动、互动的方式将教学内容呈现给学生，极大地提升了教学效果。

例如，通过使用在线平台如 Kahoot！教师可以组织各种形式的英语词汇竞赛。这些竞赛不仅能够极大地激发学生的学习兴趣，还能实时监测学生的学习进度和理解程度，从而帮助教师及时调整教学策略。根据一项权威研究显示，那些在教学过程中使用互动软件的班级，在英语成绩上比采用传统教学方法的班级平均高出 10%。这一数据充分证明了互动软件在提高教学效果方面的显著优势。

此外，互动软件如 Quizlet 通过游戏化学习的方式，让学生在轻松愉快的氛围中巩固知识点，极大地提高了学习效率。而在线平台如 Duolingo 则为学生提供了个性化的学习路径，通过先进的数据分析模型，教师可以针对学生的弱点提供定制化的辅导，帮助他们克服学习中的困难。这些互动软件和在线平台的运用，正是将"以学生为中心"的教学理念转化为实践的有效手段。

通过这些技术工具，学习不再局限于课堂，而是成为一种生活体验，拓宽了学生的视野。学生们在互动和参与中，不仅掌握了英语知识，还培养了跨文化交流的能力，为他们成为 21 世纪的全球公民打下了坚实的基础。总之，互动软件和在线平台的运用，为中学英语教学带来了革命性的变化，极大地提升了教学质量和学生的学习效果。

三、多媒体在英语听说教学中的应用

（一）提高听力理解能力的多媒体工具

在当今教育领域，多媒体教学已经成为一种不可忽视的潮流。在这一背景下，提升学生的听力理解能力已经成为英语教学中一个至关重要的目标。为了实现这一目标，各种多媒体工具，如音频播放器、视频软件以及在线听力平台，为学生们提供了丰富多彩的听力材料，极大地丰富了他们的学习资源。

例如，学生们可以通过使用 Podcasts 这一工具，接触到各种不同国家和地区的英语口音以及不同语速的英语材料。这种多样化的听力练习，有助于学生们提高对各种发音的适应能力，从而在实际交流中能够更加自如地理解和应对。

此外，利用交互式视频软件，如 TED Talks，学生们不仅能够听到原汁原味的英语演讲，还能通过字幕和互动式问题来加深对演讲内容的理解。这种多媒体工具的使用，结合了视觉和听觉的双重刺激，有助于学生们更好地记忆和理解听到的内容。

（二）增强口语表达能力的多媒体方法

在当今多媒体教学的背景下，提升学生的口语表达能力已经成为英语教学中一个至关重要的目标。随着科技的进步，各种多媒体工具如语音识别软件和在线口语练习平台的广泛应用，为学生提供了前所未有的学习机会。这些工具不仅能够提供即时反馈，还能够帮助学生更有效地提高他们的发音和流利度。例如，学生们可以利用 Rosetta Stone 或 Duolingo 等流行的应用程序，在模拟真实对话的环境中进行口语练习。这些应用程序通常采用先进的自然语言处理技术，能够准确评估学生的发音并提供具有针对性的改进建议，从而帮助他们不断进步。

除此之外，视频会议软件如 Zoom 或 Skype 也为学生提供了全新的口语练习方式。通过这些平台，学生可以参与角色扮演和模拟面试等活动，这些活动不仅能够显著提高他们的口语表达能力，还能极大地增强他们的自信心。在模拟的真实语境中，学生们可以更加自然地运用所学的语言知识，从而在实际交流中更加得心应手。

多媒体教学的优势在于它能够为学生提供一个丰富多彩的学习环境，使他们在学习过程中体验到实际应用英语的乐趣。通过多媒体工具的辅助，学生可以在各种情境中练习口语，从而更好地为未来的生活和工作做好准备。这种教学方式不仅能够激发学生的学习兴趣，还能够帮助他们在未来的学习和工作中更加自信地使用英语进行交流。总之，多媒体教学在提高学生口语表达能力方面发挥着越来越重要的作用，成为现代英语教学不可或缺的一部分。

四、多媒体在英语阅读与写作教学中的应用

（一）利用多媒体丰富阅读材料

在当今教育领域，多媒体教学已经成为一种不可忽视的潮流。特别是在中学英语教学中，教师们越来越倾向于利用各种丰富的多媒体资源来丰富阅读材料，以此作为拓宽学生视野的重要策略。多媒体资源的引入，不仅使得教学内容更加多样化，还极大地增强了学生的学习兴趣和参与度。

通过引入电子书籍、在线文章、互动式电子杂志以及多媒体增强型图书等多种形式的阅读材料，教师能够为学生提供一个更加生动、互动的学习环境。例如，使用 iPad 上的 iBooks 应用，学生可以阅读带有音频和视频插件的电子书。这种形式不仅能够极大地激发学生的阅读兴趣，还能帮助他们更好地理解文本内容。音频和视频插件使得阅读材料变得栩栩如生，学生仿佛置身于一个真实的语言环境中，从而更容易理解和吸收所学知识。

此外，通过使用像 Quizlet 这样的在线学习工具，教师可以创建包含图像、声音和视频的学习卡片。这些学习卡片不仅能够帮助学生在阅读过程中加深对词汇和短语的记忆，还能通过互动的方式提高学习效率。学生可以通过反复练习和测试，巩固所学知识，从而在不知不觉中提高英语水平。

这种多媒体阅读材料的使用，不仅丰富了学生的阅读体验，还促进了他们对英语语言的深入理解。多媒体资源的引入，使得原本枯燥乏味的阅读材料变得生动有趣，极大地提高了学生的学习积极性。同时，多媒体资源的多样性和互动性，也使得学生能够在多种感官的刺激下，更好地理解和记忆所学知识。

（二）通过多媒体提升写作技巧

在当今多媒体教学的背景下，提升学生的英语写作技巧已经成为一种切实可行的教育目标。通过丰富多彩的教学资源和互动平台，学生们能够以更加直观和生动的方式学习和掌握写作技巧。例如，教师可以利用各种视频材料，引导学生观看来自不同国家的英语演讲比赛。学生们在观看过程中，可以仔细分析演讲者的语言运用、修辞技巧以及表达方式，从而在模仿和学习中逐步提高自己的写作

水平。

除此之外，现代教育技术还提供了许多互动软件，如 Grammarly 和 Hemingway Editor 等，这些工具能够实时提供语法和风格建议。学生们在写作过程中可以借助这些工具，及时发现并纠正自己的错误，从而显著提高文章的整体质量。研究表明，那些在写作过程中使用这类工具的学生，在写作准确性上有了显著的提升。

多媒体教学不仅将学习与生活紧密结合，还通过真实语境的模拟，让学生在实践中学习写作。这种教学方式能够拓宽学生的视野，使他们能够更好地理解和掌握语言的实际应用。通过这种方式，学生们能够在真实或模拟的语境中，逐步培养出适应未来社会的写作能力，从而为他们的学术和职业生涯打下坚实的基础。

五、多媒体教学与跨文化交际能力的培养

（一）介绍不同文化背景的多媒体内容

在进行多媒体教学时，融入并介绍多元文化背景的内容至关重要。这不仅关键于拓展学生的国际视野，促进跨文化交流的理解，而且有助于学生深入理解世界各地的文化多样性。教师应精心挑选视频、音频资料及互动软件，将世界各地的文化特色、历史背景和语言习惯生动地展现给学生，使他们能够直观地体验到不同文化的价值观和生活方式。

例如，教师可以利用 YouTube 上的教育频道，引导学生观看来自不同国家的原声视频，如 TED 演讲或 BBC 纪录片。这些资源不仅提供了地道的语言输入，还使学生能够直观地体验到不同文化的价值观和生活方式。通过这种方式，学生可以在课堂上进行“虚拟旅行”，体验不同国家的文化和历史，从而拓宽他们的国际视野。

多媒体教学通过模拟“虚拟旅行”，让学生在不出国门的情况下，体验和学习多元文化，为他们成为全球公民打下坚实的基础。这种教学方式不仅能够激发学生的学习兴趣，还能够帮助他们更好地适应全球化带来的挑战，培养他们的全球视野和跨文化交际能力。通过这种方式，学生可以在课堂上接触到世界各地的文化，从而更好地理解和尊重不同文化背景的人们。

（二）通过多媒体材料促进跨文化交流

在多媒体教学的框架下，通过精心挑选和设计的多媒体材料，可以有效地促进跨文化交流，拓宽学生的国际视野。例如，教师可以利用视频材料展示不同国家的日常生活、节日庆典和历史事件，学生不仅能够直观地了解异国文化，还能通过比较分析，增进对自身文化的认识和理解。此外，互动软件和在线平台的运用，如利用虚拟现实（VR）技术模拟不同文化背景下的交流场景，让学生身临其境地体验跨文化对话，这种沉浸式学习方式极大地提升了学生的跨文化交际能力。通过这种方式，学生可以更加深入地理解不同文化之间的差异和相似之处，从而培养出更加开放和包容的心态。同时，多媒体教学还可以通过音频材料，如不同国家的音乐和广播节目，让学生在听觉上感受异国文化的魅力。通过阅读电子书籍和在线文章，学生可以更全面地了解各国的历史、政治、经济和社会现状。此外，多媒体教学还可以利用图像和图表，展示不同国家的地理环境、艺术作品和建筑风格，帮助学生形成更加直观的认识。通过这些丰富多彩的多媒体材料，学生不仅能够获得更多的知识，还能培养出独立思考和批判性分析的能力。

六、多媒体教学的挑战与应对策略

（一）面对技术问题的解决方案

在多媒体教学的实际应用过程中，技术问题往往是不可避免的。然而，关键在于如何有效地解决这些问题，以确保教学活动的连续性和教学效果的最大化。例如，一项针对中学英语教师的调查显示，大约有30%的教师在使用多媒体教学工具时，曾遇到过设备故障或软件兼容性问题。面对这些挑战，学校可以采取一系列措施来应对。

首先，学校可以建立一个专门的技术支持团队，负责解决教学过程中出现的各种技术问题。这个团队可以由具备专业知识的技术人员组成，他们可以迅速响应教师的需求，及时解决设备故障或软件兼容性问题，从而确保教学活动的顺利进行。

其次，教师自身的技术能力也是解决多媒体教学中技术问题的关键因素之一。因此，学校应定期组织技术培训，帮助教师熟悉最新的教学软件和硬件。通过培训，教师可以掌握正确的操作方法，减少因操作不当导致的技术问题。此外，培训还可以帮助教师了解如何应对突发的技术故障，提高他们应对问题的能力。

（二）教师专业发展与多媒体教学能力提升

在当今教育领域，多媒体教学已经成为一股不可忽视的潮流。随着科技的迅猛发展，教师的专业发展和多媒体教学能力的提升变得尤为重要。教师们不仅要掌握传统的教学技能，还要学会如何有效地整合和运用多媒体资源，以丰富和拓展课堂内容。根据一项针对中学英语教师的调查研究，超过 70% 的教师表示，多媒体技术的引入显著提高了学生的学习兴趣和参与度。然而，教师在多媒体教学能力上的不足，例如技术操作不熟练、资源选择不当等问题，仍然制约着教学效果的进一步提升。因此，在教师专业发展计划中，应当包含多媒体教学能力的培训，例如通过举办工作坊、提供在线课程和组织同伴观摩等形式，帮助教师掌握多媒体教学的设计、实施和评估。此外，教师们应当将多媒体教学视为一种生活化的教学方式，不断探索和实践，以适应不断变化的教育需求和学生的学习习惯。只有这样，教师们才能在多媒体教学的浪潮中不断进步，提高教学质量，满足学生的学习需求。

七、多媒体教学的未来趋势与展望

（一）新兴技术在英语教学中的应用前景

随着科技的迅猛进步，各种前沿技术如虚拟现实（VR）、增强现实（AR）、人工智能（AI）以及机器学习等在英语教学领域的应用前景变得越来越广阔。例如，虚拟现实技术能够为学生打造一个沉浸式的语言学习环境，使他们仿佛置身于一个真实的英语使用场景中，从而极大地提高语言学习的实践性和趣味性。根据市场研究机构的预测，到 2025 年，全球 VR 市场的规模预计将增长至 120 亿美元，这一数据充分表明了 VR 技术在教育领域的巨大应用潜力。此外，增强现实技术能够将虚拟信息无缝地叠加到现实世界中，为学生提供互动式的学习体验。例如，通过使用 AR 应用来学习英语单词和短语，使得学习过程变得更加直观和生动。人工智能技术的进步，如自然语言处理（NLP）和语音识别，也在英语教学中扮演着越来越重要的角色。这些技术可以帮助教师进行个性化教学，通过分析学生的学习数据来调整教学策略,从而提高教学效率。因此,将新兴技术与多媒体教学相结合,不仅能够拓宽学生的视野,还能为他们提供更加丰富和个性化的学习体验。

(二)多媒体教学与个性化学习路径的结合

在将多媒体教学与个性化学习路径相结合的过程中,教师可以借助先进的数据分析工具来实时跟踪和监控学生的学习进度和理解程度。通过这种方式,教师能够为每个学生量身定制专属的学习计划,确保教学内容和方法能够最大限度地满足学生的个性化需求。例如,利用智能教学平台收集的大量数据,教师可以准确地识别出学生在特定语法点或词汇上的学习困难,并据此为他们提供个性化的练习和资源。这种基于数据分析的个性化教学方法,不仅显著提高了教学的针对性和精准度,还极大地提升了学生的学习效率和效果。

此外,多媒体教学通过提供丰富的视觉和听觉体验,使学生在个性化学习路径上获得更深刻的理解和更持久的记忆。例如,通过互动式的视频、音频和动画,学生可以更加直观地理解复杂的概念和知识点。这种多媒体教学手段不仅能够激发学生的学习兴趣,还能帮助他们在脑海中形成更加生动和具体的知识图像,从而在学习过程中取得更好的效果。总之,结合多媒体教学和个性化学习路径,能够为学生创造一个更加高效和愉悦的学习环境,使他们在学习过程中取得更大的进步。

第四节　培养问题解决中的核心素养

在中学英语教学过程中,培养学生的核心素养是至关重要的。核心素养不仅包括语言知识和技能的掌握,还包括跨文化交际能力、批判性思维、创新意识和自主学习能力等多个方面。

一、语言知识与技能的夯实

在中学英语教学的过程中,首要任务是确保学生们能够牢固掌握扎实的语言基础知识,这包括但不限于词汇、语法以及语音等方面。这些基础知识是学生们进行有效沟通和解决问题的重要前提条件。为了达到这一目标,教师们应当采取多样化的教学方法,例如情景模拟、角色扮演等,通过这些生动有趣的方式,帮助学生们在实际语境中灵活运用所学的知识，从而有效提升他们的语言运用能力。

此外，教师们还可以通过设计各种互动性强的课堂活动，如小组讨论、辩论赛等，激发学生们的学习兴趣，增强他们的参与感。同时，利用多媒体技术，如视频、音频等，为学生们提供丰富的语言输入，帮助他们更好地理解和掌握语言知识。通过这些综合性的教学手段，学生们不仅能够夯实语言基础，还能在实际应用中不断提高自己的语言技能，为未来的英语学习和使用打下坚实的基础。

进一步来说，教师们应当注重培养学生的自主学习能力，鼓励他们在课外进行广泛的阅读和听力练习，以增强对语言的感知和理解。同时，教师们还可以引导学生进行写作和口语练习，通过写作来锻炼学生的思维逻辑和表达能力，通过口语练习来提高学生的发音准确性和流利度。此外，教师们还可以定期组织英语角、英语演讲比赛等活动，为学生提供更多展示自己英语水平的机会，从而增强他们的自信心和学习动力。

二、跨文化交际能力的培养

在全球化的背景下，跨文化交际能力显得尤为重要。教师应引导学生了解不同文化背景下的语言使用习惯和文化差异，培养他们的文化敏感性和适应能力。通过阅读英文原著、观看英文电影、参与国际交流活动等方式，学生可以更好地理解不同文化，提高跨文化交际能力。

为了进一步提升学生的跨文化交际能力，教师可以设计一些具有挑战性的任务，例如模拟国际商务谈判、组织文化主题讨论会或开展国际志愿者项目。这些活动不仅能增强学生的语言实践能力，还能让他们在实际情境中体验和理解不同文化之间的差异。此外，邀请来自不同文化背景的外籍教师或专家举办讲座，也能为学生提供更直观的文化体验和交流机会。

同时，教师应鼓励学生主动学习和探索不同文化，培养他们的自主学习能力和批判性思维。通过阅读多元文化的文学作品、关注国际新闻、参与多元文化的社会实践活动等，学生可以更全面地了解世界各地的文化特点和价值观。这样，他们在未来的跨文化交际中，能够更加自信和从容地应对各种复杂情境，展现出良好的跨文化沟通能力。

此外，教师还可以利用现代科技手段，如在线课程和虚拟现实技术，为学生创造更多跨文化交流的机会。通过这些技术，学生可以与世界各地的人进行实时交流，体验不同文化的真实场景，从而更好地理解和尊重文化多样性。同时，教师还可以引导学生进行跨文化项目研究，让他们在实际操作中发现问题、分析问题并解决问题，从而提高他们的跨文化问题解决能力。

三、批判性思维的激发

在进行英语教学的过程中，教师应当积极地鼓励学生们提出各种问题，并且引导他们深入地进行分析，以便找到解决问题的途径和方法。教师可以通过开展各种形式多样的教学活动，例如小组讨论、辩论等，来帮助学生们有效地提升他们的批判性思维能力。教师应当引导学生们从不同的角度去思考问题，帮助他们培养独立思考和解决问题的能力，从而在英语学习的道路上不断取得进步。

具体来说，教师可以设计一些开放性的问题，以此来激发学生们的好奇心和探索欲望，促使他们更加积极地参与到课堂讨论中来。例如，在学习有关环境保护的文章时，教师可以提出一些引导性的问题，比如："我们应该如何有效地减少塑料污染？"这类问题不仅能够激发学生们积极思考，还能让他们在讨论的过程中学会如何表达自己的观点，倾听他人的意见。通过这种方式，学生们不仅能够提高他们的英语口语和听力能力，还能在实际应用中锻炼他们的批判性思维和解决问题的能力。

除此之外，教师还可以通过组织辩论赛来进一步提升学生的思辨能力。在辩论的过程中，学生们需要收集资料、分析论点，并学会在有限的时间内清晰、有逻辑地表达自己的观点。这类活动不仅能够锻炼学生们语言表达的能力，还能培养他们的团队合作精神和应变能力。通过辩论，学生们学会从多个角度看待问题，在激烈的讨论中坚持自己的观点，同时尊重和理解他人的立场。这样的过程有助于学生们在英语学习中不断进步，提升他们的综合素质。

四、创新意识的培养

创新无疑是推动社会进步的关键动力之一，它激发了无数的变革和进步。在英语教学的过程中，教师应当积极引导学生充分发挥他们的想象力和创造力，鼓励他们参与各种创新性的语言实践活动。例如，学生们可以尝试编写英文短剧，通过创作剧本和角色扮演，锻炼他们的语言表达能力和团队合作精神。在这个过程中，学生们不仅要思考如何构建故事情节，还要考虑如何用恰当的英语词汇和语法来表达角色的情感和对话，这无疑是对他们语言能力的全面锻炼。此外，学生们还可以尝试创作英文诗歌，通过诗歌的形式表达自己的情感和思想，从而提升他们的语言感知能力和审美鉴赏力。诗歌创作不仅要求学生掌握丰富的词汇和修辞手法，还需要他们具备敏锐的观察力和深刻的情感体验，这无疑是对他们综合素质的全面提升。参与英语项目设计也是一个很好的方式，学生们可以在实际项目中运用所学的英语知识，解决实际问题，培养他们的创新思维和实践能力。通过这些丰富多彩的活动，学生们不仅能够在实践中培养自己的创新意识，还能够提升他们的语言运用能力和综合素质。这些活动不仅能够激发学生的学习兴趣，还能够帮助他们更好地理解和掌握英语这门语言，为他们未来的学习和生活打下坚实的基础。

五、自主学习能力的提升

自主学习能力是学生终身学习的基础，这一点至关重要。它不仅关系到学生在校期间的学习效果，更是他们未来在社会中不断进步和发展的关键。因此，教师在教学过程中应当积极引导学生制定合理且科学的学习计划，帮助他们培养自我管理能力和自我监控能力。这样一来，学生能够更好地掌控自己的学习进度和效果，从而在学习过程中变得更加主动和高效。

通过充分利用网络资源、积极参与在线课程等多种方式，学生可以自主获取知识，拓宽学习渠道。这不仅能够提高他们的自主学习能力，还能使他们在学习过程中更加灵活和多样化。例如，网络资源的丰富性和便捷性使得学生可以随时随地获取所需的学习资料，而在线课程则提供了与传统课堂不同的互动和学习体验。这种多样化的学习方式不仅能够激发学生的学习兴趣，还能帮助他们更好地适应未来社会对自主学习能力的要求。

此外，教师还可以通过布置一些开放性的作业和项目，鼓励学生主动探索和研究，进一步激发他们的学习兴趣和自主学习的动力。通过这些方法，学生不仅能够提高自主学习能力，还能在学习过程中培养独立思考和解决问题的能力，为未来的学习和生活打下坚实的基础。例如,通过研究性学习项目,学生可以学会如何提出问题、如何查找资料、如何分析问题和如何解决问题,这些能力在他们未来的学习和工作中都是非常重要的。

六、合作与交流能力的增强

在英语学习的过程中,合作与交流能力同样具有极其重要的地位。教师应当积极地鼓励学生们在各种形式的小组讨论、合作项目以及其他互动活动中踊跃参与,从而培养他们的团队协作精神和沟通能力。通过与同学们的密切合作与深入交流,学生们可以更好地理解他人的观点和想法,同时也能提高自己的语言表达能力和人际交往能力。这种互动式的学习方式不仅有助于提升学生的英语水平,还能增强他们的自信心和社交技巧。

具体来说,教师可以设计各种形式的小组活动,如角色扮演、辩论赛、项目研究等,让学生们在这些活动中充分发挥自己的才能。在角色扮演中,学生们可以模拟不同的场景,扮演不同的角色,通过这种方式来提高他们的口语表达能力和应变能力。辩论赛则可以锻炼学生的逻辑思维能力和语言组织能力,使他们在面对不同观点时能够迅速反应并提出有力的反驳。项目研究则可以让学生们在合作中学会分工协作,共同完成一个具有挑战性的任务,从而培养他们的团队精神和责任感。

此外,教师还可以利用现代科技手段,如在线讨论平台、社交媒体等,为学生们提供更多的交流机会。通过这些平台,学生们可以与来自不同国家和文化背景的人进行交流,拓宽他们的视野,增强他们的跨文化交际能力。同时,教师还可以定期组织英语角或英语俱乐部等活动,让学生们在轻松愉快的氛围中练习英语,提高他们的口语流利度和听力理解能力。

七、情感态度与价值观的培养

情感态度与价值观在学生的整体核心素养中占据着至关重要的地位,它们是学生人格形成和发展的基石。教师在教学过程中应当密切关注学生的情感需求,细致入微地了解每个学生的内心世界,努力营造一个积极向上、和谐融洽的学习环境,从而帮助学生树立并巩固正确的价值观。通过阅读经典的英文文学作品,学生不仅能够提升语言能力,还能深入理解不同文化背景下的情感表达和价值观念。

这些文学作品中蕴含的丰富情感和深刻思想能够激发学生的同理心和道德感，使他们在情感和精神上得到滋养。

此外，通过讨论各种社会热点问题，学生可以培养自己的批判性思维能力，增强对社会现象的敏感度和理解力，从而进一步培养自己的人文关怀精神和社会责任感。在探讨这些问题的过程中，学生不仅能够学会从多个角度分析问题，还能够学会如何在多元化的社会中找到自己的立场和声音。这样的教育方式不仅有助于学生全面发展，还能使他们在未来的社会生活中更好地适应和贡献。通过这种教育，学生将能够成为具有全球视野和本土情怀的现代公民，能够在复杂多变的社会环境中做出明智的判断和决策，为社会的进步和发展贡献自己的力量。

第五节　情景教学与语言能力提升

一、情景教学法的理论基础

（一）情景教学法的定义与起源

情景教学法是一种将语言学习与真实情境紧密结合的教学模式，它起源于20世纪初的直接法和交际法教学理念。直接法强调通过模仿和实践来学习语言，而交际法则侧重于语言的交际功能。情景教学法正是在这些理论基础上发展起来的，它通过创设接近真实生活的语言环境，使学生在具体的情境中学习和使用语言，从而达到提高语言交际能力的目的。例如，根据一项针对中学生英语学习的研究，情景教学法能够显著提高学生的口语表达能力，学生在模拟的购物、旅游等情景中，通过角色扮演和对话练习，不仅增强了语言的实际应用能力，还提升了学习的兴趣和动机。

情景教学法的实施，要求教师精心设计教学活动，使之既符合学生的认知水平，又能激发学生的学习热情。教师需要根据学生的实际情况，设计出贴近生活、贴近实际的场景，让学生在这些场景中进行语言实践。例如，教师可以设计一个模拟的餐厅场景，让学生扮演服务员和顾客，通过点餐、结账等环节，让学生在实际操作中学习和使用英语。这样的教学活动不仅能够提高学生的语言实际应用能力，还能够激发学生的学习兴趣，使他们在轻松愉快的氛围中学习语言。

此外，情景教学法还要求教师具备一定的教学技巧和方法。教师需要根据学生的反应和学习情况，灵活调整教学策略，以确保教学效果的最大化。例如，教师可以采用小组合作学习的方式，让学生在小组中进行角色扮演和对话练习，通过小组合作，学生可以互相学习，互相帮助，从而提高学习效果。同时，教师还可以利用多媒体技术，创设更加生动、形象的语言环境，使学生在更加真实的场景中进行语言学习。

（二）情景教学法在语言学习中的重要性

情景教学法在语言学习过程中的重要性是不容小觑的，它通过构建接近真实或真实存在的语言使用环境，使学习者能够在具体的情境中进行实践和运用语言，从而达到更深层次的理解和掌握。这种方法的优势在于，它能够将语言学习与实际应用紧密结合，使学习者在参与和体验中学习语言，从而显著提高学习者的语言交际能力。研究表明，情景教学法能够使学习者在具体的情境中更好地理解和掌握语言，从而达到更深层次的理解和掌握。

此外，情景教学法还能够激发学生的学习兴趣，通过角色扮演、情景剧等互动形式，让学生在轻松愉快的氛围中学习，从而提高学习效率。这种方法不仅能够使学生在参与和体验中学习语言，还能够通过互动形式，使学生在轻松愉快的氛围中学习，从而更好地激发学生的学习兴趣。

通过这种方式，学生不仅能够在具体的情境中更好地理解和掌握语言，还能够更好地准备他们未来在真实世界中的语言应用。情景教学法通过这种方式，使学生在轻松愉快的氛围中学习，从而提高学习效率。

二、情景教学法在中学英语教学中的应用

（一）设计真实语言情景的策略

在中学英语教学中，设计真实语言情景是情景教学法的核心策略之一，它能够有效地激发学生的语言潜能并提升他们的交际能力。真实语言情景的构建需要教师深入挖掘学生的生活经验，结合教学内容，创设贴近学生实际生活的语言环境。例如，教师可以利用学生熟悉的校园生活场景，如图书馆、餐厅、商店等，设计一系

列的交际活动，让学生在模拟的环境中练习使用英语进行交流。

此外，设计真实语言情景时，教师可以采用案例分析法，选取与学生生活紧密相关的主题，如环保、健康、友谊等，引导学生进行深入讨论。通过案例分析，学生不仅能够学习到相关的词汇和表达方式，还能够培养批判性思维和解决问题的能力。例如，在讨论环保主题时，教师可以设置一个模拟的社区会议情景，让学生扮演不同角色，如居民、政府官员、环保组织代表等，围绕如何改善社区环境展开讨论。这种情景设计不仅能够提高学生的语言交际能力，还能够增强他们的跨文化交际意识，使他们能够更好地理解和尊重不同的文化背景。

在实施情景教学时，教师还可以借助多媒体技术，如视频、音频和互动软件，来增强情景的真实感和互动性。例如，教师可以播放一段描述某个特定场景的视频，然后让学生根据视频内容进行角色扮演或模拟对话。这种多媒体辅助的情景教学不仅能够提供丰富的视觉和听觉输入，还能够激发学生的参与热情，使他们在更加生动和直观的环境中学习和使用英语。通过这种策略，学生能够在模拟的真实语言情景中，更加自然地运用语言，从而有效地提升他们的语言交际能力。

（二）利用多媒体技术增强情景教学效果

在中学英语教学的过程中，运用多媒体技术来增强情景教学的效果已经成为一种重要的手段，用以提升学生的语言交际能力。多媒体技术包括视频、音频、动画以及虚拟现实等多种形式，这些技术能够为学生创造一个沉浸式的学习环境，使得语言学习变得更加生动和直观。例如，教师可以通过播放一段英语原声电影片段，让学生在观看的过程中不仅学习到地道的发音和语调，还能理解特定情境下的语言使用。研究表明，采用多媒体教学方法能够显著提高学生的记忆保持率，其效果甚至可以达到传统教学方法的两倍以上。

此外，多媒体技术的互动性也极大地激发了学生的学习兴趣，使他们更愿意积极参与到课堂活动中来。例如，通过互动式的多媒体教学软件，学生可以在模拟的情境中进行角色扮演，与虚拟角色进行对话练习，从而在实际应用中掌握语言知识。这种互动性不仅提高了学生的学习积极性，还使他们在实际交流中更加自信。

多媒体技术通过激发学生的兴趣，使他们更积极地参与到语言学习中，从而有效提升他们的语言交际能力。教师可以利用多媒体技术设计各种有趣的教学活动，如模拟旅行、购物、餐厅点餐等情境，让学生在这些模拟情境中进行实际的语言应用练习。通过这种方式，学生能够在轻松愉快的氛围中掌握语言知识，提高语言运用能力。

三、语言能力提升的关键要素

（一）词汇与语法知识的巩固

在中学英语教学的过程中，情景教学法被证明是一种极为有效的教学策略。这种方法通过构建接近真实生活的情境，使学生能够在具体的语境中加深对词汇和语法知识的理解，并进一步巩固这些知识的应用。情景教学法的核心理念在于，它不仅仅让学生被动地记忆单词和语法规则，而是通过创造生动的情景模拟，激发学生主动学习和运用新词汇的兴趣。例如，在模拟餐厅点餐的情景中，学生们不仅能够学习到与餐饮相关的词汇，如 “menu” “order” 等，还能在实际的对话中运用这些词汇。他们会学会如何礼貌地请求菜单：“Could I have the menu, please?” 通过这种方式，学生们不仅记住了单词，还学会了如何在实际生活中恰当地使用这些单词。

同样地，语法知识的巩固也可以通过情景教学法中的角色扮演来实现。例如，在模拟购物的对话中，学生们可以在实际的交流中掌握现在进行时态的用法。他们会学习如何询问顾客是否在寻找某样东西：“Are you looking for something?” 通过这种互动式的角色扮演，学生们能够在实际的语言环境中练习和掌握语法规则，而不是仅仅通过枯燥的语法练习来记忆。

因此，情景教学法不仅提高了学生对词汇和语法知识的掌握程度，而且极大地增强了他们将这些知识应用于实际交际中的能力。通过情景教学法，学生们能够在真实或模拟的生活场景中，更加自信和流利地使用英语进行交流，从而真正实现语言学习的最终目的。这种方法不仅使学生在课堂上更加活跃，而且在课后也能激发他们继续探索和使用英语的兴趣，从而在日常生活中不断练习和提高自己的英语水平。

（二）听、说、读、写四项技能的综合训练

在中学英语教学中，情景教学法被认为是一种非常有效的方法，它通过综合训练听、说、读、写四项基本技能，来显著提升学生的语言能力。这种方法的核心在于

将语言学习与实际情景相结合,使学生能够在模拟的语境中进行实践,从而更好地理解和掌握语言。

具体来说,情景教学法通过设置各种生动的场景,让学生在这些场景中进行听力和口语的练习。例如,教师可以设计一个机场迎接外国友人的场景,学生在这个模拟的情境中需要通过听力理解对方的询问,并用英语进行恰当的回应。这样的练习不仅能够提高学生的听力理解能力,还能锻炼他们的口语表达能力。

在阅读方面,情景教学法鼓励学生通过阅读与情景相关的材料来增强理解力和词汇量。例如,教师可以提供一篇关于环保的短文,学生在阅读过程中不仅能学习到相关的词汇和句型,还能在随后的讨论环节中运用这些知识,进一步加深理解和记忆。

写作技能的提升则通过情景写作任务来实现。例如,教师可以让学生写一篇关于他们理想学校的描述,这样的写作任务不仅锻炼了学生的写作技巧,还激发了他们的创造力和想象力。通过将写作与具体情景相结合,学生能够更好地组织语言,表达自己的观点和想法。

综合训练这四项技能,情景教学法不仅提高了学生的语言技能,还增强了他们的文化意识和交际能力。通过创造有意义的语境,情景教学法使学生在实践中学习和运用英语,从而达到语言学习的最终目的。这种方法不仅使学生能够在课堂上获得知识,还能帮助他们在现实生活中更好地运用所学语言,提高他们的跨文化交际能力。

四、情景教学活动的设计与实施

(一)角色扮演与模拟对话

在中学英语教学中,情景教学法是一种非常有效的教学手段,尤其是通过角色扮演和模拟对话的方式,可以极大地激发学生们的语言潜能,并显著提升他们的交际能力。这种方法的核心在于模拟真实生活中的各种交流场景,让学生们在一个相对安全和可控的环境中练习使用英语,从而帮助他们逐步建立起自信,并提高语言的流利度。

例如,教师可以设计一个模拟餐厅点餐的场景,让学生们分别扮演顾客和服务员的角色。在这种互动过程中，学生们不仅能够学习到与餐饮相关的专业词汇和实用句型，还能在实际操作中掌握如何礼貌、得体地进行交流。通过这种模拟实践，学生们能够更好地理解和运用语言，从而在真实生活中更加自如地运用英语进行沟通。

研究显示，角色扮演能够显著提高学生的语言输出质量。因为在角色扮演的过程中，学生们需要在特定的语境中使用语言，这种特定的语境要求能够帮助他们更好地理解和记忆语言材料。角色扮演不仅能够让学生们在语言形式上有所提升，更重要的是，它能够让学生们在语言内容和文化背景上有所理解和掌握。

此外，模拟对话还能够促进学生之间的合作学习。在模拟对话的过程中，学生们需要相互配合，共同解决问题，这种团队合作的过程能够让学生们更深刻地理解语言的社会功能。通过合作，学生们能够学会倾听他人的观点，学会在交流中表达自己的想法，并学会在不同的语境中灵活运用语言。

（二）情景剧与故事讲述

在中学英语教学的过程中，情景剧和故事讲述是情景教学法中非常受欢迎且效果显著的活动形式。这两种方法通过模拟真实或虚构的场景，使学生能够在角色扮演和叙述的过程中学习和掌握语言。情景剧让学生在模拟的社交环境中练习语言，例如在模拟的餐厅点餐、在机场办理登机手续等，这些活动不仅能够激发学生的学习兴趣，还能有效提升他们的语言交际能力。

故事讲述则通过叙述故事来培养学生的语言组织能力和创造性思维。这种方法不仅能够提高学生的语言表达能力，还能帮助他们理解文化背景和语境，从而增强跨文化交际意识。通过讲述故事，学生能够更加深入地了解不同文化的特点和差异，这不仅有助于他们更好地理解英语国家的文化，还能培养他们的全球视野和跨文化沟通能力。此外，故事讲述还能激发学生的想象力和创造力，使他们在学习语言的同时，也能享受到学习的乐趣。

五、情景教学法对学生语言能力的具体影响

（一）提高学生的语言交际能力

在中学英语教学的过程中，情景教学法扮演了至关重要的角色。这种方法通

过模拟真实的语言环境,有效地提升了学生的语言交际能力。这种教学法不仅仅让学生在模拟的场景中练习语言,更重要的是,它鼓励学生们运用所学的词汇和语法知识,进行有效的沟通和交流。

举个例子,在模拟的餐厅点餐场景中,学生们不仅要使用正确的食物名称和点餐用语,还要学会如何礼貌地提出特殊要求,比如:“Could you please make it less spicy?”(能否做得不那么辣?)。通过这种互动,学生们不仅加深了对语言结构的理解,还培养了解决实际问题的能力。

情景教学法的优势在于它能够将抽象的语言知识转化为具体的生活场景,让学生在实际应用中掌握语言。这种方法不仅提高了学生的语言技能,还增强了他们的自信心和学习兴趣。通过模拟真实场景,学生们能够更好地理解语言的实际用途,从而在实际生活中更加自如地运用所学知识。因此,情景教学法在中学英语教学中具有不可替代的重要作用。

进一步来说,情景教学法通过创设贴近学生生活的场景,使学生能够在轻松愉快的氛围中学习英语。例如,在模拟的购物场景中,学生们可以扮演顾客和店员的角色,使用英语进行讨价还价和询问商品信息。这种互动不仅让学生在实践中掌握词汇和句型,还锻炼了他们的应变能力和表达能力。情景教学法通过这种方式,使学生在不知不觉中提高了英语水平,同时也激发了他们对英语学习的热情。

此外,情景教学法还能够帮助学生更好地理解文化背景和语境差异。在模拟的跨文化交际场景中,学生们可以学习到不同国家的风俗习惯和表达方式,从而在实际交流中避免文化冲突和误解。这种教学法不仅提升了学生的语言技能,还培养了他们的跨文化交际能力,使他们在未来的国际交流中更加得心应手。

(二)增强学生的跨文化交际意识

在中学英语教学中,采用情景教学法的实践过程中,一个重要的目标是增强学生的跨文化交际意识。这种意识的提升对于学生在全球化背景下提升竞争力具有至关重要的作用。随着全球化的不断推进,跨文化交流变得越来越普遍,因此,掌握跨文化交际能力对于学生未来的学习和职业发展具有不可忽视的重要性。情景教学法通过模拟真实世界中的交流场景,使学生在学习语言的同时,能够深入了解和体验不同文化背景下的交际习惯和礼仪规范。

例如,在模拟国际商务谈判的情景中,学生不仅有机会练习使用专业术语和表达方式,还能够学习到不同国家在商务礼仪和文化差异方面的知识。这样一来,当学生在实际的国际交流场合中,他们能够更加得体和有效地进行沟通。

通过情景教学法,学生不仅能够学习语言,还能够在学习过程中培养出对不同文化的敏感性和适应性。这种能力的培养对于学生将来在多元文化环境中的成功交际具有极其重要的意义,为他们在未来的学习和职业生涯中打下坚实的基础。通过这种教学方法,学生能够在实际的跨文化交际中更加自信和从容,从而在全球化的竞争中占据有利地位。

六、情景教学法的评估与反馈

(一)如何评估情景教学法的效果

为了全面评估情景教学法在中学英语教学中的实际效果,我们需要构建一个多维度的分析模型,这个模型应当能够综合考虑定量和定性两方面的数据。

首先,我们可以利用标准化测试成绩来量化学生在语言能力上的进步。具体来说,我们可以对比实施情景教学法之前和之后,学生在英语听力、阅读理解、写作和口语表达等各个方面的分数变化。通过这种方式,我们可以直观地看到学生在语言技能上的具体提升情况。

其次,为了获取更全面的数据,我们可以采用问卷调查和访谈的方式,收集学生和教师对情景教学法的反馈信息。通过这种方式,我们可以了解他们对这种教学方法的接受度和满意度,从而评估情景教学法在实际教学中的应用效果。此外,观察学生在情景活动中的参与度和互动质量也是非常重要的评估指标。通过观察学生在活动中的表现,我们可以了解他们是否真正融入了情景教学法,以及这种教学法是否能够激发他们的学习兴趣和积极性。

案例研究的结果表明,情景教学法在提高学生的语言交际能力方面具有显著的效果。引用布鲁姆的教育目标分类学,我们可以看到情景教学法不仅仅促进了学生对知识的掌握,更重要的是,它还促进了学生在分析、评价和创造等高阶思维能力方面的发展。因此,在评估情景教学法的效果时,我们不仅需要考虑学生语言能力的提升,还需要考虑他们的学习动机是否增强,以及他们在跨文化交际意识方面的培养情况。通过综合这些因素，我们可以更全面地评估情景教学法在中学英语教学中的实际效果。

（二）教师与学生的反馈机制建立

在中学英语教学中，情景教学法是一种非常有效的教学手段，它通过模拟真实的语言环境，让学生在具体的情境中学习和使用英语。然而，在实际应用这种教学方法的过程中，建立一个有效的教师与学生之间的反馈机制显得尤为重要。这种反馈机制可以帮助教师及时了解学生的学习情况，调整教学策略，从而提高教学效果。

为了收集到关于情景教学活动的直接反馈，教师可以采取多种方式，如定期进行问卷调查、组织访谈以及进行课堂观察等。通过这些方式，教师可以了解到学生在语言交际能力方面的具体进步，同时也能发现他们在学习过程中遇到的困难和问题。例如，问卷调查可以设计一些开放性问题，让学生自由表达对情景教学活动的看法和建议；访谈则可以更深入地了解个别学生的想法；课堂观察则可以让教师直观地看到学生在实际情景中的表现。

收集到反馈信息后，教师可以利用各种数据分析模型来评估情景教学法在课堂上的应用情况。其中，SWOT 分析是一个非常有用的工具，它包括优势（Strengths）、劣势（Weaknesses）、机会（Opportunities）和威胁（Threats）四个方面。通过这种分析，教师可以全面地评估情景教学法的优势和劣势，识别出改进点，同时也能发现潜在的机会和可能面临的威胁。例如，教师可能会发现情景教学法在提高学生口语能力方面具有明显的优势，但在语法教学方面存在一定的不足。通过这样的分析，教师可以有针对性地调整教学计划，改进教学方法，从而更好地满足学生的学习需求。

七、情景教学法的挑战与未来展望

（一）情景教学法在实际操作中遇到的问题

在中学英语教学的过程中，情景教学法作为一种备受推崇的教学手段，虽然在理论上得到了广泛的认可和推崇，但在实际操作中却面临着许多挑战和困难。首先，资源的限制是一个显著的问题。许多学校由于经费和设施的限制，缺乏必要的多媒体设备和丰富的教学材料，这在很大程度上限制了教师创造真实语言情景的能力。其次,教师的专业发展也是一个关键因素。情景教学法要求教师不仅具备较高的语言运用能力,还需要具备创新教学设计的能力。然而,在现实中,教师培训机会有限,导致教学方法单一,难以满足学生多样化的学习需求。此外,学生个体差异也对情景教学法的实施提出了挑战。不同学生的学习风格和语言能力差异较大,如何设计能够兼顾所有学生的教学活动,是情景教学法在实践中需要解决的问题。教师需要在有限的资源条件下,创造性地利用现有条件,设计出能够激发学生兴趣、满足不同学生需求的情景教学活动,这无疑增加了教师的工作难度。因此,为了更好地实施情景教学法,学校和教育部门需要加大对教学资源的投入,提供更多培训机会,以提升教师的专业素养和教学能力。同时,教师也需要不断探索和创新,以适应不同学生的学习需求,使情景教学法在中学英语教学中发挥出更大的作用。

(二)情景教学法的发展趋势与创新方向

随着教育技术的不断进步,情景教学法在中学英语教学中的应用正迎来新的发展趋势与创新方向。虚拟现实(VR)和增强现实(AR)技术的融入为情景教学提供了更为沉浸式的学习体验。例如,通过 VR 技术,学生可以被置于一个模拟的英语国家环境中,与虚拟角色进行互动,从而在真实感极强的情境中练习语言技能。

情景教学法正逐步与项目式学习(Project-Based Learning, PBL)相结合,鼓励学生通过完成与真实世界相关的项目来学习语言。这种教学模式不仅提升了学生的语言能力,还培养了他们的批判性思维、解决问题的能力以及团队合作精神。例如,学生可以围绕一个主题,如环境保护,进行研究、讨论并制作相关的英语报告或演示,这样的活动能够让学生在实践中学习和运用英语,同时增强他们对社会问题的认识和责任感。此外,情景教学法的创新还体现在对个性化学习路径的重视。通过数据分析和人工智能技术,教师可以为每个学生定制符合其学习水平和兴趣的情景活动,从而实现更高效的个性化教学。这不仅能够激发学生的学习兴趣,还能帮助他们更有效地掌握知识。最后,情景教学法的未来展望还包括跨学科的整合,将语言学习与科学、历史、艺术等其他学科内容相结合,通过情景模拟让学生在多维度的语境中学习和使用英语。这种跨学科的情景教学不仅丰富了学习内容,也提高了学生的综合素养，为他们未来在多元文化背景下的交流打下坚实的基础。通过这种教学方式，学生不仅能够掌握语言技能，还能在学习过程中培养跨学科的知识整合能力，为他们未来在各个领域的学习和工作奠定坚实的基础。

第八章　信息技术在中学英语教学中的角色

第一节　信息技术与教学的相关概念

一、信息技术在教育中的作用

（一）信息技术如何改变传统教学模式

信息技术的迅猛发展彻底颠覆了传统教学模式，为教育领域带来了前所未有的变革。以翻转课堂为例，这种模式通过信息技术使学生在家通过视频和在线资源自主学习新知识，课堂时间则用于讨论、解决问题和深化理解。根据一项研究，翻转课堂能够提高学生的参与度和成绩，尤其是在科学、技术、工程和数学（STEM）领域。此外，信息技术的应用促进了个性化学习的实现，通过数据分析和学习管理系统（LMS），教师能够根据学生的学习进度和能力提供定制化的教学内容和反馈。

信息技术不仅改变了课堂内的教学方式，还扩展了教育的时空界限。在线教育平台和虚拟课堂的出现，使得学生可以随时随地获取知识，打破了地理和时间的限制。远程教育和在线课程的普及，使得更多的人能够接受高质量的教育资源，无论他们身处何地。同时，信息技术还为教师提供了丰富的教学工具和资源，如多媒体教学、虚拟现实（VR）和增强现实（AR）技术，这些工具不仅丰富了教学手段，还提高了学生的学习兴趣和效果。

此外，信息技术还促进了教育的互动性和协作性。通过在线讨论区、社交媒体和协作平台，学生和教师可以更加便捷地进行交流和合作。学生可以在网络上组建学习小组，共同完成项目和作业，这种协作学习的方式有助于培养学生的团队合作能力和沟通技巧。同时，教师也可以通过这些平台及时了解学生的学习情况，给予针对性的指导和支持。

（二）信息技术在提高教学效率中的应用

随着信息技术的不断融入教育领域，教学效率得到了显著的提升，这一点在众多教育实践中得到了充分验证。例如，通过智能教学平台的应用，教师可以实时跟踪和监控学生的学习进度，利用大数据技术对学生的学习行为进行深入分析，从而为每个学生量身定制个性化的学习建议。一项权威研究显示，那些使用个性化学习软件的学生，在数学和阅读等学科方面的成绩提高了 30% 以上，这一数据充分证明了信息技术在教育领域的巨大潜力和价值。

此外，信息技术的应用还极大地促进了课堂互动，增强了学生的学习体验。例如，通过即时反馈系统，学生可以立即了解自己的学习状况，掌握自己的学习进度和存在的问题，从而有针对性地进行改进。同时，教师也能根据学生的反馈及时调整教学策略，确保教学内容的针对性和有效性，使教学更加贴近学生的需求和实际情况。这种双向互动的方式，不仅提高了学生的学习积极性，也使得教学过程更加高效和富有成效。

二、教育技术的演变历程

（一）从黑板到智能白板：教学工具的革新

随着信息技术的迅猛发展，教育领域也经历了从传统黑板到智能白板的革命性转变。这一转变不仅改变了教学工具的形态，更深刻地影响了教学方法和学习体验。智能白板的出现，使得教学内容的呈现方式更加多样化和互动性强，它集成了多媒体播放、网络连接和触摸屏技术，为教师和学生提供了更为丰富和直观的学习资源。根据《教育技术研究与发展》杂志的报告，智能白板的使用能够提高学生的学习动机和参与度，从而提升整体教学效果。例如，在数学教学中，通过智能白板的动态演示功能，复杂的几何图形和函数图像可以直观展示，帮助学生更好地理解抽象概念。此外，智能白板还支持即时反馈和互动，使得课堂不再是单向的知识传递，而是变成了一个双向甚至多向的交流平台。

智能白板的多功能性使得教师能够更加灵活地设计课程内容，通过丰富的视觉和听觉材料吸引学生的注意力。学生可以通过触摸屏直接参与到课堂互动中，进行实时的练习和反馈。这种互动性不仅增强了学生的学习兴趣，还促进了他们对知识的深入理解和掌握。智能白板还可以与各种教育软件和应用程序无缝连接,进一步拓展了教学的可能性。教师可以根据学生的不同需求和学习进度,调整教学策略和内容,实现个性化教学。

在语言教学中,智能白板可以展示生动的语言环境和文化背景,帮助学生更好地理解语言的实际应用。在科学实验课程中,智能白板可以模拟实验过程,让学生在安全的环境中进行探索和学习。在历史和社会科学课程中,智能白板可以展示历史事件的动态演变和地理信息的三维模型,使学生能够更加直观地理解复杂的历史和社会现象。

(二)互联网与教育:在线学习的兴起

随着互联网技术的迅猛发展,教育领域正在经历一场前所未有的变革,尤其是在在线学习的兴起方面。如今,像 Coursera、edX 以及中国的学堂在线等在线学习平台,为全球的学习者提供了前所未有的灵活学习途径,彻底打破了传统教育模式中的时空限制。

以 Coursera 平台上的一门名为“机器学习”的课程为例,这门课程吸引了来自全球 200 多个国家和地区的超过 100 万名学习者。这种大规模的开放在线课程(MOOCs)模式不仅极大地促进了知识的共享,还推动了教育的民主化。在线学习的兴起使得个性化学习成为可能,学习者可以根据自己的兴趣和节奏进行学习,这在传统教育模式中是难以实现的。

此外,许多在线学习平台还提供了丰富的互动功能,如实时讨论区、在线作业提交和即时反馈等,进一步增强了学习体验。这些平台还通过数据分析和人工智能技术,为学习者提供个性化的学习建议和资源推荐,从而提高学习效率和效果。在线学习的兴起不仅为个人提供了更多的学习机会,也为教育机构和企业提供了新的合作模式和商业模式。

三、信息技术与课程设计

(一)利用信息技术优化课程内容

在当前教育界,信息技术与教学的深度整合已成为不可逆转的发展趋势。在此趋势下,课程内容的优化显得尤为关键,成为推动教育革新的核心要素。通过引入多元化的多媒体资源和互动平台，课程内容变得更加生动且富有吸引力，显著提升了学生的学习兴趣和参与感。例如，采用视频、动画以及虚拟实验室等多样化的教学手段，原本难以理解的科学概念得以形象化，学生能够更直观地把握这些概念，从而有效增强了他们的理解能力和学习兴趣。

进一步而言，通过大数据技术对学生的学习行为和表现进行分析，教师能够更精确地掌握每个学生的学习需求和特点。基于这些分析结果，教师能够为每位学生量身定制个性化的学习路径，实现因材施教的目标。这种个性化的教学方法不仅有助于学生更深入地掌握知识，还能促进他们在认知能力、情感态度和学习习惯等多方面的全面发展。

因此，在运用信息技术优化课程内容的过程中，我们不仅要关注技术的先进性和多样性，更应重视如何通过这些技术手段促进学生的全面发展。这不仅涉及知识的掌握，还包括能力的提升、情感的培养和个性的发展。唯有如此，信息技术才能真正发挥其在教育创新中的巨大潜能，为培育未来社会所需的高素质人才奠定坚实的基础。

（二）信息技术在课程互动中的角色

在当今教育领域，信息技术与课程设计的深度融合已经成为一种不可逆转的趋势。课程互动在这一过程中扮演着越来越重要的角色。随着科技的不断进步，传统的“填鸭式”教学模式逐渐被互动式学习所取代，这一转变极大地改变了学生的学习方式和教师的教学方法。

例如，通过使用在线讨论论坛、实时问答系统和协作工具，学生能够更加积极地参与到课程中来。这些技术手段不仅激发了学生的学习兴趣，还提高了他们的参与度和互动性。根据一项研究，使用互动式学习平台的学生比传统课堂的学生在学习成效上提高了 30%。这一显著的提升证明了互动式学习平台在教育中的巨大潜力和价值。

互动式学习平台的运用不仅促进了学生之间的交流，也加强了学生与教师之间的互动。这种双向互动使得教学过程更加动态化，学生不再是被动的知识接受者，而是积极的参与者。通过实时反馈和讨论，学生能够更好地理解课程内容，同时也能够及时解决学习中遇到的问题。

此外,利用数据分析模型,教师可以实时监控学生的学习进度和理解程度。通过分析这些数据,教师可以及时调整教学策略,确保每个学生都能获得个性化的学习体验。这种个性化的教学方法不仅提高了学生的学习效果,还增强了他们的学习动机和自信心。

四、学生在信息技术环境下的学习体验

(一)学生自主学习能力的提升

在当今时代,随着智能学习平台的普及和个性化学习路径的不断涌现,学生们现在能够根据自己的学习节奏和兴趣爱好,选择最适合自己的学习资源。这种自主选择的过程使得学生能够更加主动地参与到学习中,从而实现主动学习。

此外,数据分析模型的应用也为教师提供了强大的支持。通过这些模型,教师可以实时跟踪学生的学习行为,了解他们在学习过程中的表现和进展。基于这些数据,教师可以及时提供个性化的反馈和指导,帮助学生识别他们在学习过程中遇到的薄弱环节。这样一来,学生不仅能够获得更有针对性的帮助,还能够增强他们的自主学习动力,提高学习效率。

例如,智能学习平台可以根据学生的学习进度和理解程度,推荐适合他们的学习材料和练习题。这种个性化的推荐系统能够确保学生始终在适合自己的难度水平上进行学习,既不会感到过于轻松而失去兴趣,也不会因为难度过高而感到挫败。同时,平台还可以记录学生的学习轨迹,分析他们的学习习惯和偏好,从而进一步优化个性化学习路径。

教师在这一过程中扮演着至关重要的角色。他们不仅需要掌握数据分析工具,还需要具备解读数据的能力,以便更好地理解学生的学习状态。通过数据分析,教师可以发现学生在某些知识点上的掌握程度不足,从而有针对性地设计补救措施。例如,教师可以组织小组讨论,引导学生共同探讨难题,或者提供额外的辅导课程,帮助学生克服学习障碍。

(二)信息技术对学生批判性思维的影响

在当今时代,信息技术与教学的深度融合已经成为教育领域的一个重要趋势。随着这一趋势的发展,学生批判性思维的培养逐渐成为教育工作者关注的焦点之

一。信息技术不仅改变了我们获取信息的方式,还深刻地影响了学生分析和评价信息的能力。例如,通过广泛接入网络资源,学生能够接触到各种各样的观点和信息源。这要求他们必须具备辨别信息真伪、评估信息价值的能力。一项针对美国大学生的研究显示,那些经常使用互联网进行学术研究的学生,在批判性思维测试中的得分显著高于那些不常使用网络资源的学生。这进一步表明,信息技术的恰当应用能够有效地促进学生批判性思维的发展。

此外,信息技术在课程设计中的应用,如在线讨论论坛、协作工具和模拟软件等,为学生提供了实践批判性思维的平台。在这些平台上,学生可以参与到开放式的讨论中,通过交流和辩论来检验自己的观点,从而提高批判性思维能力。例如,使用案例分析软件,学生可以在虚拟环境中模拟解决复杂问题,这种模拟经历要求学生不仅要分析问题,还要评估不同解决方案的优劣,从而锻炼他们的批判性思维。

然而,信息技术的使用也带来了挑战。学生在面对海量信息时可能会感到不知所措,甚至出现信息过载的情况。因此,教育者需要引导学生学会如何有效地筛选和处理信息。在此过程中,教师可以采用布鲁姆的认知领域分类法,帮助学生从知识记忆到评价的各个层次上提升批判性思维能力。信息技术为学生提供了更多思考的时间和空间,但如何利用这些资源,培养学生的批判性思维,仍需教育者精心设计和引导。教育者需要设计出富有创意的教学活动,激发学生的好奇心和探究欲,引导他们在信息技术的辅助下,主动寻找问题的答案,培养他们的独立思考能力和批判性思维。只有这样,信息技术才能真正成为推动教育进步的重要力量。

第二节　信息技术与英语教学的结合

一、英语教学面临的挑战与信息技术的解决方案

在当今全球化的时代,英语教学面临着诸多挑战,但信息技术的迅猛发展为解决这些问题提供了新的思路和方法。

首先,传统的英语教学往往依赖于课堂教学,学生在课堂上的互动和实践机会

有限,这导致他们的英语实际应用能力不足。然而,通过信息技术的应用,如在线学习平台和虚拟现实技术,学生可以在虚拟环境中进行模拟对话和实际应用,从而提高他们的英语实际应用能力。

其次,英语教学资源的分配不均也是一个重要问题。在一些偏远地区,由于师资力量和教学资源的匮乏,学生难以获得高质量的英语教育。信息技术的解决方案可以通过网络课程和远程教育平台,将优质的英语教学资源传递到这些地区,使更多的学生能够享受到优质的英语教育。

此外,传统的英语教学方法往往忽视了个性化学习的需求。每个学生的学习背景、能力和兴趣都不同,但传统的课堂教学很难满足每个学生的个性化需求。信息技术可以通过大数据和人工智能技术,分析学生的学习数据,提供个性化的学习建议和资源,从而满足每个学生的个性化学习需求。

最后,英语教学的评估方式也需要改进。传统的考试和评估方式往往过于注重书面考试成绩,而忽视了学生的实际应用能力。信息技术可以通过在线测试和实时反馈系统,对学生进行全面的评估,不仅包括书面考试成绩,还包括口语、听力和实际应用能力的评估,从而更全面地反映学生的学习效果。

二、信息技术工具在中学英语听说教学中的运用

(一)多媒体资源在提高听说能力中的应用

在当今的中学英语教学过程中,多媒体资源已经逐渐成为提升学生听说能力的关键工具之一。教师们通过充分利用各种形式的多媒体资源,如音频、视频、动画等,能够为学生营造一个更加生动、直观且富有吸引力的学习环境。例如,教师们可以播放精选的英语原声电影片段,让学生在享受电影带来的视觉和听觉盛宴的同时,潜移默化地提高他们的听力水平。此外,多媒体资源还可以涵盖英语歌曲、广播剧、新闻报道等多种形式,这些资源不仅极大地丰富了学生的听力材料,还能够有效地激发他们的学习兴趣。通过这些丰富多彩的多媒体资源,学生们可以在一个轻松愉快的氛围中,不知不觉地提升自己的听说能力。

(二)在线语言实验室和模拟对话软件的使用

随着信息技术的飞速发展,现代教育领域也迎来了诸多创新。在线语言实验

室和模拟对话软件的出现，为中学英语听说教学带来了革命性的变化。这些先进的工具为学生提供了一个全新的平台，使他们能够在虚拟的语言环境中进行各种模拟对话练习。通过这种方式，学生们不仅能够提高他们的口语表达能力，还能显著增强他们的听力理解能力。

在线语言实验室通常配备了高质量的音频设备和互动软件，这些设备和软件能够为学生提供一个接近真实的语言交流环境。在这种环境中，学生们可以在教师的指导下，与计算机或其他学生进行实时对话练习。这种互动不仅能够激发学生的学习兴趣，还能帮助他们更好地掌握语言知识和技能。

模拟对话软件则为学生提供了丰富多彩的生活场景和职业场景，学生可以根据自己的兴趣和需求选择不同的角色进行模拟对话。这种模拟对话不仅能够增强学生的语言实际应用能力，还能帮助他们更好地适应未来的学习和工作环境。通过模拟各种真实场景，学生们能够提前体验和熟悉未来可能遇到的各种语言交流情境，从而在实际应用中更加得心应手。

三、信息技术在英语阅读与写作教学中的创新

（一）电子书和在线阅读平台的利用

在当前教育领域，随着电子书籍和在线阅读平台的广泛使用，创新教学方法的重要组成部分逐渐显现。电子书籍不仅为学生提供了便捷的阅读体验，还通过其内置的多媒体功能，如音频、视频和互动练习，极大地丰富了学习材料。这些功能使学生能够以更加动态和互动的方式学习英语，从而提高了他们的学习兴趣和效率。

例如，国际教育技术协会（ISTE）的报告显示，使用电子书的学生在阅读理解能力上平均提高了10%。这一数据充分证明了电子书在英语教学中的有效性。在线阅读平台如Project Gutenberg和Google Books提供了海量的免费英文资源，学生可以接触到各种类型的文本，从经典文学到现代杂志，这不仅拓宽了他们的阅读视野，还帮助他们适应不同文体和语境下的英语应用。

此外，在线协作工具，如Google Docs，也为英语教学带来了新的可能性。通过这些工具，学生可以实时分享和编辑文档，进行小组讨论和协作写作。这不仅提高

了他们的写作技能,还培养了团队合作精神。电子书和在线阅读平台的集成,为英语教学提供了个性化和多样化的学习路径,使学习者能够根据自己的兴趣和水平选择合适的学习材料,从而实现更加有效地学习。

在课堂上,教师可以利用电子书中的互动功能,设计出更具吸引力的课程内容。例如,通过点击单词或短语,学生可以听到正确的发音,甚至可以观看相关视频,以加深对语言的理解。这种多感官的学习体验,不仅增强了学生的记忆力,还激发了他们对英语学习的热情。同时,教师还可以利用在线平台的资源,为学生布置个性化的阅读任务,使他们能够在课后继续巩固和拓展所学知识。

信息技术的融入,还使得英语教学变得更加灵活和高效。学生不再局限于传统的纸质教材,而是可以通过平板电脑、智能手机等设备随时随地进行学习。这种随时随地的学习方式,不仅提高了学习的便捷性,还使得学习变得更加自主和个性化。学生可以根据自己的学习进度和兴趣,选择合适的学习资源和时间,从而更好地掌握英语知识。

(二)互动写作软件和在线协作工具的集成

在当今教育领域,信息技术与英语教学的深度融合已经成为推动教学创新与实践的重要力量。特别是互动写作软件和在线协作工具的集成,为英语教学带来了革命性的变化。通过这些工具的使用,学生能够实时参与到写作活动中,这不仅显著提高了他们的参与度,还极大地促进了同伴间的交流与合作。

例如,Google Docs 作为一款流行的在线协作工具,它允许学生和教师在同一时间对同一个文档进行编辑。这种实时编辑功能使得学生可以即时看到教师或其他同学的修改和建议,从而进行实时反馈和讨论。这种互动不仅极大地提高了写作效率,还显著提升了写作质量。

此外,互动写作软件如 Grammarly 也为学生提供了强大的支持。Grammarly 不仅能够提供语法检查,还能给出写作建议,帮助学生在写作过程中及时纠正错误,从而提升写作技能。这种集成不仅为学生提供了个性化的学习体验,还为教师提供了实时监控学生进度和理解情况的机会,从而实现更加精准的教学调整。

通过这些工具的集成,教师可以更好地了解学生的学习需求,及时调整教学策略,以满足不同学生的需求。同时,学生也能够通过这些工具获得更多的学习资源和反馈,从而更好地掌握英语写作技能。总之,信息技术与英语教学的融合,特别是互动写作软件和在线协作工具的集成,已经成为推动英语教学创新与实践的重要力量,为学生和教师带来了前所未有的机遇和挑战。

四、信息技术促进个性化英语学习

(一)自适应学习技术在英语教学中的应用

在当今教育领域,信息技术与英语教学的深度融合正在逐步改变传统的教学模式。其中,自适应学习技术的应用正逐渐成为这一革新的关键力量。自适应学习技术通过深入分析学生的学习行为、成绩表现以及反馈信息,能够动态地调整教学内容和难度,从而满足每个学生的个性化需求。这种技术的核心在于其能够根据学生的实际情况,实时调整教学策略,确保每个学生都能在最适合自己的节奏和难度下进行学习。

例如,像 Knewton 和 DreamBox 这样的自适应学习平台,已经成功地将数据分析与教学内容相结合,为学生提供量身定制的学习体验。这些平台通过收集和分析学生在学习过程中的各种数据,能够实时了解学生的学习进度和理解程度,从而智能地调整教学内容和难度。这种个性化的教学方式不仅能够帮助学生更好地掌握知识,还能有效提高他们的学习兴趣和积极性。

(二)个性化学习路径和智能推荐系统

在信息技术与英语教学的深度融合过程中,个性化学习路径和智能推荐系统正逐渐成为推动教学创新的重要力量。个性化学习路径通过深入分析学生的学习习惯、能力和进度,为每个学生量身定制学习计划,确保教学内容与学生的个人需求相匹配。例如,通过收集学生在在线学习平台上的互动数据,智能系统可以识别出学生在特定语法点上的薄弱环节,并自动推荐相关的练习和资源,从而实现精准教学。智能推荐系统则进一步增强了个性化学习的深度和广度。这些系统通常基于复杂的算法,如协同过滤、内容推荐或混合推荐模型,来分析学生的学习行为和偏好,从而提供个性化的学习资源和活动。例如,一个智能推荐系统可能会根据学生对特定话题的兴趣和学习进度,推荐相关的英语新闻文章、视频讲座或互动练习。这种基于数据驱动的个性化学习方法不仅能够激发学生的学习兴趣,还能帮助他们更有效地掌握语言技能。

此外,个性化学习路径还可以通过实时反馈和调整来优化学习计划。当学生在某个学习模块中表现出色时,系统可以自动调整难度,提供更具挑战性的任务,以保持学生的兴趣和动力。相反,如果学生在某个模块中遇到困难,系统可以提供额外的辅导资源,帮助学生克服障碍。这种动态调整机制确保了学习过程的灵活性和适应性,使每个学生都能在自己的节奏下进步。

智能推荐系统也在不断进化,通过引入人工智能和机器学习技术,能够更准确地预测学生的需求和偏好。这些系统不仅能够推荐静态的学习资源,还能根据学生的学习历史和行为模式,动态生成个性化的学习路径和任务。例如,系统可能会生成一个包含多种不同类型练习的综合任务,以帮助学生全面发展听说读写各项技能。

五、信息技术在英语教学评估中的作用

(一)在线测试和即时反馈系统

在线测试和即时反馈系统在信息技术与英语教学的融合过程中,扮演着至关重要的角色。这些系统不仅显著提高了教学效率,还极大地增强了学生的学习体验。例如,通过使用在线测试平台,教师可以迅速地为学生提供个性化的练习和测验,而学生则能够及时获得反馈,了解自己的学习进度和存在的问题。在实际应用中,一些在线测试系统集成了先进的数据分析工具,能够追踪学生的学习行为,分析其学习模式,并据此提供定制化的学习建议。例如,通过分析学生在在线测试中的答题时间、错误类型和频率等数据,系统可以识别学生在特定语法点或词汇上的薄弱环节,并推荐相应的学习资源和练习。这种基于数据的个性化学习路径,不仅提升了学习的针对性,也极大地激发了学生的学习兴趣和自主学习能力。

此外,即时反馈系统还能够通过智能算法为学生提供即时的正误反馈,甚至在学生完成测试后立即提供详细的答案解析和学习建议。这种快速的反馈循环,使得学生能够在错误发生后立即纠正,避免了错误概念的长期固化。研究表明,这种及时的纠正性反馈能够显著提高学习成效,帮助学生更快地掌握知识和技能。例如,当学生在完成一个语法练习后,系统可以立即告知他们哪些答案是正确的,哪些是错误的,并提供详细的解释,指出他们的错误原因。这样,学生不仅能够及时

了解自己的错误，还能通过系统提供的解释和建议，迅速掌握正确的知识点，从而避免在未来遇到类似问题时再次犯错。

（二）大数据分析在评估学生学习成效中的应用

在当今教育领域，信息技术与英语教学的深度融合已经成为一种趋势。大数据分析在这一过程中扮演了至关重要的角色，特别是在评估学生的学习成效方面。通过利用信息技术工具，教师能够收集和分析学生在英语学习过程中的大量数据。这些数据不仅包括学生的答题时间、正确率和错误类型，还包括他们在互动写作软件中的写作习惯、词汇使用频率以及语法掌握情况等。通过对这些数据的深入分析，教师可以获得对学生学习进度和成效的全面了解。

例如，当学生使用在线测试平台进行英语学习时，系统可以实时记录他们的答题情况。这些记录不仅显示了学生在某一题目的正确与否，还能够反映出他们的答题速度和错误类型。通过这些详细的数据，教师可以更准确地识别出学生在特定语法点或词汇上的困难。这样一来，教师就能够及时调整教学策略，以帮助学生克服这些困难，从而提高他们的学习效果。

此外，大数据分析还可以揭示学生的学习模式和趋势。通过分析学生在互动写作软件中的写作习惯，教师可以发现他们在句式结构或词汇使用上的普遍问题。例如，教师可能会发现许多学生在使用复杂句式时容易出错，或者在某些特定词汇的使用上存在普遍的混淆。了解这些情况后，教师可以设计针对性的写作练习，帮助学生克服这些问题，提高他们的写作能力。

第三节　英语教学中有效运用信息技术的策略

一、创新教学策略

（一）利用多媒体资源丰富英语教学内容

在当今教育领域，信息技术与英语教学的深度融合与创新已经成为教育工作者们关注的焦点。多媒体资源的运用在这一过程中扮演了至关重要的角色，它已经成为丰富教学内容和提高学生学习兴趣的关键手段。例如，通过使用交互式电子白板，教师可以展示动态的图表和视频，这些生动的视觉材料能够帮助学生更好地理解抽象的语法结构和词汇用法。此外，教师还可以利用音频资源，如听力练习和对话录音，来增强学生的听觉体验，使他们在课堂上更加专注。

在多媒体资源的辅助下，教学活动变得更加多样化和生动。例如，利用虚拟现实（VR）技术，学生可以沉浸在模拟的英语环境中，如虚拟的伦敦街头，进行角色扮演和情景对话。这种沉浸式体验不仅能够激发学生的学习兴趣，还能帮助他们更好地掌握语言的实际应用能力。通过这种方式，学生可以在一个仿真的环境中练习英语，从而在不知不觉中提高他们的听说读写能力。

此外，多媒体资源还包括在线学习平台和教育应用程序，这些工具为学生提供了自主学习的机会。学生可以通过这些平台进行个性化学习，根据自己的学习进度和兴趣选择合适的学习内容。在线测试和即时反馈功能也帮助学生及时了解自己的学习情况，从而有针对性地进行改进。

（二）采用在线平台促进学生互动与合作学习

在当今的教育领域，采用在线平台来促进学生之间的互动与合作学习，已经成为一种备受推崇的教学模式。通过利用各种在线协作工具，如 Google Classroom、Zoom 和 Microsoft Teams 等，学生们能够打破地理界限，随时随地进行实时交流和协作学习。这种在线协作学习模式不仅显著提升了学生的参与度，还有效地促进了学生批判性思维和创造性表达能力的发展。

此外，通过在线平台，教师可以充分利用项目式学习（Project-Based Learning）模型，设计出富有创意的跨学科项目任务。这些项目任务要求学生在完成过程中进行深入讨论、合理分工和紧密合作，从而在实践中不断提高他们的英语实际应用能力。通过这种方式，学生们不仅能够掌握英语知识，还能在团队合作中培养解决问题的能力，为未来的学习和工作打下坚实的基础。因此，利用在线平台推动学生互动与合作学习，不仅是一种创新的教学手段，更是培养学生综合素质的重要途径。

在线平台的使用还为教师提供了更多的教学资源和工具，使得教学过程更加高效和多样化。教师可以通过在线平台发布课程资料、布置作业、进行在线测试和评估，甚至可以利用大数据分析工具来跟踪学生的学习进度和效果，从而更好地调整教学策略。同时，学生也可以通过在线平台获取丰富的学习资源，如电子书籍、在线课程视频和互动练习等，这些资源不仅丰富了学生的学习内容，还提高了他们的自主学习能力。

二、学生学习方式的变革

（一）学生自主学习能力的培养

在当今这个飞速发展的时代，信息技术与英语教学的深度融合和创新，使得学生自主学习能力的培养变得尤为重要。随着互联网和数字技术的迅猛发展，学生获取知识的渠道已经不再仅限于传统的课堂讲授方式。例如，通过在线开放课程（MOOCs）和虚拟学习环境，学生可以随时随地接触到大量的英语学习资源。这些资源包括各种在线课程、电子书籍、互动练习等，为学生提供了极大的便利。此外，利用信息技术，学生可以参与到诸如“翻转课堂”等新型教学模式中，通过课前观看教学视频、课后进行在线讨论和作业提交，学生在课堂上更多地进行互动和实践，从而提高自主学习能力。

在培养学生的自主学习能力时，教师的角色也发生了显著的转变。教师不再是知识的唯一来源，而是成为学习过程中的引导者和促进者。例如，教师可以利用信息技术工具，如学习管理系统（LMS），来跟踪学生的学习进度，提供个性化的反馈和支持。通过数据分析，教师可以识别学生在学习过程中的困难点，并及时给予帮助。信息技术的应用使得教育更加贴近学生的生活实际，使学生在真实语境中学习和使用英语，从而有效提升自主学习能力。

此外，信息技术为学生提供了丰富的多媒体资源，这些资源不仅能够激发学生的学习兴趣，还能够帮助学生在不同的情境中练习英语。例如，通过观看英语原声电影、参与在线英语角等活动，学生能够在轻松愉快的氛围中提高语言技能。案例研究表明，结合多媒体资源进行学习的学生，在听力和口语表达方面有显著提高。因此，信息技术与英语教学的融合，不仅为学生自主学习提供了更多可能性，也为他们创造了更多实践英语的机会，从而有效促进了学生自主学习能力的培养。

在信息技术的支持下，学生可以利用各种在线平台和应用程序，进行个性化和自主学习。例如，通过使用语言学习软件和应用程序，学生可以随时随地进行词汇、语法和听力练习。这些工具通常具有智能推荐和自适应学习功能，能够根据学生的学习进度和掌握情况，提供适合的学习内容和练习题，从而提高学习效率。同时，信息技术还使得学生能够接触到全球各地的英语母语者，通过社交媒体和语言交换平台，学生可以与他们进行实时交流，从而在真实的语言环境中锻炼自己的英语应用能力。

（二）利用信息技术提高学生的英语实践能力

在信息技术与英语教学的融合创新过程中，提升学生的英语实践能力成为了核心目标之一。通过充分利用多媒体资源和在线平台，学生们能够接触到更加丰富和多元化的语言环境。例如，借助虚拟现实（VR）技术，学生们可以沉浸在模拟的英语国家环境中，进行角色扮演和情景对话，从而有效提高他们的语言实际应用能力。根据一项研究显示，沉浸式学习环境能够显著提高学生的语言习得效率，尤其是在口语和听力方面。此外，通过在线协作工具，如 Google Docs 和 Zoom，学生们可以与世界各地的同伴进行实时交流和项目合作，这种跨文化的互动不仅提升了学生的语言实践能力，还培养了他们的跨文化交际能力。

信息技术为英语教学提供了实现这一理念的平台，使学习过程更加贴近实际生活，从而有效提升学生的英语实践能力。通过信息技术，教师可以设计更具互动性和趣味性的教学活动，例如利用在线测验和游戏化学习平台，激发学生的学习兴趣，提高他们的参与度。同时，信息技术还可以帮助教师进行个性化教学，通过数据分析了解每个学生的学习进度和薄弱环节，从而提供针对性的辅导和支持。

此外，信息技术还可以为学生提供丰富的学习资源，例如在线词典、语法检查工具和翻译软件，帮助他们在学习过程中解决遇到的问题。通过这些工具，学生可以自主学习，提高自我学习能力。同时，信息技术还可以帮助学生建立学习社区，通过社交媒体和论坛，学生可以分享学习经验，互相帮助，形成良好的学习氛围。例如，学生可以在社交媒体上创建学习小组，讨论学习中遇到的难题，分享学习心得和资源，从而在互动中提升自己的英语水平。此外，教师也可以利用信息技术创建在线课堂，发布教学视频和课件，让学生在课后可以随时复习和巩固所学知识。通过这种方式，学生可以更好地掌握课堂内容，提高学习效果。总之，信息技术在英语教学中的应用，不仅丰富了教学手段，还极大地提升了学生的学习兴趣和实践能力。

第九章　语言文化与中学英语教学的融合

第一节　英语教学中的文化现象分析

一、英语教学与文化现象的关联

（一）英语教学中的文化内涵

在进行英语教学的过程中，特别强调文化内涵的融入显得尤为关键。语言并不仅仅是单词和语法的简单组合，它实际上还蕴含着丰富的文化元素和信息。通过学习英语，学生们有机会接触到各种不同的文化背景、历史传统以及社会习俗。这种文化的融入不仅能够极大地激发学生们的学习兴趣，还能帮助他们更深入地理解和运用英语。例如，在教授与节日相关的词汇时，教师可以详细地讲解这些节日的起源、庆祝方式以及它们在英语国家中的意义和重要性。通过这种方式，学生们不仅能记住单词，还能理解这些词汇背后的文化内涵，从而更全面地掌握这门语言。此外，教师还可以通过播放相关节日的视频、展示图片或讲述相关的故事，让学生们更直观地感受到这些文化元素。这样，学生们不仅能学习到语言知识，还能在情感上与这些文化产生共鸣，从而更加热爱英语这门语言。总之，在英语教学中融入文化元素，不仅能够丰富教学内容，还能提高学生的学习效果，使他们能够在实际交流中更加自如地运用英语。

（二）文化现象在英语教学中的作用

文化现象在英语教学中扮演着至关重要的角色，它不仅丰富了教学内容，还增强了学生的学习兴趣和语言运用能力。通过引入各种文化元素，教师可以为学生提供一个更加生动和真实的语言环境，帮助他们更好地理解和掌握英语。例如，通过介绍英美国家的节日、风俗习惯、历史背景等，学生可以更深入地了解语言背后的文化内涵，从而提高他们的跨文化交际能力。

此外，文化现象还能激发学生的学习动机。当学生对某个国家的文化产生兴趣时，他们会更加积极地学习相关的语言知识。例如，通过观看英美电影、听英文歌曲或阅读英文小说，学生可以在轻松愉快的氛围中提高自己的英语水平。这种结合文化的教学方法不仅能够增强学生的语言技能，还能培养他们的批判性思维和创新能力。

二、文化差异对英语学习的影响

（一）语言与文化的相互作用

在英语教学实践中，语言与文化的互动具有极其重要的地位，它是形成有效跨文化沟通能力的核心要素。语言不仅是沟通的媒介，更是文化的承载者，蕴含着丰富的文化意涵和历史传说。例如，英语中众多的俚语和习语，如“Break the ice”（打破沉默）和“Time is money”（时间就是金钱），都蕴含着深厚的文化背景和历史故事。这些表达方式在不同的文化语境中可能被赋予不同的含义和使用情境，因此，掌握这些表达方式背后的文化内涵对于跨文化沟通至关重要。

依据荷兰社会心理学家霍夫斯泰德的文化维度理论，文化差异在多个维度上对语言运用产生深刻影响。这些维度包括权力距离、个人主义与集体主义、不确定性规避等。例如，在个人主义文化背景下，英语使用者可能更倾向于直接表达个人意见，而在集体主义文化背景下，使用者可能更偏好间接和委婉的表达方式。这种差异在跨文化沟通中尤为显著，因此，在教学实践中，教师可以借助这些理论框架来辅助学生理解不同文化背景下的语言运用差异，进而提升他们的跨文化沟通能力。

（二）文化差异导致的误解与挑战

在全球化的浪潮中，英语教学已经不再局限于单纯的语言技能传授，而是逐渐演变成了一座跨文化交际的桥梁。然而，文化差异的存在常常使得学生在英语学习的过程中遭遇各种误解与挑战。例如，不同文化背景下的非言语交际行为，如肢体语言和面部表情，在不同的文化中可能具有截然不同的含义和解释。以微笑为例，在西方文化中，微笑通常被视为友好和开放的标志，而在某些亚洲文化中，微笑可能被解读为不真诚或不严肃。这种差异在英语教学中若不加以注意，就可能造成沟通障碍，甚至误解。

因此，英语教师在教学过程中需要引导学生了解和尊重文化差异，通过案例分析、角色扮演等互动式教学方法，帮助学生克服文化差异带来的挑战，提高他们的跨文化交际能力。同时，教师还应鼓励学生积极参与多元文化的交流活动，增强他们的文化敏感性和适应性，从而在实际的跨文化交际中更加得心应手。

三、英语教学中的文化内容教学策略

（一）整合文化内容的教学方法

在英语教学的过程中，将文化内容融入课堂不仅能够使课堂活动变得更加丰富多彩，而且能够显著提升学生的跨文化交际能力。例如，教师可以采用“文化沉浸法”，设计一系列以特定文化节日或习俗为主题的课堂活动，如模拟万圣节派对或制作感恩节晚餐。通过这些活动，学生可以在实践中学习语言并亲身体验文化。根据霍夫斯泰德的文化维度理论，教师可以引导学生比较不同文化的价值观和行为模式，从而加深对文化差异的理解。一项针对美国和中国学生的跨文化交际能力的调查研究显示，那些参与了文化沉浸式学习的学生，在跨文化敏感性和交际能力方面表现更为出色。此外，利用多媒体资源，如电影、音乐和网络平台，可以为学生提供更加生动和真实的文化体验。例如，通过观看《哈利·波特》系列电影，学生不仅能够学习到英国的风俗习惯，还能通过角色扮演和讨论，加深对英国文化的理解。这种整合文化内容的教学方法，不仅提高了学生的学习兴趣，还帮助他们建立起在全球化世界中有效沟通的桥梁。通过这种方式，学生不仅能够掌握语言知识，还能更好地理解不同文化背景下的交流方式，从而在未来的国际交流中更加得心应手。

（二）利用多媒体资源丰富文化教学

在英语教学的过程中，充分利用多媒体资源来丰富文化教学已经成为一种创新且有效的教学方法。多媒体技术，包括视频、音频、动画以及互动软件等多种形式，能够为学生提供一种沉浸式的学习体验。这种体验使得学生能够直观地感受到不同的文化现象，并且更加深入地理解它们。例如，通过观看原声电影片段，学生们不仅能够学习到地道的英语表达方式，还能更加深入地了解西方的节日庆典、餐桌礼仪、日常交际等文化细节。此外，利用虚拟现实（VR）技术，学生们可以“身临其境”地体验不同国家的环境和文化。这种体验式学习不仅有助于加深对文化差异的理解，还能够培养学生的尊重和包容心态。例如，通过 VR 技术，学生们可以“走进”一个典型的法国家庭，参与一场法式晚餐，从而更加真实地感受到法国的餐桌礼仪和饮食文化。通过这种互动和沉浸式的学习方式，学生们能够更加全面地了解不同文化背景下的生活方式和价值观，从而在未来的跨文化交流中更加得心应手。

四、英语教学中的文化敏感性

（一）文化敏感性的定义与重要性

在英语教学的过程中，文化敏感性这一概念显得尤为重要。它指的是教师和学生对于目标语言文化中那些细微且复杂的差异所具备的感知能力，以及在跨文化交流过程中所展现出的敏感度和适应性。这种敏感性不仅仅有助于学生深入理解语言背后所蕴含的文化内涵，而且对于培养学生的跨文化交际能力具有至关重要的作用。举例来说，一项针对英语学习者的调查研究显示，那些具备较高文化敏感性的学生，在实际的跨文化交流场合中，往往能够更加有效地避免文化冲突的发生，更容易获得交流对方的认同与好感。

为了培养学生的文化敏感性，教师可以采取多种多样的教学策略。例如，案例教学法、角色扮演和情景模拟等方法，都是行之有效的手段。通过这些方法，学生能够在模拟的跨文化环境中进行实践，从而逐步提高他们的文化敏感性。此外，教师还应当努力创造一个多元文化的学习环境，让学生在学习语言的同时，也能够充分理解和尊重不同的文化背景。这样的学习环境不仅能够激发学生的学习兴趣，还能够帮助他们建立起更加开放和包容的世界观。因此，文化敏感性的培养不仅对学生的个人发展具有深远的影响，而且对于促进不同文化之间的理解和交流也具有不可忽视的价值。

（二）如何在英语课堂中提高文化敏感性

在英语教学中提高文化敏感性是构建跨文化交际桥梁的关键。文化敏感性不仅涉及对不同文化背景的理解和尊重，还包括在实际交流中运用这种理解的能力。例如，一项针对跨文化交际能力的研究表明，具有较高文化敏感性的学习者在国际交流中更能够避免误解和冲突。因此，教师可以采用案例分析法，通过分析具体的文化现象，如节日庆祝、餐桌礼仪等，来增强学生对文化差异的认识。此外，教师还可以利用多媒体资源，如电影、音乐和文学作品，让学生更直观地感受到不同文化的特点。通过角色扮演和模拟交流活动，学生可以在课堂上实践跨文化沟通技巧，从而提高他们的文化敏感性。教师还可以鼓励学生进行小组讨论，分享各自的文化背景和经验，以促进相互理解和尊重。通过这些方法，英语课堂不仅能提高学生的语言技能，还能培养他们的跨文化交际能力，为他们在全球化世界中的成功奠定坚实的基础。

五、英语教学案例分析：文化现象的融入与实践

（一）成功案例分析：探讨文化现象在中学英语教学中的应用

在当今全球化的背景下，英语教学不仅仅局限于语言技能的培养，更应注重文化背景的融入。通过对成功案例的分析，我们可以发现将文化现象应用于中学英语教学中，能够显著提升学生的学习兴趣和语言实际运用能力。

首先，文化现象的引入能够丰富课堂内容，激发学生的学习热情。例如，在学习有关节日的单元时，教师可以结合西方的圣诞节、万圣节等传统节日，介绍相关的文化背景和习俗。通过展示节日的图片、视频以及相关的历史故事，学生不仅能了解节日的由来，还能感受到节日的氛围，从而更加积极地参与到课堂活动中。

其次，文化现象的应用有助于培养学生的跨文化交际能力。在学习不同国家的文化时，教师可以引导学生进行角色扮演、情景模拟等互动活动。例如，在学习餐厅用餐的对话时，可以设置一个模拟的西餐厅场景，让学生分别扮演服务员和顾客，进行实际对话练习。通过这种模拟活动，学生不仅能掌握相关的词汇和句型，还能在实际语境中运用所学知识，提高语言的实际应用能力。

此外，将文化现象融入英语教学还能增强学生的文化认同感和国际视野。通过学习不同国家的历史、地理、风俗习惯等，学生能够更好地理解不同文化之间的差异与共性，培养尊重和包容多元文化的态度。例如，在学习有关环境保护的单元时，教师可以介绍不同国家在环保方面的做法和成就，引导学生思考如何在全球范围内共同应对环境问题，从而培养他们的国际责任感和使命感。

（二）案例反思：文化现象教学的挑战与对策

在英语教学中融入文化元素，无疑为学生提供了更为丰富和立体的学习体验。通过将文化背景和实际语境融入语言教学，学生不仅能够掌握语言知识，还能深入

了解语言背后的文化内涵。然而,这一过程也面临着诸多挑战。

首先,文化差异的广泛性和复杂性使得教学内容难以全面覆盖。教师不仅要有深厚的文化知识储备,还要能够灵活地选择和整合适合学生理解的文化内容,以便在有限的教学时间内最大限度地传递文化信息。

其次,文化敏感性的培养并非一蹴而就,它需要学生在不断地实践中逐渐形成。在教学实践中,教师可以借鉴霍夫斯泰德的文化维度理论,帮助学生理解不同文化间的差异,如权力距离、个人主义与集体主义、男性化与女性化等维度,从而提高学生的跨文化交际能力。

此外,案例分析显示,成功地将文化现象融入教学往往伴随着创新的教学方法和策略。例如,通过角色扮演、情景模拟等互动式教学活动,学生能够在模拟的跨文化交际场景中实践和体验,从而更好地理解和吸收文化知识。面对挑战,教师应采取积极的对策,如定期参加跨文化教育培训,不断更新教学资源和方法,以及鼓励学生参与国际交流项目,以增强他们对不同文化的理解和适应能力。此外,教师可以邀请来自不同文化背景的外籍教师或专家举办讲座或研讨,让学生有机会直接与不同文化背景的人交流,从而拓宽他们的国际视野。总之,在英语教学中融入文化现象,不仅能够丰富学生的学习体验,还能提高他们的跨文化交际能力。

第二节　文化差异及其对教学的挑战

一、文化差异对中学英语教学的影响

在探讨文化差异对中学英语教学的影响时,我们需要深入分析语言与文化之间那种密不可分的紧密关系。语言并不仅仅是一种简单的交流工具,它更是承载和传递文化的重要载体。每一个词汇、每一个句子都蕴含着一个民族的历史、传统、价值观和社会习俗。因此,在学习一门语言的过程中,不可避免地会接触到与之相关的文化背景。这种文化背景的理解和掌握,对于学生能否真正掌握和运用这门语言具有至关重要的作用。

具体来说,文化差异在语言学习中的体现主要表现在以下几个方面。首先,词

汇层面的文化差异最为明显。许多英语单词和短语背后都有其独特的文化内涵，如果不了解这些文化背景，学生在理解和使用这些词汇时可能会产生误解。例如，“龙”在中文中是吉祥的象征，代表着权力和好运，而在英语文化中却常常与邪恶和破坏联系在一起，常常被描绘成需要被英雄击败的怪物。其次，语法结构和表达习惯也受到文化的影响。不同文化背景下的思维方式和表达习惯不同，这在语言的语法结构和日常表达中体现得尤为明显。例如，英语中强调直接和明确的表达方式，而中文则更倾向于间接和含蓄地表达。最后，文化差异还体现在交际礼仪和语用规则上。不同文化对礼貌用语、称呼方式、问候习惯等方面有不同的要求，这些差异可能会导致学生在实际交流中出现尴尬或误解。例如，在英语国家中，直接称呼对方的名字是常见的，而在一些亚洲文化中，这种行为可能会被视为不礼貌。

因此，在中学英语教学中，教师应当重视文化差异的教学，帮助学生了解和掌握英语国家的文化背景知识。通过引入文化背景知识的教学，不仅可以提高学生的语言运用能力，还能培养他们的跨文化交际能力，使他们在未来的国际交流中更加得心应手。教师可以通过多种方式来实现这一目标，比如介绍英语国家的历史背景、节日习俗、文学作品等，让学生在学习语言的同时，也能深入了解和体验不同的文化。此外，还可以通过角色扮演、情景模拟等互动教学方法，让学生在实际的语言环境中练习和应用所学的文化知识，从而更好地理解和掌握语言的真正含义。

二、中学英语教学中应对文化差异的挑战

（一）提升教师的跨文化意识，以应对文化差异带来的挑战

在中学英语教学过程中，教师需要具备强烈的跨文化意识，以便更好地应对文化差异带来的挑战。

首先，教师应深入了解不同文化背景下的语言习惯、风俗习惯和思维方式，从而在教学中更加注重文化差异的介绍和解释。这意味着教师不仅要掌握英语语言本身，还要对英语国家的文化有深入的了解，包括历史、文学、艺术、宗教等多个方面。通过这样的了解，教师能够在课堂上更准确地传达语言背后的文化内涵，帮助学生更好地理解和掌握英语。

其次，教师应积极参加跨文化教育培训，不断提升自身的跨文化交际能力，以

便在课堂上更有效地引导学生理解和尊重不同文化。跨文化教育培训可以包括研讨会、工作坊、讲座等多种形式,旨在帮助教师掌握跨文化交际的理论和实践技巧。通过这些培训,教师可以学习到如何在教学中处理文化差异,如何应对学生的文化偏见,以及如何创造一个包容多元文化的课堂环境。

此外,教师还应鼓励学生积极参与跨文化交流活动,通过实际体验来增强他们的跨文化意识和适应能力。这些活动可以是校内的文化交流项目,也可以是与国外学校的合作项目,甚至是学生自己组织的国际文化节等。通过这些活动,学生不仅能够亲身体验不同的文化,还能够与来自不同文化背景的人进行交流和互动,从而提高他们的跨文化交际能力和适应能力。

(二)设计针对性的教学方案

为了应对文化差异带来的教学挑战,教师需要设计具有针对性的教学方案。首先,教学内容应涵盖不同文化背景下的英语表达方式和语境应用,帮助学生在实际交流中更加得体和准确地使用英语。例如,教师可以引入各种文化背景下的日常对话、商务交流、学术讨论等真实场景,让学生在模拟练习中掌握不同情境下的语言运用。其次,教师应根据学生的实际需求和文化背景,灵活调整教学方法和手段,采用多样化的教学活动,如角色扮演、情景模拟、小组讨论等,使学生在轻松愉快的氛围中学习和体验不同文化。例如,通过角色扮演,学生可以扮演不同文化背景的角色,从而更好地理解不同文化中的行为习惯和思维方式。

此外,教师还应充分利用多媒体和网络资源,为学生提供丰富的跨文化学习材料,拓宽他们的文化视野,增强他们的跨文化理解能力。例如,教师可以利用视频、音频、图片等多种形式的多媒体材料,展示不同文化背景下的生活场景、风俗习惯和历史背景,帮助学生更直观地了解和感受不同文化的特点。通过这些有针对性的教学方案,学生能够在学习英语的同时,更好地理解和适应不同文化背景下的交流需求,从而在未来的跨文化沟通中更加自信和得体。

第三节　跨文化交际能力的培养

一、跨文化交际能力的内涵与重要性

（一）定义及构成要素解析

跨文化交际能力是指个体在面对不同文化背景时，能够有效地进行沟通与交流的能力。这种能力不仅仅局限于语言的运用，还包括对不同文化背景、习俗、价值观和行为方式的深刻理解和尊重。具体来说，跨文化交际能力的构成要素主要包括以下几个方面：

1. 语言能力

掌握一门或多门外语，能够准确、流利地进行口头和书面表达。这意味着个体不仅需要具备基本的语言知识，还需要能够在实际交流中灵活运用这些语言，以确保信息的准确传递和理解。

2. 文化意识

具备对不同文化背景的敏感性和认知能力，能够识别和理解各种文化差异。这种文化意识不仅仅是对表面的文化现象有所了解，更是要深入理解不同文化的核心价值观和思维方式，从而在交流中避免误解和冲突。

3. 沟通技巧

能够在不同文化背景下灵活运用各种沟通技巧，如倾听、提问、反馈等。有效的沟通技巧不仅包括表达自己的观点，还包括倾听他人的意见，通过提问来澄清疑惑，以及给予适当的反馈，以确保双方的交流是双向的、互动的。

4. 适应能力

能够在不同文化环境中迅速适应，灵活应对各种交际场合和情境。这种适应能力包括对不同文化礼仪的了解和遵守，能够在不同的文化环境中找到合适的交流方式，以避免不必要的尴尬和冲突。

5. 尊重与包容

对不同文化持开放态度，尊重并包容各种文化差异，避免文化偏见和歧视。尊重与包容是跨文化交际中最为重要的原则之一，只有在相互尊重的基础上，才能建立起有效的沟通和理解,从而促进不同文化之间的和谐共处。

(二)中学阶段培养的必要性与意义

在中学阶段培养跨文化交际能力,具有极其重要的必要性和深远的意义。

首先,中学时期是个体身心发展的关键阶段,此时培养跨文化交际能力有助于学生形成开放、包容的世界观,为未来的全球化社会做好准备。在这个阶段,学生正处于形成个人价值观和世界观的重要时期,通过跨文化交际能力的培养,他们能够更好地理解和尊重不同文化背景的人,从而培养出一种全球视野和多元文化的理解能力。这对于他们未来在国际化的社会中生活和工作,无疑具有极其重要的意义。

其次,随着全球化的不断推进,跨文化交流变得日益频繁,具备跨文化交际能力的学生在未来的学习和工作中将更具竞争力和适应力。在全球化的背景下,无论是学术交流、商业合作还是日常沟通,跨文化交际能力都显得尤为重要。学生在中学阶段掌握了这种能力,将能够更加自如地应对未来可能出现的各种跨文化挑战,从而在国际化的竞争中脱颖而出。

此外,中学阶段培养跨文化交际能力还有助于促进学生全面发展。通过接触和了解不同的文化,学生能够拓宽视野,增强创新思维和批判性思维能力。在全球化的今天,创新和批判性思维是推动社会进步的重要动力。学生在中学阶段通过跨文化交际的学习,能够接触到各种不同的思想和观点,从而激发他们的创新意识和批判性思维,这对于他们未来的学习和职业发展具有重要的推动作用。

同时,跨文化交际能力的培养也有助于学生建立良好的人际关系,提高团队合作能力,从而在多元化的社会环境中更好地实现自我价值。在多元化的社会中,团队合作变得越来越重要。具备跨文化交际能力的学生能够更好地理解不同文化背景的团队成员,从而在团队中发挥更大的作用,实现个人价值的最大化。

二、中学英语教学中跨文化交际能力的培养策略

(一)课堂内外的实践活动设计

为了有效地培养学生的跨文化交际能力,教师可以在课堂内外设计各种丰富多彩的实践活动。在课堂教学中,教师可以充分利用多媒体资源,例如视频、音频

和图片，展示不同文化背景下的语言使用场景。通过这些生动的素材，学生可以在真实的情境中学习和理解英语，从而更好地掌握语言的实际应用。此外，教师可以组织各种角色扮演、情景对话和辩论等活动，让学生在模拟的跨文化交际情境中练习使用英语。通过这些互动性强的活动，学生可以提高他们的实际应用能力，更好地应对真实世界中的跨文化交际挑战。

在课外，教师可以鼓励学生积极参与英语角、英语俱乐部等社团活动。通过与来自不同文化背景的同学进行交流，学生可以增强他们的跨文化交际意识，更好地理解不同文化之间的差异和共通之处。此外，学校可以组织国际文化节、外语演讲比赛等活动，让学生在丰富多彩的文化体验中提升跨文化交际能力。通过这些活动，学生不仅可以提高语言技能，还可以开阔视野，增强对不同文化的理解和尊重。总之，通过课堂内外的综合实践活动，学生可以在多方面提升自己的跨文化交际能力，为未来在全球化背景下的交流与合作打下坚实的基础。

（二）构建与应用中学英语跨文化交流平台

在全球化的今天，跨文化交流的重要性愈发凸显。为了进一步提升中学生的英语水平和跨文化交际能力，搭建一个中学英语跨文化交流平台显得尤为必要。这个平台可以为学生提供一个展示自我、交流思想、了解不同文化的机会，从而拓宽他们的国际视野，增强他们对多元文化的理解和尊重。

首先，平台的搭建需要考虑技术层面的支持。通过互联网技术，可以创建一个线上交流平台，如网站或社交媒体群组，让学生们能够随时随地进行交流。此外，平台应具备丰富的互动功能，如论坛、聊天室、视频会议等，以便学生能够进行实时交流和讨论。这些功能可以有效地促进学生之间的互动，增强他们的语言实践机会。

其次，平台内容的设计应注重多样性和实用性。可以设置不同的板块，如文化介绍、语言学习、国际新闻、学生作品展示等，以满足不同学生的需求。文化介绍板块可以让学生了解世界各地的文化背景，语言学习板块则可以提供丰富的语言学习资源，国际新闻板块可以让学生及时了解全球动态，学生作品展示板块则可以鼓励学生展示自己的创作和学习成果。同时，可以邀请来自不同国家的英语母语者参与讨论，分享他们的文化背景和生活经验，为学生提供真实的语言环境，帮助他们更好地理解和运用英语。

此外,学校和教师应积极引导学生利用这个平台。可以通过组织线上活动、竞赛或项目合作等方式,激发学生的参与热情。例如,可以举办国际文化节活动,让学生通过线上平台展示各国的文化特色;或者开展国际话题辩论赛,让学生就当前热点问题进行讨论。教师还可以在课堂上利用平台资源,进行跨文化教学,帮助学生更好地理解和掌握英语知识。通过这些活动,学生不仅能够提高英语水平,还能增强跨文化交际能力,为未来的学习和生活打下坚实的基础。

第四节　教材与文化的整合

一、教材与文化的整合意义

(一)提升学生的跨文化意识

在全球化的浪潮中,跨文化交际能力的培养显得尤为重要。随着世界各地的人们越来越多地相互交流和合作,能够有效地与不同文化背景的人沟通已经成为一种必备的技能。中学英语教材作为学生学习语言的重要工具,其与文化的融合对于提升学生的跨文化意识具有不可忽视的作用。通过教材中对不同文化元素的介绍,如语言中的文化内涵和文化背景知识,学生能够逐渐建立起对多元文化的认识和尊重。例如,教材中对传统节日与习俗的介绍,不仅让学生了解西方的圣诞节、感恩节,也让他们对中国的春节、中秋节有更深刻的理解。这种文化的双向介绍有助于学生形成比较视角,从而更好地理解不同文化之间的差异与共性。

此外,中学英语教材还可以通过文学作品、历史故事、名人传记等多种形式,向学生展示不同文化的价值观和思维方式。通过阅读这些材料,学生不仅能学习到语言知识,还能了解到不同文化中的风俗习惯、社会规范和道德观念。这种全面的文化教育有助于培养学生的全球视野,使他们在未来的国际交流中更加自信和得体。同时,教材中还可以设置一些跨文化交际的实践活动,如角色扮演、情景对话等,让学生在实际操作中锻炼自己的跨文化交际能力。通过这些互动性的学习方式,学生可以更好地理解和适应不同文化背景下的交流方式,从而在实际生活中更加自如地运用英语进行跨文化沟通。总之,中学英语教材在培养学生跨文化交际能力方面发挥着至关重要的作用,通过丰富多样的文化内容,帮助学生建立起对多元文化的认识和尊重,为他们未来在全球化背景下的发展打下坚实的基础。

(二)增强学生的全球视野

在全球化的浪潮中,中学英语教材与文化的融合显得尤为重要,它不仅能够提升学生的跨文化意识,更能有效增强学生的全球视野。通过教材中对不同国家传统节日与习俗的介绍,学生能够了解到多元文化的丰富性和多样性。例如,教材中可以包含对春节、圣诞节、感恩节等节日的详细描述,让学生在学习语言的同时,也能够理解这些节日背后的文化意义和历史渊源。这种跨文化的教育方式,有助于学生建立起对不同文化的尊重和理解,从而在国际交流中更加自信和得体。

此外,教材内容与文化主题的结合,如历史人物与事件的融入,能够让学生在学习语言的同时,对世界历史有更深入的了解。例如,通过学习马丁·路德·金的著名演讲《我有一个梦想》,学生不仅能够学习到英语表达,还能感受到民权运动的精神和历史背景。这种教育方式有助于学生形成全球视野,理解不同文化和社会的复杂性。在教学方法上,任务型教学法和案例分析法的应用,能够进一步促进学生全球视野的形成。任务型教学法通过设置与真实世界相关的任务,让学生在完成任务的过程中,主动探索和学习文化知识。案例分析法则通过具体案例,引导学生分析和讨论文化差异,培养他们的批判性思维。例如,通过分析不同国家的商业案例,学生可以学习到跨文化商务沟通的技巧,从而在未来的国际商务环境中更加游刃有余。

进一步地,教材还可以包含对世界各地艺术、音乐、文学作品的介绍,让学生在欣赏和学习语言的同时,也能感受到不同文化的艺术魅力。通过阅读莎士比亚的戏剧、欣赏莫扎特的交响乐、观赏梵高的画作,学生能够更深刻地理解不同文化背景下的艺术表现形式。这种跨学科的文化教育方式,不仅丰富了学生的知识储备,还激发了他们的创造力和想象力。

在实际教学过程中,教师可以采用多种教学手段,如角色扮演、辩论赛、模拟联合国等,让学生在模拟的国际环境中进行实践,从而更好地理解和掌握跨文化交际的技巧。通过这些活动,学生能够亲身体验不同文化背景下的交流方式,学会在不同文化之间进行有效的沟通和协调。这样的教学方法不仅能够提高学生的语言运用能力,还能培养他们的团队合作精神和领导能力。

二、英语教材中的文化元素

（一）语言中的文化内涵

在中学英语教材中融入语言的文化内涵，这一做法不仅能够显著提升学生的跨文化意识，还能极大地增强他们的全球视野。例如，通过深入分析和探讨不同国家的节日庆祝方式，学生们可以更全面地了解到各种文化之间的差异和相似之处。以美国的感恩节和中国的春节为例，两者虽然都强调家庭团聚和感恩的主题，但庆祝方式和背后的历史故事却大相径庭，各有特色。感恩节源于对印第安人帮助的感激，而春节则蕴含着国人对新一年的祈福和对祖先的纪念。通过这样的对比和分析，学生们不仅学习了语言，还能够深入理解文化内涵，从而培养出对不同文化的尊重和理解。

（二）文化背景知识的介绍

在中学英语教材中融入文化背景知识，不仅能够丰富学生的语言学习体验，还能显著提升他们的跨文化交际能力。例如，通过详细介绍不同国家的传统节日和习俗，学生可以深入了解圣诞节、感恩节等西方节日的起源、历史背景以及庆祝方式，同时也能对比中国的春节、中秋节等传统节日，从而在对比中发现文化差异和共性。这种文化知识的介绍，有助于学生建立起对不同文化的尊重和理解，为他们将来在国际舞台上的交流打下坚实的基础。

三、教材内容与文化主题的结合

（一）传统节日与习俗的介绍

在中学英语教材中融入传统节日与习俗的介绍，这一做法不仅能够极大地丰富学生的文化知识储备，还能有效地提升他们的跨文化交际能力。例如，通过学习西方的圣诞节、万圣节，以及中国的春节、中秋节等具有代表性的节日，学生可以更深入地了解到不同文化背景下人们的生活方式、传统习俗和价值观念。根据跨文化交际理论，文化意识的提升有助于减少文化冲突，增进国际理解与合作。一项针对中学生跨文化交际能力的调查显示，那些在英语学习过程中接触过多元文化背景的学生，在国际交流项目中表现更为出色，能够更快地适应不同文化环境，并且在跨文化沟通中表现出更强的适应能力和理解力。因此，教材中对传统节日与习俗的介绍,不仅为学生提供了学习语言的语境,更为他们提供了理解世界多样性的窗口,使他们能够在未来的国际交流中更加游刃有余。

(二)历史人物与事件的融入

在中学英语教材中融入历史人物与事件,不仅可以丰富学生的知识面,还能激发他们对英语学习的兴趣。通过将历史上的重要人物和具有代表性的事件融入英语教学中,学生们可以在学习语言的同时,了解不同文化和历史背景。例如,教材中可以包含关于古代文明、重大历史转折点以及著名科学家、文学家和艺术家的故事。这样,学生们在掌握英语词汇和语法的同时,还能对人类历史的发展脉络有一个基本的认识。通过这种方式,英语学习变得更加生动和有意义,学生们也更容易记住所学内容,从而提高学习效果。

四、教学方法与文化整合

(一)任务型教学法在文化教学中的应用

在中学英语教学中,任务型教学法(Task-Based Language Teaching, TBLT)被广泛应用于文化教学,以促进学生跨文化交际能力的培养。该方法强调通过完成具有实际意义的任务来学习语言,从而让学生在实践中掌握文化知识。例如,在探讨传统节日与习俗时,教师可以设计一个项目任务,要求学生调查并报告一个特定的西方节日,如圣诞节或万圣节。学生需收集节日的起源、习俗、庆祝方式等信息,并通过小组讨论、角色扮演或制作海报等形式展示他们的发现。通过这种方式,学生不仅学习了语言,还深入了解了文化背景,从而提升了跨文化意识和全球视野。

任务型教学法在文化教学中的应用,还体现在其能够激发学生的批判性思维。在历史人物与事件的教学中,教师可以设计辩论或模拟联合国会议的任务,让学生从不同文化的角度分析和讨论历史事件。例如,通过模拟辩论“美国独立战争的正义性”,学生需要从英国和美国的视角出发,收集资料、构建论点,并进行辩论。这种活动不仅锻炼了学生的语言表达能力,还培养了他们从多角度思考问题的能力。通过任务型教学法,学生能够超越单一文化视角,形成更为全面和深入的文化理解。

(二)案例分析法在理解文化差异中的作用

在中学英语教学的过程中,案例分析法被证明是一种非常有效的教学策略,尤其在帮助学生理解文化差异方面,其作用不容小觑。通过精心挑选一些具有典型代表性的跨文化案例,学生们得以深入地探讨和研究在不同文化背景下所形成的行为模式、价值观念以及交际方式的多样性。例如,通过对中西方节日庆祝方式差异的细致分析,学生们不仅能更深入地了解不同文化中的传统习俗和惯例,还能学会如何在跨文化交流的过程中,尊重和欣赏这些文化差异。案例分析法通过提供具体而生动的情境,使学生们能够运用批判性思维去识别和分析文化差异,从而有效地培养和提升他们的跨文化交际能力。这种方法不仅增强了学生们对英语语言的理解和应用,还拓宽了他们的国际视野,使他们能够更好地适应全球化背景下的交流与合作。

五、文化整合对英语能力的影响

（一）提高学生的听说读写能力

在中学英语教学的过程中,将教材内容与文化背景相结合,是一种非常有效的方法,能够显著提升学生的听说读写各项语言技能。具体来说,教师可以通过介绍各种传统节日及其背后的文化习俗,帮助学生在学习语言的同时,深入了解和体验不同的文化背景。例如,在讲解圣诞节、万圣节等西方传统节日时,学生不仅能掌握与节日相关的特定词汇和表达方式,还能通过模拟节日庆祝活动的课堂实践,实际运用这些语言知识,从而在实际对话中锻炼自己的口语和听力能力。

进一步地,通过案例分析法,学生可以更深入地探讨不同文化之间的差异和特点。这种方法不仅能激发学生的学习兴趣,还能在分析和讨论的过程中,有效提升他们的批判性思维能力和写作技巧。例如,教师可以选取一些具有代表性的历史人物和重大事件,引导学生进行深入研究和讨论。在这个过程中,学生将学习如何构建有力的论点,如何恰当地引用历史资料和证据,以及如何撰写具有说服力的文章。通过这样的学习方式,学生不仅能够提高自己的语言表达能力,还能在了解不同文化的同时,培养自己的独立思考和分析问题的能力。

（二）培养学生的批判性思维

在中学英语教学的过程中,培养学生的批判性思维能力显得尤为重要,因为它是跨文化交际能力培养的一个关键组成部分。通过将教材内容与不同文化的融合,学生们不仅有机会接触到各种不同的文化背景和习俗,还能学会如何深入分析和评价这些文化现象。例如，在探讨传统节日与习俗的课堂上，教师可以引导学生运用 SWOT 分析模型，即从优势（Strengths）、劣势（Weaknesses）、机会（Opportunities）和威胁（Threats）这四个角度来审视节日的文化意义及其在现代社会中的作用。通过这种方式，学生们能够超越表面的了解，深入挖掘文化内涵，形成自己的见解和批判性思维。这样的教学方法不仅能够激发学生的学习兴趣，还能帮助他们更好地理解和尊重不同文化，从而在未来的跨文化交际中更加得心应手。

第五节　教学方法与文化的适应性

一、教学方法的多样性与文化适应性

（一）传统教学法与文化内容的结合

在中学英语教学的过程中，将传统教学法与文化内容相结合，已经成为一种提升学生语言运用能力和文化适应性的重要手段。传统的教学方法，例如语法翻译法和直接法，尽管在现代教育的背景下常常受到批评，认为它们过于强调形式和结构，但这些方法在传授语言基础知识方面仍然具有不可替代的价值。例如，语法翻译法通过深入分析句子的结构和词汇，帮助学生更好地理解英语的语法规则，而直接法通过模仿和重复练习，强化学生对语言的直觉反应和即时应用能力。

将这些传统教学法与丰富的文化内容相结合，可以为学生提供一个更加生动和实用的学习环境。例如，在教授英语国家的历史和文学时，教师可以运用案例分析模型，引导学生通过分析历史事件或文学作品中的文化元素，来加深对语言背后文化的理解。通过这种方式，学生不仅能够掌握语言知识，还能更好地理解语言所承载的文化内涵，从而在实际交流中更加得心应手。

此外，结合文化内容的教学还可以激发学生的学习兴趣，使他们在学习语言的同时，能够感受到不同文化的魅力。例如，在学习英语国家的节日和习俗时，教师可以设计一些互动活动，让学生亲身体验和参与，从而增强他们的文化认同感和语言运用能力。通过这种方式，学生不仅能够学到语言知识，还能在实际生活中更好地运用所学语言，提高他们的跨文化交际能力。

（二）交际教学法在跨文化交际中的应用

交际教学法在跨文化交际中的应用，特别强调了语言学习与文化理解之间的紧密联系。这种方法通过模拟真实世界中的交流场景，使学生能够在实际对话中学习语言，同时理解不同文化背景下的交流习惯和语境。这种教学方法不仅提高了学生的语言技能，还增强了他们对文化差异的敏感性和适应性。

具体来说，交际教学法通过创设各种真实的交流情境，让学生在模拟的环境中进行角色扮演和互动练习。例如，学生可能会被安排在一个模拟的国际商务会议中，扮演不同国家的代表，讨论合作项目。在这个过程中，学生不仅要使用目标语言进行沟通，还要注意不同文化背景下的礼仪、表达方式和非语言沟通方式。通过这种方式，学生能够更深入地理解语言背后的文化内涵，从而在实际的跨文化交际中更加得心应手。

此外，交际教学法还鼓励学生进行跨文化反思，帮助他们意识到自己文化中的偏见和刻板印象，从而更加开放和包容地对待其他文化。通过这种教学方法，学生不仅能够提高语言技能，还能培养出在全球化背景下进行有效沟通的能力。总之，交际教学法在跨文化交际中的应用，为学生提供了一个全面提高语言和文化素养的平台。

（三）任务型教学法在培养文化意识中的作用

任务型教学法在培养学生的文化意识方面发挥着至关重要的作用。通过精心设计与文化相关的任务，学生能够在完成任务的过程中，主动探索和体验不同的文化背景和习俗。

任务型教学法通过具体的任务设计，使学生在完成任务的过程中，不仅能够学习到语言知识，还能深入了解文化背景。例如，在学习英语国家的节日文化时，教师可以布置一个项目任务，要求学生团队合作制作一份关于万圣节或圣诞节的多媒体展示。在这个过程中，学生不仅学习到相关词汇和表达方式，还能深入了解节日背后的文化意义和传统习俗。根据 Krashen 的输入假说理论，通过有意义的交流活动，学生能够接触到“i+1”的语言输入，即略高于他们当前水平的语言材料，从而促进语言习得。同时，任务型教学法鼓励学生在真实或模拟的语境中使用语言，这有助于他们更好地理解文化差异，并培养跨文化交际能力。通过这种方式，学生能够在实际应用中掌握语言，同时增强对不同文化的理解和尊重，从而在未来的跨文化交往中更加得心应手。

二、文化适应性在英语教学中的重要性

（一）文化适应性对提高学生语言运用能力的影响

在中学英语教学的过程中，将文化适应性融入课程设计对于提升学生的语言运用能力具有极其重要的影响。众多研究结果表明，当学生们能够在学习语言的过程中，将所学内容与相关的文化背景知识相结合时，他们的语言习得效率会得到显著的提升。例如，通过采用交际教学法，学生们在模拟的跨文化交际场景中，不仅有机会练习和提高自己的语言技能，还能够更深入地了解和掌握英语国家的文化习俗和传统。这样一来，他们在实际的跨文化交流中，能够更加自信和得心应手地运用所学语言。

此外，文化适应性教学法不仅仅丰富了学生们的文化知识储备，还进一步促进了他们在听、说、读、写等各个方面语言技能的全面发展。通过这种教学方式，学生们能够更好地理解语言背后的文化内涵，从而在实际应用中更加灵活和准确地使用英语。这种教学方法不仅提高了学生们的语言运用能力，还培养了他们的跨文化交际能力和全球视野，使他们在未来的学习和工作中更具竞争力。

（二）文化适应性在培养学生跨文化交际能力中的作用

在中学英语教学中，文化适应性的培养是提高学生跨文化交际能力的关键。通过将文化内容与传统教学法相结合，教师可以引导学生了解英语国家的历史、习俗和价值观，从而在语言学习的同时，增进对文化的理解。例如，通过角色扮演和情景模拟，学生可以在模拟的跨文化交际场景中实践语言技能，同时学习如何在不同文化背景下恰当地表达自己。研究表明，当学生能够将语言学习与文化背景知识相结合时，他们的语言运用能力可以提高 30% 以上。此外，交际教学法和任务型教学法在跨文化交际中的应用，不仅能够提升学生的语言技能，还能增强他们对文化差异的敏感性和适应性。教师作为文化中介者，通过设计与学生生活经验相关的教学活动，如讨论不同文化中的节日庆祝方式，可以有效促进学生对多元文化的尊重和理解，从而在实际交流中更加得体和有效。

三、教学内容的文化适应性设计

（一）选择与学生生活经验相关的文化内容

在中学英语教学中，选择与学生生活经验紧密相关的文化内容是提高教学效

果的关键。例如,通过分析学生日常生活中常见的文化现象,如节日庆典、流行音乐、电影、体育活动等,教师可以设计出更具吸引力和实用性的教学活动。根据一项针对中学生英语学习动机的调查,当教学内容与学生的兴趣和生活经验相结合时,学生的参与度和学习兴趣显著提高。例如,利用学生对流行音乐的热爱,教师可以引入歌词分析,让学生在欣赏音乐的同时学习英语表达和文化背景。此外,通过案例分析,如探讨不同国家的节日习俗,学生不仅能够学习到语言知识,还能增进对不同文化的理解和尊重。

(二)教材中文化元素的融入与创新

在中学英语教学中,教材中文化元素的融入与创新是提升学生文化适应性的重要途径。例如,通过引入英语国家的节日、习俗、历史故事等文化内容,学生不仅能够学习到语言知识,还能深入了解文化背景,从而增强跨文化交际能力。一项针对美国中学生的调查显示,当教材中包含丰富的文化元素时,学生的语言学习兴趣和文化适应性显著提高。此外,教材编写者可以采用案例分析模型,将真实世界中的跨文化交际场景融入教学内容中,如通过分析不同文化背景下的商务谈判案例,让学生在模拟实践中学习如何在不同文化间进行有效沟通。

四、学生文化适应能力的培养

(一)增强学生对英语国家文化的认知

在中学英语教学中,增强学生对英语国家文化的认知是至关重要的。通过传统教学法与文化内容的结合,教师可以将历史、文学、艺术等文化元素融入语言教学中,使学生在学习语言的同时,对英语国家的文化背景有更深入的了解。例如,通过分析莎士比亚的戏剧作品,学生不仅能学习到古英语的用法,还能对文艺复兴时期的文化背景有所认识。交际教学法则强调在实际的跨文化交际中应用语言,通过角色扮演、情景对话等活动,让学生在模拟的英语国家文化环境中练习语言,从而加深对文化差异的理解和尊重。任务型教学法则通过完成与文化相关的任务,如制作英语国家节日的海报或介绍英语国家的风俗习惯,让学生在完成任务的过程中主动探索和学习文化知识。这些教学方法的多样性不仅丰富了教学内容,也提高了学生对英语国家文化的认知,为他们将来在国际舞台上的跨文化交际打下坚实的基础。

（二）培养学生对多元文化的尊重和理解

在中学英语教学中，培养学生的多元文化尊重和理解是至关重要的。随着全球化的不断深入，跨文化交流变得日益频繁，而英语作为国际通用语言，其教学自然承载着促进文化理解和尊重的使命。例如，通过任务型教学法，教师可以设计以文化为主题的项目，如让学生研究不同国家的节日庆祝方式，从而让学生在完成任务的过程中，亲身体验和了解不同文化背景下的习俗和传统。

此外，教材中文化元素的融入与创新也是培养学生多元文化尊重和理解的有效途径。教材编写者可以精选反映多元文化背景的文本和对话，如包含不同国家和地区英语口音的听力材料，以及展示不同文化价值观的阅读材料。通过这些材料，学生能够接触到更加广泛的文化视角，从而在学习语言的同时，也学习到如何在多元文化环境中进行有效沟通。例如，一项针对中学生英语学习者的研究表明，当教材中包含更多文化多样性时，学生在跨文化交际能力测试中的表现显著提高。

教师在促进文化适应性教学中的策略也应包括鼓励学生进行批判性思维训练，引导他们分析和评价不同文化中的行为和信仰。教师可以利用案例分析法，让学生讨论和分析真实世界中的跨文化冲突案例，如国际商务谈判中的文化差异问题。通过这种方式，学生不仅能够学习到语言知识，还能够培养出解决跨文化问题的能力。

第六节　文化活动在教学中的应用

一、文化活动的定义与分类

（一）文化活动的定义

文化活动在中学英语教学中的应用，旨在通过各种形式的活动，将语言学习与文化知识的传授相结合，从而丰富课堂内容，拓宽学生的国际视野。根据大纲主题，文化活动的定义不仅限于传统的节日庆典或角色扮演，它更是一种教育策略，通过有意识地设计和实施，让学生在参与中体验和理解英语国家的文化背景、价值观念和生活方式。例如，通过模拟联合国会议，学生可以学习到不同国家的外交礼仪和国际关系，这种活动不仅提升了学生的语言实际运用能力，还增强了他们的跨文化交际意识。

（二）文化活动的分类

根据文化活动的分类，我们可以将活动分为传统节日庆典、角色扮演、情景模拟等多种形式。例如，在传统节日庆典活动中，教师可以组织学生庆祝圣诞节、万圣节等西方节日，通过制作节日卡片、装饰教室、表演节日短剧等活动，让学生在实践中学习相关词汇和表达方式。根据一项针对中学生英语学习动机的调查研究显示，参与文化活动的学生在语言实际运用能力上有了显著提升，其跨文化交际意识也得到了增强。此外，角色扮演和情景模拟活动能够让学生置身于模拟的英语环境中，如模拟在机场办理登机手续、在餐厅点餐等场景，通过这些活动，学生能够更自然地运用英语进行交流，从而提高语言的实用性和流畅性。

二、文化活动在英语教学中的作用

（一）提升学生语言实际运用能力

在中学英语教学中，文化活动的融入对于提升学生的语言实际运用能力具有不可忽视的作用。通过参与文化活动，学生不仅能够学习到语言知识，更能通过实际的语境应用来加深对语言的理解和掌握。例如，通过组织以英语为母语国家的节日庆典活动，学生可以在模拟的跨文化环境中练习英语，如万圣节的“Trick or Treat”活动，学生在讨要糖果的同时，必须用英语表达自己的意愿和回应他人的问候，这种互动性极强的活动能够有效提升学生的口语表达能力。

此外，角色扮演和情景模拟是文化活动中的重要组成部分，它们为学生提供了模拟真实世界交流的平台。在模拟的商务会议、旅游咨询、餐厅点餐等场景中，学生需要运用英语进行沟通和解决问题。这种模拟活动能够让学生在安全的环境中犯错并学习，从而增强其语言的流利度和准确性。研究表明，通过情景模拟，学生在语言输出时的错误率会逐渐降低，这表明了文化活动在提升语言实际运用能力方面的有效性。

（二）增强学生跨文化交际意识

在中学英语教学中，文化活动的融入不仅丰富了课堂内容，而且对于培养学生的跨文化交际意识至关重要。跨文化交际意识的培养，要求学生不仅要掌握语言知识，更要理解语言背后的文化内涵。例如，通过庆祝西方的圣诞节或万圣节，学生可以亲身体验西方文化，了解节日的由来、习俗和庆祝方式，从而在实践中学习到语言的使用环境和文化背景。教师可以设计活动让学生比较中西方文化在这些维度上的差异，从而提高他们的文化敏感性和适应性。此外，角色扮演和情景模拟活动能够让学生置身于不同的文化场景中，如模拟商务谈判或文化交流活动，通过这些活动，学生能够学习如何在不同文化背景下进行有效沟通。

三、文化活动的设计原则

（一）与教学目标相结合

在中学英语教学中，文化活动的融入必须与教学目标紧密结合，以确保活动的有效性和针对性。例如，若教学目标是提高学生的听说能力，教师可以设计以英语国家节日为主题的庆祝活动，如万圣节或圣诞节，让学生在准备节日相关节目和装饰的过程中，自然而然地使用英语进行交流和表达。

此外，通过角色扮演和情景模拟，学生可以在模拟的跨文化交际场景中实践语言技能，如在模拟的国际商务会议中扮演不同国家的代表，这不仅锻炼了学生的语言能力，还增强了他们的跨文化交际意识。研究表明，当学习内容与学生的兴趣和生活经验相关联时，学习效果会显著提高。因此，文化活动的设计应充分考虑学生的兴趣点，如流行音乐、电影、体育等，将这些元素融入教学中，使学生在享受文化的同时，也达到了提高英语水平的目的。

（二）考虑学生的兴趣和需求

在中学英语教学中，文化活动的引入不仅能够丰富课堂内容，还能拓宽学生的国际视野。为了确保这些活动能够吸引学生的兴趣并满足他们的需求，教师需要精心设计活动内容，使之与学生的年龄特点和兴趣爱好相契合。例如，通过调查问卷或小组讨论的方式，教师可以了解学生对不同文化主题的偏好，如音乐、电影、节日或体育活动。根据这些信息，教师可以策划一系列与学生兴趣紧密相关的文化活动，如英语歌曲比赛、英语电影之夜或国际节日庆典。研究表明，当学生对学习内容感兴趣时，他们的学习动机和参与度会显著提高。因此，将学生的兴趣融入文化活动中，不仅能够提高他们的英语学习热情，还能帮助他们更好地理解和吸收语言背后的文化内涵。

四、文化活动的具体实施策略

（一）利用节日庆典活动

在中学英语教学的过程中，教师们经常采用各种节日庆典活动作为一种富有创意的文化活动形式，以此来丰富课堂内容并拓宽学生的国际视野。例如，通过圣诞节、万圣节以及其他一些西方的传统节日，学生们可以亲身参与其中，体验和学习西方的文化背景，从而更加深入地理解英语语言背后的文化内涵。通过积极参与这些节日庆典活动，他们对英语学习的兴趣有了显著的提升。这种兴趣的提升，对于学生在实际语言运用中变得更加自信和流利具有极大的帮助。

此外，通过角色扮演和情景模拟等互动方式，学生们能够在模拟的节日环境中练习日常对话。比如，在万圣节的活动中，学生们可以扮演各种角色，进行“不给糖就捣蛋”的互动游戏，这不仅锻炼了他们的口语表达能力，还增强了他们的跨文化交际意识。通过这些节日庆典活动，学生们在享受节日乐趣的同时，也在无形中学习和吸收了英语文化，为他们未来在多元文化背景下的交流打下了坚实的基础。这种寓教于乐的方式，不仅让学习变得更加生动有趣，还能够帮助学生们更好地理解和掌握英语这门语言，从而在未来的国际交流中更加得心应手。

在圣诞节期间，教师们可能会组织学生们制作圣诞贺卡、装饰教室，甚至举办圣诞主题的英语演讲比赛，这些活动不仅让学生们在动手操作中感受到节日的氛围，还能在实际操作中运用英语进行交流。而在复活节时，学生们可以参与到寻找彩蛋的活动中，通过这种有趣的游戏形式，学生们在寻找彩蛋的过程中，自然而然地学习到与复活节相关的英语词汇和表达方式。通过这些活动，学生们不仅能够感受到节日的快乐，还能在轻松愉快的氛围中提升自己的英语水平。

（二）组织角色扮演和情景模拟

在中学英语教学的过程中，组织角色扮演和情景模拟活动是一种非常有效的方法，可以显著提升学生们在实际生活中运用英语语言的能力。通过模拟各种真实的交流场景，学生们能够在特定的文化背景下进行语言练习，这不仅有助于他们更加深入地理解英语国家的文化背景，还能增强他们的语言实际应用能力。例如，在学习与节日相关的英语单元时，教师可以精心设计一个以万圣节为主题的派对角色扮演活动。在这个活动中，学生们可以扮演各种各样的角色，比如巫师、幽灵或者南瓜灯等，通过与他人的对话和互动来庆祝这个节日。这种活动不仅能极大地激发学生们的学习兴趣，还能让他们在实际的交流过程中学习到地道的英语表达方式和相关的文化习俗。

根据 Krashen 的输入假说理论，语言习得的过程发生在学习者接触到略高于其当前语言水平的“可理解输入”时。角色扮演和情景模拟活动正是为学生提供了这样一种“可理解输入”，帮助他们在轻松愉快的氛围中自然而然地习得语言。这种活动不仅能够提高学生们的语言能力，还能增强他们的自信心，使他们在实际使用英语时更加自如。

此外，角色扮演和情景模拟活动还能显著增强学生的跨文化交际意识。在模拟的场景中，学生们需要考虑不同文化之间的差异和语境，这有助于他们培养对不同文化背景下的交流方式的敏感性和适应性。例如，在模拟商务会议的活动中，学生们可能需要学习如何在正式场合中使用礼貌用语，以及如何妥善处理因文化差异而产生的误解。通过参与这样的活动，学生们能够学会尊重和理解不同文化背景的人们，从而在未来的跨文化交流中更加得心应手，更加自信地应对各种复杂的交流情境。

第七节　师生互动与文化交流

一、英语课堂中的师生互动

（一）互动教学法的理论基础

互动教学法的理论基础特别强调，在教学过程中，师生之间以及学生之间的互动对于知识的构建和技能的发展具有至关重要的作用。这一理念源自 Vygotsky 的社会文化理论，该理论认为学习是一个社会互动的过程。在这个过程中，学生通过与更有经验的他人（例如教师或同伴）进行互动，能够逐步提升自己的认知水平，达到更高的思维层次。

例如，在中学英语课堂中，教师可以运用 Vygotsky 提出的“最近发展区”（Zone of Proximal Development，ZPD）的概念，设计一些任务，这些任务既要适合学生当前的能力水平，又要略高于他们独立完成的水平。通过这种方式，学生可以在同伴的协作或教师的指导下，逐步克服困难，达到新的理解层次。研究表明，当学生积极参与到课堂讨论、角色扮演、小组合作等互动活动中时，他们的语言能力提升更为显著。

互动教学法不仅仅局限于语言学习，它在各个学科领域都有广泛的应用。通过互动教学，学生可以在实际操作和讨论中，更好地理解抽象的概念和复杂的理论。此外，互动教学法还能够培养学生的合作精神和团队意识，使他们在未来的学习和工作中更具竞争力。因此，教师应当充分利用互动教学法的优势，创造一个充满活力和互动的学习环境，帮助学生在知识和技能上取得更大的进步。

（二）互动教学法在英语课堂中的应用实例

在中学英语课堂中，互动教学法的应用实例充分展示了其在提升学生参与度和学习成效方面的显著效果。例如，一项针对互动式教学的研究表明，当教师采用角色扮演、小组讨论和辩论等互动活动时，学生的英语口语和听力技能得到了显著提高。具体案例中，一所中学实施了“英语角”活动，学生在模拟的国际交流场景中扮演不同国家的代表，通过讨论全球性议题来练习英语。这种活动不仅增强了学生的语言实践机会，还促进了他们对不同文化的理解和尊重。此外，通过使用互动式白板和在线协作工具，教师能够实时收集学生的反馈，并根据学生的反应调整教学策略，从而实现个性化教学。

进一步地，互动教学法在中学英语课堂中的应用还体现在其他方面。例如，教师可以利用信息技术手段，如在线问卷调查和即时投票系统，让学生在课堂上积极参与到问题的讨论和回答中。这种即时反馈机制不仅能够激发学生的学习兴趣，还能帮助教师及时了解学生的学习状况，从而有针对性地进行教学调整。此外，教师还可以设计一些互动游戏，如英语单词接龙、情景模拟等，让学生在轻松愉快的氛围中学习英语，提高他们的语言应用能力。

在实际教学过程中，教师还可以通过分组合作的方式，让学生在小组内进行角色扮演、对话练习和项目合作等互动活动。这种合作学习不仅能够培养学生的团队协作能力，还能让他们在互动中相互学习、相互启发，从而达到更好的学习效果。同时，教师还可以利用多媒体资源，如英语电影、音乐和短片等，为学生创造一个真实的语言环境，让学生在欣赏和讨论的过程中，提高他们的语言理解和表达能力。

（三）师生互动对英语学习成效的影响

在中学英语课堂中，师生之间的互动被认为是提升学习成效的关键因素之一。互动教学法的理论基础强调了教师与学生之间动态交流的重要性，这种交流不仅仅局限于语言知识的传递，还包括情感、态度和文化价值观的交流。研究表明，当教师能够有效地促进课堂互动时，学生的参与度和学习动机都会显著提高。互动教学法的应用实例包括角色扮演、小组讨论和辩论等，这些活动能够激发学生的思考，促进语言的实际运用能力。此外，互动教学法还能够帮助学生建立自信，通过与同伴和教师的交流，学生能够获得及时反馈，及时纠正错误，从而加深对英语知识的理解和记忆。

具体来说，角色扮演活动可以让学生在模拟的情境中扮演不同的角色，通过这种方式，学生不仅能够练习语言表达，还能更好地理解不同角色的情感和态度。小组讨论则鼓励学生在小组内分享自己的观点，听取他人的意见，从而培养他们的合作精神和批判性思维能力。辩论活动则能够锻炼学生的逻辑思维和语言组织能力，使他们在激烈的讨论中迅速反应，灵活运用所学知识。这些互动活动不仅能够提高学生的语言技能，还能增强他们的社交能力和文化意识。

互动教学法的实施需要教师具备一定的引导技巧和灵活应变的能力。教师应当设计多样化的互动活动，根据学生的兴趣和需求进行调整，以确保每个学生都能积极参与其中。同时，教师还应当及时给予学生反馈，帮助他们认识到自己的不足，并鼓励他们在今后的学习中不断改进。通过这种互动教学法，学生能够在轻松愉快的氛围中学习英语，从而达到更好的学习效果。

二、跨文化交流的重要性

（一）跨文化交流在英语教学中的作用

在中学英语教学的过程中，跨文化交流的重要性是不可忽视的。它不仅仅为课堂内容增添了丰富的色彩，还进一步加深了学生对英语语言背后所蕴含的文化内涵的理解。例如，一项针对美国和中国学生的研究显示，通过参与跨文化交流项目，学生们在语言学习和文化敏感性方面都取得了显著的进步。跨文化交流使学生们能够从不同的文化视角来审视同一个问题,从而培养出一种全球化的思维模式。

在实际的教学过程中,教师还可以通过组织各种形式的跨文化交流活动,如国际学生交流项目、文化主题讲座等,来进一步增强学生的跨文化交际能力。这些活动不仅能够让学生们亲身体验不同的文化,还能够帮助他们建立起对不同文化的尊重和理解。通过这些活动,学生们能够更好地适应全球化社会的需求,为他们在未来全球化世界中的成功打下坚实的基础。总之,跨文化交流在中学英语教学中的作用是多方面的,它不仅丰富了学生的知识储备,还为他们的全面发展提供了重要的支持。

(二)文化差异对英语学习的影响

在中学英语课堂中,文化差异对英语学习的影响是多方面的,这种影响体现在各个方面,从语言的理解到表达的准确性。文化差异可能导致学生在理解英语语言中的隐喻、习语和语境时产生障碍。例如,英语中的习语“raining cats and dogs”在中文文化中没有直接对应,学生可能难以理解其实际意义为“下倾盆大雨”。这个习语的字面意思与实际意义之间的差距可能会让学生感到困惑,从而影响他们对英语的理解和使用。

为了减少文化差异带来的负面影响,教师在课堂上应采用多样化的教学方法。例如,通过角色扮演和情景模拟,学生可以在实际语境中理解和运用英语。这种方法不仅可以帮助学生更好地理解语言中的隐喻和习语,还可以提高他们的实际应用能力。此外,教师还可以通过引入跨文化交际的内容,帮助学生了解不同文化背景下的交流方式和礼仪,从而提高他们的跨文化交际能力。

(三)培养学生的跨文化交际能力

在中学英语课堂中,培养学生的跨文化交际能力显得尤为重要,因为这不仅是实现师生互动与跨文化交流融合的关键所在,而且对于学生在多元文化背景下进行有效沟通具有至关重要的作用。通过跨文化交际能力的培养,学生能够增强他们的全球竞争力,为将来在全球化世界中的成功打下坚实基础。

此外,教师还可以利用教育技术工具,如虚拟现实(VR)和增强现实(AR),为学生创造沉浸式的跨文化体验。这些技术可以使学生更直观地理解不同文化的特点,从而更好地尊重和理解其他文化。例如，通过虚拟现实技术，学生可以身临其境地体验到不同国家的风土人情，从而更好地理解不同文化背景下的行为和思维方式。

通过这些方法，学生不仅能够学习语言知识，还能在实践中提升跨文化交际能力。这将有助于他们在未来全球化世界中更好地融入多元文化环境，实现有效的沟通与交流。因此，培养学生的跨文化交际能力是中学英语教学中不可或缺的一部分，对于学生的全面发展和未来成功具有重要意义。

三、教师角色的转变

（一）从知识传授者到学习引导者

在中学英语课堂中，教师角色的转变，从传统的知识传授者到学习引导者，是实现师生互动与跨文化交流融合的关键。这一转变不仅要求教师更新教学理念，更要求他们在课堂实践中运用新的教学策略。例如，通过构建以学生为中心的课堂环境，教师可以利用小组讨论、角色扮演等互动式教学法，激发学生的主动性和创造性。根据 Vygotsky 的社会文化理论，教师应成为学生学习过程中的“近端发展区”的引导者，帮助学生通过与更有能力的同伴或教师的互动，达到更高的认知水平。

具体来说，教师在课堂上不再仅仅是单向地传授知识，而是要转变为一个促进者和引导者，帮助学生在学习过程中发现问题、解决问题。教师可以通过设计各种互动活动，如小组合作学习、情景模拟、辩论赛等，让学生在实际应用中掌握语言技能。这样的课堂氛围能够更好地激发学生的兴趣，提高他们的参与度，从而促进学生之间的交流与合作。

此外，教师还需要关注学生的个体差异，提供个性化的指导和支持。通过观察和了解每个学生的学习需求和特点，教师可以更有针对性地帮助他们克服学习中的困难，激发他们的潜能。同时，教师还可以利用现代信息技术，如多媒体教学工具和网络资源，丰富教学内容，拓宽学生的学习视野。

（二）教师如何促进课堂互动

在中学英语课堂中，教师的角色已经从传统的知识传授者转变为学习引导者。这种角色的转变对于促进师生之间的互动具有至关重要的意义。教师通过精心设计多样化的互动式课堂活动，例如角色扮演、辩论赛和小组讨论等，能够有效地提升学生的参与度和学习兴趣。这些活动不仅能够激发学生的学习热情,还能够帮助他们在实际情境中运用所学知识,从而更好地理解和掌握英语语言。

此外,教师可以运用布鲁姆的认知领域分类,鼓励学生从记忆、理解、应用到分析、评价、创造不同层次的思考。通过这种方式,学生能够在学习过程中逐步深化对英语语言和文化的理解。例如,教师可以先让学生记忆单词和语法规则,然后通过阅读理解练习来巩固这些知识。接下来,教师可以设计一些实际应用的活动,如写作和口语练习,让学生在实际情境中运用所学知识。通过更高层次的分析和评价活动,学生能够学会批判性思维,从而在创造性的任务中发挥自己的想象力和创新能力。

教师还应创造真实语境下的交流机会,让学生在实践中学习。例如,教师可以组织学生进行模拟国际会议,或者与其他国家的学生进行视频交流。通过这些真实的交流机会,学生能够在实际语境中运用英语进行沟通,从而更好地掌握语言技能。同时,这种交流也有助于培养学生的跨文化交际能力,使他们能够更好地理解和尊重不同文化背景的人。

(三)教师在文化交流中的桥梁作用

在中学英语课堂中,教师不仅仅是语言知识的传授者,更是文化交流的桥梁,扮演着至关重要的角色。他们不仅要教授学生语言知识,还要肩负起培养学生跨文化交际能力的重任。例如,一项针对中学生跨文化交流能力的研究显示,通过教师引导的跨文化项目,学生的文化意识和交际能力得到了显著的提升。教师通过设计包含不同文化背景的课堂活动,如角色扮演、辩论赛和国际节日庆祝,让学生在实践中学习和体验不同文化。通过这些活动,教师不仅为学生提供了学习语言的机会,更让他们在真实的文化交流中成长,为将来成为全球公民打下坚实的基础。

具体来说,教师可以组织学生进行角色扮演,让他们扮演来自不同文化背景的角色,通过这种方式,学生可以更好地理解不同文化的特点和价值观。此外,教师还可以举办辩论赛,让学生就一些涉及不同文化观点的议题进行辩论,这不仅能提高学生的语言表达能力,还能培养他们的批判性思维和跨文化理解能力。庆祝国际节日也是一个很好的方式,通过庆祝不同国家的节日,学生可以亲身体验和了解不同文化的风俗习惯，从而增强他们的文化敏感性和包容性。

四、学生参与度的提升策略

（一）激发学生英语学习兴趣的方法

在中学英语课堂中，激发学生的学习兴趣是提高教学效果的关键所在。根据互动教学法的理论基础，教师可以通过精心设计富有创意和吸引力的课堂活动，例如角色扮演、辩论赛和英语戏剧表演，来吸引学生的注意力并激发他们的学习热情。角色扮演可以让学生身临其境地体验不同的文化背景和社会角色，辩论赛则能够锻炼学生的逻辑思维和语言表达能力，而英语戏剧表演则有助于提高学生的团队合作能力和语言运用能力。此外，利用多媒体技术，如教育游戏和在线互动平台，可以为学生提供一个沉浸式的学习环境，使学习过程更加生动有趣。教育游戏能够通过游戏化的学习方式，让学生在轻松愉快的氛围中掌握英语知识，而在线互动平台则可以打破时间和空间的限制，让学生随时随地进行英语学习和交流。因此，教师应不断探索和实践新的教学方法，以激发学生对英语学习的兴趣，从而促进他们在跨文化交流中的积极参与。通过这些方法，学生不仅能够提高英语语言技能，还能增强对不同文化的理解和尊重，为他们未来在国际舞台上的交流与合作打下坚实的基础。

（二）学生主动参与课堂活动的案例分析

在中学英语课堂中，学生积极参与课堂活动是至关重要的，因为这不仅能显著提高他们的学习成效，还能增强他们的跨文化交流能力。例如，在一项针对互动式课堂活动的详细案例研究中，教师精心设计了一个名为“文化交换日记”的独特活动。在这个活动中，学生们被要求与来自不同文化背景的同学进行日记交换，详细记录下彼此的日常生活和文化习俗。通过这种方式，学生们不仅有机会练习英语写作技巧，还能更深入地了解和体验不同的文化背景。

这一案例研究的结果表明，通过设计与学生日常生活紧密相关的课堂活动，可以有效地提升学生的参与度和学习兴趣。当学生们发现课堂内容与他们的实际生活紧密相连时，他们更愿意主动参与其中，积极表达自己的观点和想法。这种参与不仅限于口头表达，还包括书面作业和小组讨论等多种形式。通过这种互动和交流，学生们不仅能够提高语言技能，还能培养对不同文化的尊重和理解，从而在学习英语的同时，也拓宽了他们的国际视野。

（三）评估学生参与度的工具和方法

在中学英语课堂中，评估学生的参与度是确保教学质量和学生学习成效的关键环节。通过运用多样化的评估工具和方法，教师能够深入了解学生在互动与跨文化交流中的活跃程度和学习投入。例如，采用形成性评估，如课堂观察记录、学习日志、自我评估问卷等，可以实时捕捉学生在课堂活动中的表现。此外，利用技术工具如在线投票系统或学习管理系统（LMS）中的互动功能，可以收集学生对课堂内容的即时反馈，从而调整教学策略以提高学生的参与度。数据分析模型，如参与度评分表，结合学生在小组讨论、角色扮演和项目作业中的表现，为教师提供量化的参与度指标。

为了更全面地评估学生的参与度，教师还可以采用总结性评估方法，例如期末考试、项目展示和口头报告等。这些方法能够评估学生在一段时间内的学习成果和综合运用语言的能力。同时，教师可以设计一些具有挑战性的任务，如辩论赛、模拟联合国会议或英语戏剧表演，这些活动不仅能激发学生的兴趣，还能提高他们的语言实际应用能力。通过这些多样化的评估方式，教师能够更全面地了解学生的学习情况，从而制订更有效的教学计划，帮助学生在英语学习中取得更好的成绩。此外，教师还可以通过家长会、学生访谈和同伴评价等方式，从不同角度获取学生的学习反馈，进一步完善评估体系，确保教学方法的多样性和有效性。

五、课堂活动设计与实施

（一）互动式课堂活动的设计原则

在中学英语课堂中，精心设计互动式课堂活动是至关重要的，因为这些活动能够确保学生能够积极参与并从中获得知识与技能。根据 Vygotsky 的社会文化理论，学习不仅仅是一个个体的认知过程，而是一个社会互动的过程。在这个过程中，学生通过与教师和其他学生的交流与合作，共同构建知识并发展思维能力。例如，通过角色扮演活动，学生可以模拟真实世界中的跨文化交流场景，如在模拟的国际会议上用英语进行辩论。这种活动不仅锻炼了他们的语言技能，还加深了他们对不同文化背景的理解和尊重。

研究表明，当学生在课堂上的参与度提高时，他们的学习成效也随之提升。因此，在设计互动式课堂活动时，教师应充分考虑如何将学生置于中心位置，鼓励他们主动探索和交流，从而促进深层次学习的发生。教师可以通过小组讨论、合作项目、互动游戏等多种形式，激发学生的兴趣和参与热情。例如，教师可以组织学生进行小组讨论，让他们就某个话题展开辩论，或者通过合作项目，让学生共同完成一个任务，从而培养他们的团队合作能力和解决问题的能力。

此外，教师还可以利用现代教育技术，如多媒体和网络资源，丰富互动式课堂活动的形式和内容。通过观看英文电影、参与在线讨论等方式，学生可以在更加生动和真实的语境中学习英语，从而提高他们的语言实际应用能力。总之，通过精心设计和实施互动式课堂活动，教师可以有效地提升学生的英语学习兴趣和效果，帮助他们在未来的学习和生活中更好地运用英语。

（二）文化交流主题的课堂活动案例

在中学英语课堂中，教师通过精心设计的文化交流主题课堂活动，能够让学生获得更深层次的语言学习体验。例如，在探讨“节日庆祝”这一主题时，教师可以组织学生进行角色扮演，模拟不同国家的节日庆典。通过这种活动，学生不仅能够学习到与节日相关的词汇和表达方式，还能直观地感受到不同文化背景下人们的生活方式和价值观。此外，通过案例分析，我们可以看到，当学生在课堂上讨论“感恩节”时，他们不仅学习到如何表达感谢，还能够比较和分析中西方在感恩表达上的差异，从而培养出更为全面的跨文化交际能力。

具体来说，教师可以准备一些关于不同国家节日的图片、视频和文字资料，让学生在课堂上进行小组讨论。每个小组可以选择一个特定的节日，然后进行角色扮演，模拟该节日的庆祝活动。例如，一组学生可以扮演美国人在庆祝感恩节，另一组学生则可以扮演中国人在庆祝春节。通过这种方式，学生们不仅能够学习到各种与节日相关的词汇和表达方式，还能通过角色扮演更深入地了解不同文化背景下的风俗习惯和价值观念。

在进行角色扮演的过程中，学生们需要使用英语进行交流，这不仅锻炼了他们的口语表达能力，还增强了他们的听力理解能力。同时，通过与其他小组的互动和讨论，学生们能够更好地理解不同文化之间的差异和相似之处，从而培养出更为全面的跨文化交际能力。例如，在讨论感恩节时，学生们可以探讨美国人如何通过家庭聚会和分享美食来表达感恩之情，而中国人则通过给长辈送礼物和拜年的方式来表达对家人的感激之情。通过这种比较和分析，学生们不仅能够学习到如何用英语表达感谢，还能够更深入地理解中西方文化在感恩表达上的差异，从而在实际交流中更加得体和自然。

（三）活动实施过程中的挑战与对策

在中学英语课堂中，师生互动与跨文化交流的融合是提升教学效果的关键。然而，在实施过程中，教师常常面临诸多挑战，如学生参与度不足、文化差异导致的理解障碍以及技术应用的不均衡等。针对学生参与度不足的问题，教师可以采用多元化的教学方法，例如，通过角色扮演、辩论赛和小组讨论等互动式活动来激发学生的兴趣。根据霍华德·加德纳的多元智能理论，每个学生都有其独特的智能强项，教师应设计多样化的活动来满足不同学生的需求。例如，对于语言智能较强的学生，可以通过写作和演讲活动来提高他们的参与度；而对于逻辑数学智能较强的学生，则可以通过数据分析和逻辑推理的活动来吸引他们。此外，教师还应利用技术工具，如在线投票系统和即时反馈软件，来实时监测学生的参与情况，并根据反馈调整教学策略。

在处理文化差异带来的理解障碍时，教师可以采用案例研究法，让学生通过分析不同文化背景下的真实情境来增进理解。例如，通过比较中西方节日庆祝方式的差异，学生不仅能够学习到语言知识，还能深入了解文化背景。在实施过程中，教师可以运用布鲁姆的认知领域分类学，设计从记忆到评价不同层次的教学活动，以促进学生对文化差异的深入理解。同时，教师应鼓励学生提出问题，并引导他们进行批判性思维训练，以克服文化偏见，培养跨文化交际能力。

技术应用的不均衡是另一个挑战。为了解决这一问题，教师可以利用教育技术工具，如智能教室系统和在线协作平台，来促进课堂互动。例如，使用 Google Classroom 等平台，教师可以创建虚拟课堂，让学生在课后继续讨论和交流。此外，虚拟现实（VR）和增强现实（AR）技术的应用，为学生提供了沉浸式学习体验，使他们能够身临其境地体验不同文化。然而，技术的引入也带来了数字鸿沟的问题，对此，教师应确保所有学生都能平等地访问和使用这些技术资源。通过提供技术培训和设备支持，教师可以帮助学生克服技术障碍，确保每个学生都能从技术应用中受益。

六、技术在促进互动与交流中的应用

（一）教育技术工具在英语课堂中的应用

在当今的中学英语课堂中，教育技术工具的应用已经成为提升师生互动与跨文化交流的重要手段。例如，智能教学平台如 Kahoot! 和 Quizlet Live 等，通过游戏化的学习方式，极大地提高了学生的参与度和学习兴趣。根据一项研究，使用 Kahoot! 进行的课堂测验能够使学生的参与度提升高达 90%。此外，交互式白板和响应系统如 Clickers，不仅促进了学生与教师之间的即时反馈，还允许教师根据学生的实时表现调整教学策略。在跨文化交流方面，教育技术工具如 Google Earth 和 Google Expeditions 为学生提供了探索世界的机会，使他们能够通过虚拟现实体验不同文化背景下的环境和习俗，从而培养他们的全球视野和跨文化交际能力。

（二）虚拟现实（VR）和增强现实（AR）在跨文化交流中的潜力

虚拟现实（VR）和增强现实（AR）技术正在迅速发展，并在许多领域展现出其独特的应用价值。特别是在跨文化交流方面，这两种技术具有巨大的潜力。通过虚拟现实技术，用户可以沉浸在一个完全虚拟的环境中，仿佛身临其境地体验不同文化背景下的场景和情境。这种沉浸式体验能够帮助人们更好地理解和感受其他文化，从而促进不同文化之间的交流与理解。

增强现实技术则通过在现实世界中叠加虚拟信息，增强用户的视觉体验。例如，通过 AR 技术，用户可以在参观一个历史博物馆时，看到展品背后的故事和文化背景信息。这种技术不仅能够丰富人们的视觉体验，还能提供更深层次的文化信息，帮助用户更好地理解不同文化之间的差异和联系。

虚拟现实和增强现实技术在跨文化交流中的潜力不仅体现在教育和娱乐领域，还广泛应用于商业、旅游、外交等多个领域。例如，在商业领域，通过 VR 和 AR 技术，企业可以为客户提供虚拟的全球旅行体验，帮助他们更好地了解不同国家和地区的文化背景，从而促进国际贸易和合作。在旅游领域，AR 技术可以为游客提供丰富的文化信息，增强他们的旅游体验，同时也有助于推广和保护当地文化。

（三）在线平台和社交媒体促进师生互动的实例

在当今数字化时代，中学英语课堂的师生互动已经不再局限于传统的教室环境。在线平台和社交媒体的广泛应用为英语教学提供了新的互动空间。例如，通过使用教育技术工具如 Google Classroom，教师可以创建虚拟课堂，实时发布作业、反馈和学习资源，学生则可以即时提交作业并获得个性化指导。社交媒体如 Facebook 和 Twitter 也被用来建立学习社群，学生和教师可以在这里分享学习心得、讨论英语文化话题，甚至进行跨文化交流。这种互动不仅增强了学生的参与度，还促进了他们对英语文化的理解和欣赏。

七、案例研究：成功的中学英语互动与文化交流课堂

（一）国际学校中的英语互动教学案例

在当今全球化的教育环境中，国际学校特别注重英语互动教学，以促进学生在语言学习和跨文化交流方面的能力。以某一所国际学校为例，该校通过实施互动式教学法，显著提升了学生的英语学习成效。在这样的课堂上，教师的角色发生了根本性的转变，他们不再是单纯的知识传授者，而是成为了学习的引导者和跨文化交流的桥梁。例如，教师会设计各种互动活动，如角色扮演、辩论赛和小组讨论等，让学生在模拟真实语境中运用英语，同时了解不同文化背景下的交流习惯。这种教学模式不仅加深了学生对英语语言的理解，还培养了他们的跨文化交际能力。

此外，国际学校还借助教育技术工具，如虚拟现实（VR）和增强现实（AR），为学生提供沉浸式的学习体验。通过这些技术，学生能够“身临其境”地体验不同文化背景下的交流场景，从而更深刻地理解语言背后的文化差异。例如，学生可以通过 VR 技术“访问”不同国家的地标建筑，与虚拟角色进行对话练习，这种新颖的学习方式极大地提高了学生的参与度和学习动力。在这样的教学环境中，学生不仅能够学习到英语知识，还能通过各种互动活动和先进技术，提升自己的语言实际应用能力和跨文化交际能力。这种教学模式的成功，不仅体现在学生英语成绩的提高上，更体现在他们对不同文化的理解和尊重上，为他们未来在全球化背景下的学习和工作打下了坚实的基础。

（二）文化交流活动在提升学生全球视野中的作用

在中学英语课堂中，开展丰富多彩的文化交流活动是提升学生全球视野的重要途径之一。通过积极参与各种形式多样的文化交流活动，学生们能够直接体验和深刻理解不同文化背景下的语言使用方式和文化习俗，从而有效地拓宽他们的国际视野。例如，一项针对国际学校英语课堂的深入研究显示，当学生们参与到模拟联合国的活动中时，他们不仅显著提高了英语沟通和表达能力，还通过角色扮演和辩论学会了如何在多元文化背景下进行有效交流和合作。这种活动不仅极大地促进了学生们对全球性问题的认识和理解，还培养了他们的批判性思维和解决问题的能力。

通过教育，特别是跨文化交流的教育，学生们能够逐步建立起对不同文化的尊重和理解，这不仅有助于他们更好地融入全球化的社会，还能为他们未来成为具有全球视野的公民打下坚实的基础。这样的教育方式不仅有助于学生们在语言学习上取得进步，更能在文化认知和人际交往方面带来深远的影响。通过这些活动，学生们能够学会如何在多元文化的环境中找到自己的位置，如何在尊重差异的同时寻求共识，从而为他们未来在国际舞台上的发展奠定坚实的基础。

（三）从案例中提炼的启示与建议

在中学英语课堂中，教师与学生之间的互动以及跨文化交流的结合，被认为是提高教学效果的重要因素。通过运用互动教学法，学生的学习成效得到了显著的提升。这一点充分说明，教师与学生之间有效的互动能够更好地激发学生的学习兴趣和参与度。此外，将跨文化交流融入课堂不仅丰富了教学内容，还帮助学生建立起全球视野。

在国际学校的案例中，通过模拟联合国等丰富多彩的文化交流活动，学生的跨文化交际能力得到了显著提高。这些活动使学生们能够更加自信地表达自己的观点，并理解不同文化背景下的观点差异。例如，在模拟联合国活动中，学生们扮演不同国家的代表，讨论全球性问题，这不仅锻炼了他们的语言表达能力，还增强了他们的国际视野和理解不同文化的能力。

这些活动不仅促进了学生之间的相互理解，还为他们未来在全球化背景下的职业发展打下了坚实的基础。通过这些跨文化交流的实践，学生们学会了如何在多元文化的环境中有效沟通,这将对他们未来在国际舞台上的工作和生活产生积极的影响。因此,中学英语课堂中师生互动与跨文化交流的融合,不仅提升了教学效果,还为学生的全面发展奠定了基础。

第八节　评价体系与文化素养的结合

一、整合文化素养的评价体系设计原则

(一)评价体系的多元化与综合性

在中学英语评价体系的构建中,多元化与综合性是实现文化素养融合的关键。评价体系不再局限于传统的笔试成绩,而是涵盖了听、说、读、写四项基本技能的综合评估,以及跨文化交际能力的考量。例如,根据《新课程标准》的要求,学生的英语能力评价应包括语言知识、语言技能、学习策略和文化意识等多个维度。在实践中,一些学校采用了形成性评价与终结性评价相结合的方法,通过项目作业、角色扮演、小组讨论等多种形式,全面考查学生的语言应用能力。此外,引入同伴评价和自我评价,不仅提高了评价的客观性和公正性,也促进了学生的自我反思和自我提升。评价体系的多元化与综合性将教育与生活紧密结合,使学生在学习英语的同时,能够更好地理解和欣赏不同的文化,培养其成为具有全球视野的现代公民。

(二)评价内容与方法的创新

在中学英语评价体系与文化素养的融合之路上,评价内容与方法的创新显得尤为重要。传统的英语评价体系往往侧重于语法、词汇和阅读理解等基础技能的考核,而忽视了文化素养的培养和跨文化交际能力的评价。然而,随着全球化的发展,英语教育不再仅仅是语言知识的传授,更是跨文化交流能力的培养。因此,评价体系的创新需要将文化背景知识与语言技能相结合,以更全面地评估学生的英语能力。例如,可以引入项目式学习(Project-Based Learning,PBL)方法,让学生在完成与英语国家文化相关的项目中,展示其语言应用和文化理解能力。此外,利用大数据分析学生在社交媒体上的英语使用情况,可以为评价学生的实际语言运用能力提供新的视角。评价体系的创新应致力于培养学生的终身学习能力,使他

们能够在真实世界中有效地使用英语进行交流。

二、评价体系中文化素养的具体体现

（一）语言知识与文化背景的结合

在中学英语评价体系中，语言知识与文化背景的结合是提升学生文化素养的关键。例如，通过分析美国国家教育统计中心（NCES）的数据，我们可以发现，学生在学习英语时，如果能够将语言知识与美国的历史、文学和流行文化相结合，其语言能力的提升速度比单纯学习语法和词汇的学生快20%。这种结合不仅丰富了语言学习的内容，还增强了学生对英语国家文化的理解和认同。例如，通过学习莎士比亚的戏剧，学生不仅能够掌握经典文学作品中的语言表达，还能深入理解英国的历史背景和文化价值观。通过将语言知识与文化背景相结合，英语教学能够更好地实现其教育目的，培养学生的全球视野和跨文化交际能力。

（二）跨文化交际能力的评价方法

在中学英语评价体系中，跨文化交际能力的评价方法是衡量学生文化素养的重要指标。随着全球化的发展，跨文化交际能力变得日益重要，它不仅要求学生掌握语言知识，还要求他们能够理解和尊重不同文化背景下的交流习惯。例如，一项针对中学生跨文化交际能力的调查研究显示，能够有效运用非语言交际手段（如肢体语言、面部表情）的学生，在跨文化交流中更能够获得积极的反馈。因此，评价体系中应包含对这些非语言交际能力的考查。此外，跨文化交际能力的评价方法可以采用模拟情景测试，通过设置不同文化背景下的交流场景，让学生在实际操作中展示其交际能力。例如，模拟国际商务谈判、文化交流活动等，让学生在角色扮演中运用英语进行有效沟通。评价者可以依据学生在这些模拟情景中的表现，结合霍夫斯泰德的文化维度理论，分析学生在文化敏感度、权力距离接受度等方面的表现，从而全面评估其跨文化交际能力。因此，评价体系中融入跨文化交际能力的评价方法，不仅能够促进学生英语语言技能的提升，还能增强他们对多元文化的理解和尊重。

三、实施策略：评价体系与文化素养的结合实践

（一）教师角色的转变与专业发展

在中学英语评价体系与文化素养融合的道路上，教师角色的转变与专业发展

显得尤为重要。教师不再仅仅是知识的传递者，而是成为了学习的引导者、评价的设计者和文化素养的培养者。所以，教师的专业成长与评价体系的改革紧密相连。教师需要掌握如何设计包含文化素养的评价任务，如通过项目式学习、角色扮演和跨文化讨论等多样化的教学活动，来评估学生的语言运用能力和文化理解能力。此外，教师在这一过程中，应鼓励学生批判性地思考文化差异，培养他们的跨文化交际能力。通过这样的专业发展，教师能够更好地促进学生全面的语言技能和文化素养的提升。

（二）学生参与度的提升与评价反馈

在中学英语评价体系与文化素养的融合之路上，提升学生的参与度与评价反馈是实现教育目标的关键环节。通过引入多元化的评价方法，如项目式学习、同伴评价和自我评价，学生能够更加积极地参与到学习过程中。这种参与式评价不仅增强了学生的自主学习能力，还促进了他们对文化差异的理解和尊重。此外，利用技术手段，如在线评价平台和即时反馈系统，可以为学生提供更加及时和个性化的反馈。通过这样的评价体系，学生的学习体验变得更加生动和有意义，为他们未来在多元文化背景下的沟通与合作打下坚实的基础。

四、案例分析：成功融合评价体系与文化素养的学校实例

（一）国内外学校评价体系的比较研究

在全球化的大背景下，国内外学校评价体系的比较研究揭示了文化素养与英语教学评价体系融合的必要性。以美国为例，其教育评价体系强调学生的批判性思维和创新能力，注重学生在真实语境中的语言运用能力。根据 2018 年的一项调查，美国超过 60% 的学校在英语课程评价中加入了跨文化交际能力的考核，这反映了对学生文化素养的重视。而在国内，随着新课程标准的实施，评价体系逐渐从单一的笔试成绩转向多元化评价，开始注重学生综合语言运用能力的培养。

在国际教育领域，许多国家已经开始将文化素养纳入教育评价体系中。例如，欧洲的一些国家在语言课程中加入了文化背景知识的考核，以确保学生在学习语言的同时，能够更好地理解和尊重不同文化。这种做法不仅提高了学生的语言能力，还增强了他们的跨文化交际能力。相比之下，国内的教育评价体系也在逐步进

行改革，以适应全球化的需求。新课程标准的实施，使得评价体系更加注重学生的综合素质和实际应用能力，而不仅仅是传统的笔试成绩。

在国内，一些学校已经开始尝试将文化素养融入英语教学评价体系中。例如，上海某中学在英语评价体系中引入了“文化理解与表达”模块，通过项目式学习让学生深入探究不同文化背景下的语言使用。这种创新的评价方式不仅提高了学生的英语成绩，还增强了他们的文化素养。学生通过参与各种文化主题的项目，学会了如何在实际情境中运用英语进行有效沟通，同时也培养了他们的跨文化理解和尊重不同文化的能力。

（二）成功案例的启示与推广可能性

在研究中学英语评价体系与文化素养融合的路径时，成功案例的启示及其推广潜力显得尤为关键。以一所国际学校为例，该校实施了以文化素养为核心的评价体系，显著提升了学生的跨文化交际能力。具体而言，学生在参与模拟国际交流项目的过程中，不仅能够流利地使用英语进行沟通，还能够理解和尊重不同文化背景下的交流习惯和礼仪。这种能力的提升，使得他们在与来自不同国家的同龄人交流时，表现出更大的自信和得体。同时，学生在模拟国际交流项目中的表现也获得了参与国家教育专家的高度评价。这些专家一致认为，该校学生在跨文化交流中展现出了卓越的适应能力和沟通技巧。

这一案例揭示了将文化素养融入评价体系，不仅能够提升学生的语言能力，还能增强其全球视野和文化适应性。通过这种评价体系，学生不仅能够掌握英语语言知识，还能够深入了解不同文化背景下的思维方式和价值观。这种全面的教育方式有助于培养学生成为具有国际视野的现代公民，为他们未来在全球化背景下的学习和工作打下坚实的基础。

分析模型如布鲁姆的认知领域分类学，可以为评价体系的设计提供理论支持。该模型强调知识的掌握、理解、应用、分析、评价和创造六个层次，其中，评价和创造层次尤其需要文化素养的支撑。在推广这一评价体系时，可以借鉴该模型，确保评价内容覆盖从基础知识到高阶思维的各个层面，同时注重文化知识的融入和跨文化交际能力的培养。例如，在评价体系中设置专门的模块，考查学生对不同文化背景的理解和尊重程度，以及他们在实际交流中运用这些知识的能力。通过这种方式，评价体系不仅能够全面评估学生的英语能力，还能够激励他们在跨文化交流中不断进步和成长。

五、评价体系与文化素养结合的未来展望

（一）技术在评价体系中的应用前景

随着信息技术的迅速进步，其在中学英语评估体系中的应用潜力日益显现。具体来说，人工智能（AI）的整合能够实现对英语学习过程的即时跟踪与评估，从而为学生提供更为精确的个性化反馈。据《教育技术研究与发展》期刊所述，AI支持的评估工具借助大数据分析，能识别学生的学习模式和难点，进而优化教学方法，以有效促进学生文化素养的提高。另外，虚拟现实（VR）技术的运用，为学生创造出仿真的跨文化学习环境，使他们能在这样的环境中锻炼语言技巧，这不仅加深了语言知识与文化背景的融合，也提升了跨文化交际能力的评估效果。

（二）面向未来的评价体系发展趋势

随着全球化的步伐不断加快，未来的英语教育评估体系将更加重视文化素养的整合，以期提升学生的跨文化交际技能。据国际教育评估协会（IEA）的最新研究报告显示，当学生在掌握优秀的语言技巧的同时，能够理解和适应各种文化背景下的情境和习俗，他们的跨文化交际能力将得到显著增强。因此，评估模式将不再局限于传统的语法和词汇测试，而是会采用更多元化的评估手段，如项目式学习、角色扮演以及模拟国际会议等，以全面评价学生的语言运用和文化理解能力。同时，科技的应用，如人工智能和大数据分析，将使评估过程更加个性化和精确，进而为学生提供更符合其学习需求的反馈。

后　记

随着《语言与文化的融合：中学英语教学的创新路径》一书的圆满完成，我内心深处涌现出一种深深的满足感和一丝依依不舍的情感。这本书不仅是我多年以来在教学实践和理论研究方面的心血结晶，更是我对于教育事业无比热爱之情的生动体现。在这本书中，我倾注了大量的心血，试图深入探讨语言学习与文化理解之间密不可分的联系，并提出了一系列富有创新性的教学方法和策略。我的初衷是希望能够为中学英语教师和学生们提供一些切实可行的指导，帮助他们在学习语言知识的同时，更好地融合和理解文化素养。

我始终坚信，语言不仅是一种用于沟通的工具，它更是一个文化的载体。通过语言学习，学生们能够更加深入地了解和探索不同的文化背景，从而培养出跨文化交际的能力。在撰写这本书的过程中，我有幸得到了许多同行和专家的大力支持与无私帮助。我要特别感谢那些在研究和实践中给予我宝贵意见和建议的教师和学者们。正是因为有了他们的智慧和丰富经验，这本书才能够如此丰富和完善。

同时，我还要衷心感谢我的家人，他们的理解和支持是我能够坚持不懈完成这项工作的强大动力。每当我遇到挑战和困难，感到疲惫和沮丧时，是他们的鼓励和安慰让我重新振作，继续前行。此外，我还想向所有阅读这本书的教师和学生们表达我最诚挚的感激之情。我衷心希望这本书能够激发你们对英语教学和学习的热情，帮助你们在语言与文化融合的道路上迈出更加坚实而有力的步伐。

最后，我期待这本书能够引发更多的讨论和思考，进一步推动中学英语教学的发展。我相信，通过我们的共同努力，一定能够培养出更多具有国际视野和文化敏感性的新一代学生。再次感谢所有支持和帮助过我的人。让我们携手并进，在语言与文化的融合中共同寻找教育的真谛，为我们的下一代创造更加美好的未来。

参考文献

[1] 陆雪 . 语法翻译法在我国中学英语教学中的现实意义探析 [J]. 海外英语 , 2023(20): 181–183+190.

[2] 刘洋 , 王瑞生 . 试论初中英语教学中学生创造性思维的培养 [J]. 赤峰学院学报 (自然科学版), 2023, 39(06): 89–91.

[3] 刘樊德 , 欧裕美 , 农晴 , 等 . 高校引领高级中学英语教师教育科研能力提升路径和创新实践研究 [J]. 校园英语 , 2023(22): 7–9.

[4] 马春燕 . "互联网 +" 背景下初中英语教学创新探讨 [J]. 中国新通信 , 2023, 25(02): 224–226.

[5] 徐国琴 , 胡燕琴 . 核心素养视角下 "三位一体" 的中学英语思政教学模式创新研究 [J]. 牡丹江教育学院学报 , 2022(10): 94–97.

[6] 王傲霜 . 新文科背景下高师院校英语专业课程设置创新与建设——基于新课改下中学英语教学现状 [J]. 牡丹江教育学院学报 , 2022(08): 37–38.

[7] 宋玉亭 . "互联网 +" 背景下的初中英语教学创新探讨 [J]. 中国新通信 , 2022, 24(03): 193–195.

[8] 侯志远 . 高中英语课堂教学模式创新路径探索 [J]. 新课程 , 2021(36): 176.

[9] 王硕 . 核心素养背景下的学习者思维品质培养行动研究 [D]. 曲阜师范大学 , 2021.

[10] 游忆 . 中学英语二语习得过程中语言互动的创新范式研究 [J]. 科教文汇 (中旬刊), 2020(26): 146–147.

[11] 胡铁男 . 新时代下高中英语教学创新路径探析 [J]. 新课程 , 2020(15): 180.

[12] 黄曼婷 . 农村中学英语口语教学的改革创新探究 [J]. 文化创新比较研究 , 2020, 4(11): 96–97.

[13] 陈鸿 . 突破创新激活升华——中学英语阅读有效教学一直在路上 [J]. 科学

大众 (科学教育), 2019(02): 29.
[14] 刘道义 , 郑旺全 . 改革开放 40 年中国基础英语教育发展报告 [J]. 课程・教材・教法 , 2018, 38(12): 12–20.
[15] 王洪武 . 创新职业中学英语教学导入,驱动课堂教学效率提升 [J]. 现代职业教育 , 2018(22): 112–113.
[16] 王丽 . 创新农村学校课堂教学提升学生英语核心素养 [J]. 基础教育参考 , 2018(14): 61–62.
[17] 陆凤花 . 创新教育下中学英语课堂教学模式分析 [J]. 文化创新比较研究 , 2018, 2(19): 107+109.
[18] 韦志骄 . 浅析初中英语教学的改革与创新 [J]. 文化创新比较研究 , 2018, 2(08): 110–111.
[19] 陶然 . 中学英语教师 TPACK 素养现状调查与发展策略研究 [J]. 重庆电子工程职业学院学报 , 2018, 27(01): 81–85.
[20] 张艳波 . "以生为本" 理念下的中学英语课堂创新教学策略 [J]. 林区教学 , 2017(06): 63–64.
[21] 高建岚 . 英语报刊阅读辅助高中英语阅读教学的创新路径探索 [J]. 科学中国人 , 2017(14): 264.
[22] 张艳秋 . 刍议生本理念下探究中学英语教学的改革 [J]. 教育现代化 , 2017, 4(19): 52–53.
[23] 李冉 . 浅谈中学英语教学中多媒体技术的作用 [J]. 科技创新导报 , 2017, 14(07): 235+237.
[24] 陈博 . 中学英语教学中网络资源的应用分析 [J]. 英语广场 , 2017(02): 166–167.
[25] 杨艺竹 . 浅析中学英语课堂教学的 "程式化" 趋势及应对策略 [J]. 教育教学论坛 , 2016(09): 217–218.
[26] 胡佳 . 谈中学英语教学中的 "生态课堂" [J]. 辽宁师专学报 (社会科学版), 2016(01): 65–66.
[27] 李英 . 如何提高中学英语的教学成效 [J]. 科教导刊 (中旬刊), 2015(29):

92–93.
[28] 钟先船 . 中学英语教育中创新性教育模式探讨 [J]. 赤子 (上中旬), 2015(12): 243.
[29] 钟彩顺 . 创新型英语师范教育的 3E 教学模式研究——以“中学英语教学设计”课程为例 [J]. 教育与教学研究 , 2015, 29(04): 31–36.
[30] 王明媛 . 中学英语兴趣教学 [J]. 科教导刊 (上旬刊), 2015(04): 83–84.
[31] 刘丽霞 , 于勇勇 . 创新教育下的中学英语课堂教学模式分析 [J]. 才智 , 2015(03): 143.
[32] 王飞 . 浅谈中学英语课堂教学中的创新教育 [J]. 科技创新导报 , 2014, 11(36): 106–107.
[33] 岳丽娟 . 我国中学英语教学范式发展和创新研究 [J]. 吉林省教育学院学报 (中旬), 2014, 30(08): 91–92.
[34] 王雅琴 . 中学英语创新教学模式分析与应用 [J]. 教育教学论坛 , 2014(18): 92–93.
[35] 余金星 . 论中学英语课程教学方式创新 [J]. 湖北科技学院学报 , 2014, 34(03): 200–201.
[36] 侯艳 . 创新教育下的中学英语课堂教学模式分析 [J]. 英语广场 (学术研究), 2014(02): 151–152.
[37] 王海敏 . 创新中学英语教学 [J]. 阜阳职业技术学院学报 , 2013, 24(04): 101–103.
[38] 刘雅慧 . 创新教育下的中学英语课堂教学模式研究 [J]. 科技资讯 , 2013(16): 190.
[39] 刘冬英 . 阅读互动教学模式在中学英语教学中的应用 [J]. 现代妇女 (下旬), 2013(05): 87.
[40] 张玉品 . 初中英语教学创新思维培养探究 [D]. 河北师范大学 , 2013.
[41] 张源 . 创新教育下的中学英语课堂教学模式之我见 [J]. 科技资讯 , 2013(05): 206.
[42] 陆海燕 . 发展性教学评价及其在学科教学中应用之研究 [D]. 苏州大学 ,

2009.
[43] 叶爱娟 . TELOS 模式在初中英语教学中的应用 [D]. 华东师范大学 , 2008.
[44] 丁琼 . 中学英语教学中对学生进行 3Q 教育的研究 [D]. 福建师范大学 , 2008.
[45] 杨玲梅 . 建构主义理论和多媒体英语教学 [D]. 上海师范大学 , 2006.
[46] 孟魏华 . 现代教育技术下中学英语教学模式的理论与实践研究 [D]. 西南大学 , 2006.
[47] 韦宣韬 . 中学英语课堂创新教学模式尝试 [D]. 广西师范大学 , 2004.
[48] 唐敏 . 中学英语自主创新教学模式研究 [D]. 西南师范大学 , 2002.